U0856402

高等农林院校精品课程建设教材

逻 辑 学

饶发玖　张广荣　主编

中国农业大学出版社

主　编　饶发玖　张广荣

副主编　冯　红　龚美德

参　编　李学明　杜惠敏　杨　翟

前　言

党的“十六大”报告指出:“创新是一个民族进步的灵魂,是一个国家兴旺发达的不竭动力。”要创新,就要培养具有创新思维和创新能力的人才。提倡全面素质教育,就是要培养具备创新思维和创新能力的人才。逻辑学是知识生产、知识交流、知识运用的重要工具,也是培养大学生创新思维和创新能力的重要基础。为了帮助学生学习逻辑知识,提高逻辑思维素质,为农业院校开设逻辑学课程的需要,我们编写了这本《逻辑学》教材。本教材以传统形式逻辑基本知识为内容,适当引入现代数理逻辑的有关形式和方法,较为系统地介绍了概念、判断、推理、论证和逻辑基本规律等基本知识和方法,语言通俗易懂,论证材料较为丰富,还配有思考题和练习题。通过学习本教材,可以帮助学生比较系统地理解和掌握逻辑学的基本知识、基本原理和推演技巧,提高思维的准确性和敏捷性,增强语言表达能力和论辩能力,并为进一步学好其他专业知识和提高综合素质打下基础。

本书是由几所农业院校的教师集体编写的,由饶发玖、张广荣主编,冯红、龚美德副主编,饶发玖负责第一至四章和第十章的统稿工作,张广荣负责第五至九章的统稿工作,最后由饶发玖、张广荣校阅定稿。各章编写人员为:

第一、二章　饶发玖(西南农业大学)

第三、四章　冯红(东北农业大学)

第五、六章　张广荣(河北农业大学)

第 七 章　龚美德(西南农业大学)

第 八 章　李学明(沈阳农业大学)

第 九 章　杜惠敏(新疆农业大学)

第 十 章　杨翟(华南农业大学)

本书作者在编写的过程中,参阅了近年出版的有关逻辑学论著和教科书,吸收了其中的某些观点和例证,主要有金岳霖主编的《形式逻辑》、吴家国主编的《普通逻辑原理》、何向东主编的《逻辑学教程》、姜全吉主编的《逻辑学》等。在此,作者谨向逻辑界的前辈和同行表示深切的谢意。

本书在编写和出版过程中,得到中国农业大学出版社的大力支持和帮助,在此谨向为我们提供支持和帮助的同志表示衷心感谢。

由于时间仓促,加之作者水平有限,书中缺点、错误难免,希望读者批评指正。

编　者

2003 年 12 月

目　录

第一章 绪 论

第一节 逻辑学的对象

一 什么是逻辑学

“逻辑”一词最早可以追溯到古希腊，由希腊词“logos”（逻各斯）音译而来，原意是指理性、言辞、秩序、规律性等。直到近代，“逻辑”一词由英语“logic”音译传入中国。在现代汉语中，“逻辑”是个多义词，基本含义有4种。

其一，逻辑是指客观事物发展变化的规律。例如，毛泽东同志在《改造我们的学习》一文中说：“在学校的教育中，在在职干部的教育中，教哲学的不引导学生研究中国革命的逻辑，教经济学的不引导学生研究中国经济的特点，……其结果，谬种流传，误人不浅。”[①]这里讲的“中国革命的逻辑”就是指中国革命的规律。

其二，逻辑是指思维规律或规则。例如，“说话写文章要有逻辑性”；“要做出合乎逻辑的结论”。这两句话中所讲的逻辑，就是指思维的规律、规则。

其三，逻辑是指某种特殊的理论、观点或看问题的方法（常作贬义用）。例如，“揭露帝国主义的强盗逻辑”；“在有些人看来，清官比贪官还要坏，这真是奇怪的逻辑”。这里所讲的“逻辑”就是指一种理论、观点或看问题的方法。

其四，逻辑是指逻辑学，即专门研究思维形式、思维规律和思维方法的科学。例如，“要提高大学生的综合素质，学一点逻辑是很有必要的”；毛泽东同志曾号召广大干部和群众“学点文法和逻辑”。这里讲的“逻辑”，就是指逻辑学或逻辑知识。

① 《毛泽东选集》合订本，第756页。

逻辑学作为研究思维形式和规律的科学，早在两千多年前就已经产生了。19 世纪以来，逻辑学逐渐发展成为一个庞大而又多层次的学科体系，其中包括两个大的门类，一个是辩证逻辑，一个是形式逻辑。

辩证逻辑是研究人类辩证思维的形式和规律的科学。它在本质上是与马克思主义哲学相一致的。辩证逻辑也把思维形式和思维规律作为自己的研究对象，但它与形式逻辑有所不同。第一，研究思维的主要方面不同。形式逻辑主要研究思维的确定性方面，即思维本身的确定性、明确性、一贯性和无矛盾性；辩证逻辑主要研究思维的灵活性方面，即思维怎样反映客观现实的运动、变化和发展的问题。第二，两者研究思维的角度不同。形式逻辑只从类与类之间的关系上和真假二值的角度研究思维的逻辑形式；辩证逻辑则从整体与部分的关系上，从真假多值的角度研究思维的逻辑形式，特别是研究各种思维形式在认识发展过程中的联系和转化问题。第三，二者是既相区别又相联系的两门学科。辩证逻辑本质上是属于哲学的一部分，属于世界观和方法论；形式逻辑是一门工具性的学科，属于具体科学。恩格斯说："初等数学，即常数的数学，是在形式逻辑的范围内活动的，至少总的说来是这样；而变数的数学——其中最重要的部分是微积分——本质上不外是辩证法在数学方面的运用。"[①]辩证逻辑和形式逻辑既是互相区别的，又是互相联系的，它们各有自己的研究对象和作用，都是人类科学思维所不可缺少的，如同数学中的高等数学和初等数学一样。

在形式逻辑中，又可以区分为传统形式逻辑和现代形式逻辑。传统形式逻辑主要包括以演绎推理为基本内容的演绎逻辑，也包括以归纳推理和类比推理为基本内容的归纳逻辑。现代形式逻辑主要是指数理逻辑，也包括那些非标准逻辑，例如模态逻辑、多值逻辑、时态逻辑、概率逻辑等。现代形式逻辑是在传统形式逻辑的基础上发展而来的，属于传统形式逻辑的分支，其中具有相对独立性的分支是数理逻辑。

数理逻辑是用数学方法研究推理、证明等逻辑问题的科学。数理逻辑作为形式逻辑发展的一个新阶段，是在近三百年、特别是最近一百多年才发展起来的。在它发展的初期，数理逻辑主要是用数学方法来研究形式逻辑中的某些问题；19 世纪末 20 世纪初，开始把研究对象转移到数学证明与公理方法方面，用公理方法来构造一些命题演算与谓词演算系统；20 世纪 30 年代，又转移到研究公理系统的某些更普遍的性质；40 年代，则

① 《马克思恩格斯选集》第三卷，第 174～175 页。

开始在开关线路、自动系统及计算机设计方面获得应用。

数理逻辑与传统形式逻辑的区别主要有3点。第一，研究对象不完全相同。数理逻辑的有些对象，如公理系统的完全性与不矛盾性，是传统形式逻辑所不研究的，而传统形式逻辑中的归纳、类比、假说等内容，则是数理逻辑所未充分研究的。即使有些内容二者都研究，但研究的重点也是不同的。第二，研究方法不同。传统形式逻辑主要是用自然语言来表达思维的逻辑形式及其规律，数理逻辑则主要是用人工语言来表达思维的逻辑形式及其规律。在揭示规律时，前者主要是通过论述的方法，后者则运用数学演算方法。第三，二者的作用不同。以自然语言为表达方式的传统形式逻辑，能提高人类的文化素质，提高思维的表达能力与组织能力，是人们进行思想交流、科学研究、日常工作和交际的必要的思维工具，是规范人类自身思维活动的法规；以人工语言表达的数理逻辑主要作为数学研究的工具，在电子计算机和其他工程技术中有重要作用，其功能在于规范机器或智能机的运行程序。数理逻辑与传统形式逻辑虽然互相区别，但二者又是互相渗透、共同发展、共存共荣的；我们既不能用传统形式逻辑排斥数理逻辑，也不能用数理逻辑来取代传统形式逻辑。

随着形式逻辑的分支即数理逻辑的发展，人们为了体现区别，通常把以传统形式逻辑为基本内容的形式逻辑称为“普通逻辑”或“传统逻辑”。人们平常所讲的逻辑学，通常也是指传统形式逻辑。我国高等学校所开设的逻辑学课程，虽然名称各不相同，内容也在吸收数理逻辑的某些成果的基础上有了丰富和发展，但就基本体系而言，仍然属于传统形式逻辑。本书所讲的逻辑学，就是指以传统形式逻辑知识为基本内容的逻辑学。

根据以上分析，我们可以将逻辑学定义如下：逻辑学是研究思维的逻辑形式、逻辑规律以及简单的逻辑思维方法的科学。这也是本书所研究的范围。

二　逻辑学的研究对象

要深入认识什么是逻辑学，必须了解逻辑学的研究对象。从总体上来说，逻辑学是研究思维的科学。因此，要了解逻辑学的研究对象，必须首先了解什么是思维。

根据辩证唯物主义认识论，人的认识是人脑对客观世界的主观反映。这种反映分为感性认识和理性认识两个阶段。感性认识是认识的初级阶段，是通过人的感觉器官直接感受到的关于事物片面的、现象的、外部联系的认识。感性认识包括感觉、知觉、表象3种基本形式。这3种形式是互相联系,依次发展的。但它们都是对事物外部联系的认识,没有深入把握事物的本质和规律。感性认识具有直接性、形象性和表面性的特点。毛泽东同志指出:“认识的真正任务在于经过感觉而到达于思维,到达于逐步了解客观事物的内部矛盾,了解它的规律性,了解这一过程和那一过程间的内部联系,即到达于论理的认识。”[①]毛泽东同志所讲的“论理的认识”也就是理性认识。理性认识是认识的高级阶段,是在感性认识基础上形成的关于事物全面的、本质的、内部联系的认识。理性认识包括概念、判断、推理3种基本形式。它的基本特征是间接性、抽象性和概括性。

思维就是指认识过程中的理性认识,是人在脑子中运用概念进行判断和推理的过程,是人脑对客观事物的间接的、抽象的、概括的反映。相应地,理性认识的基本形式和特征也就是思维的基本形式和特征。

思维的基本形式是概念、判断和推理。概念是反映事物本质属性或特有属性的思维形式,是思维结构的基本组成要素。判断是对思维对象的情况有所断定的思维形式。它由概念组成,是整个思维活动的中心环节。推理是由一个或几个已知判断推导出一个新判断的思维形式。它是思维活动的主体。人的思维活动主要是通过推理来实现的。从这个意义上,我们也可以说逻辑学就是关于推理和论证的科学。

思维的基本特征是间接性、抽象性和概括性。间接性是指思维能借助感觉材料,经过大脑加工制作,把握不能直接感知的事物的内在本质,也能概括已有的知识,通过推导而获得新知识。抽象性是指思维能从许多个别事物的各种属性中,舍去其表面的、个别的、非本质的属性而抽取出其中内在的、共同的、本质的属性加以把握。概括性是指通过思维抽象后得到的认识,是对客观事物内在的、整体的、共同本质的认识。这种认识虽然离开了客观存在的具体事物,舍去了事物的各种具体特征,但它能更深刻、更全面地反映事物的本质。

思维是借助语言来实现的。一方面,思维和语言有着不可分割的联系。思维是语言的思想内容,语言是思维的物质外壳,思维只有在语言的基础上才能产生、存在和发展,思维活动只有通过语言才能记载、表达和交流。在语言表达思维中,概念通常用词和词组表达,判断用句子表达,推理用句群表达。思维和语言的联系,决定了逻辑研究离不开对语言的分

① 《毛泽东选集》合订本,第262～263页。

析。逻辑学正是通过对语言形式的分析来实现对思维的逻辑形式的研究的。另一方面,思维和语言又有区别。思维是人脑对客观事物的反映,是语言的基本内容,属于逻辑范畴。语言是思维的物质载体,属于语言范畴。思维是人类共有的,具有全人类性。语言是约定俗成的,具有民族性。同一思维内容可以用不同语言表达,同一语言也可表达不同的思维内容。思维与语言的区别,决定了逻辑与语法的不同,不能机械地对应,更不能互相混淆。

逻辑学是研究思维的科学,但思维是多门学科研究的对象,每门学科研究思维的具体方面是不同的。例如,哲学是从思维与存在的关系上研究思维,阐明思维在人类认识和改造世界中的作用。心理学是把人的思维当作心理活动的自然过程来研究,主要揭示思维的发生、发展及其在人的不同生理发展阶段上的不同特点和规律。还有生理学、语言学、信息论等也都研究思维,但它们研究思维的具体范围和侧重点都是不同的。逻辑学则是从各类思维的逻辑形式方面来研究思维,具体来说,它的研究对象包括思维的逻辑形式、逻辑规律和简单的逻辑思维方法 3 个方面。

1. 逻辑学研究思维的逻辑形式

思维可分为内容和形式两个方面。思维内容是反映在思维中的特定对象及其属性。客观事物以及事物的性质、关系、规律等反映到人的思维中,就成为思维的内容。思维形式是思维内容各部分之间的联系方式,或者说是思维被抽取掉具体内容之后所留下的形式结构。思维形式也叫思维的逻辑形式。思维的逻辑形式和思维内容是紧密联系的,但为了能够从纯粹的状态中研究思维的逻辑形式,逻辑学可以把思维内容作为无关紧要的东西放在一边,专门研究思维的形式结构。例如:

Ⅰ 所有物体都是运动的。

Ⅱ 所有商品都是劳动产品。

Ⅲ 所有国家都是阶级统治的工具。

以上是 3 个判断。这 3 个判断的具体思维内容都是不相同的。判断Ⅰ的思维内容是哲学所研究的具体内容,判断Ⅱ是政治经济学的内容,判断Ⅲ是政治学所研究的内容。其中,“物体”、“商品”和“国家”是判断对象,“运动的”、“劳动产品”和“阶级统治的工具”是判断对象所具有的属性。我们如果抽取掉以上这些内容,就会留下它们的结构形式,并且可以看到,3 个判断的结构形式是相同的,即都是用“所有……都是……”来把判断对象和它所具有的属性联系起来。如果我们用“S”表示判断对象,用“P”表示判断对象所具有的属性，那么，以上3个判断共同具有的逻辑形式就是：

所有S都是P

又如：

Ⅳ 只有年满18岁的公民，才有选举权和被选举权。

Ⅴ 只有大力发展生产力，才能提高人民生活水平。

Ⅵ 只有坚持"三个代表"重要思想，才能全面建设小康社会。

以上ⅣⅤⅥ3个判断，分别断定了两种情况之间的条件关系，它们的具体内容是各不相同的。其中放在前面的"年满18岁的公民"、"大力发展生产力"和"坚持'三个代表'重要思想"是作为条件的判断，放在后面的"有选举权和被选举权"、"能提高人民生活水平"和"能全面建设小康社会"是作为结果的判断。如果我们抽掉这些内容，就会看到3个判断共同的结构形式是："只有……，才……。"我们如果用"p"表示"只有"后面充当条件的判断，用"q"表示"才"后面充当结果的判断，则它们的共同逻辑形式是：

只有p，才q

再以推理为例：

Ⅶ 所有高等院校都是培养专门人才的，
高等农业院校是高等院校，
所以，高等农业院校是培养专门人才的。

Ⅷ 一切正义的事业都是一定要胜利的，
我们的现代化建设事业是正义的事业，
所以，我们的现代化建设事业是一定要胜利的。

以上Ⅶ和Ⅷ是两个推理，它们的具体内容也不相同，然而它们也有共同的逻辑形式。如果我们用"M"、"P"和"S"分别表示推理中作为内容的不同概念，则它们的共同逻辑形式是：

所有M是P，
所有S是M，
———————
所以，所有S是P。

以上分析证明，思维的内容尽管各不相同，但它们可以有共同的逻辑形式。当然，这种共同的逻辑形式也不是只有以上几种，而是多种多样的。我们的分析主要在于证明：思维的逻辑形式就是指思维的不同内容之间的联系方式，逻辑学正是暂时撇开各种思维内容，从中抽取它们的逻辑形

式，并以此作为自己特定的研究对象。正如恩格斯所指出的："纯数学的对象是现实世界的空间形式和数量关系，……但是，为了能够从纯粹的状态中研究这些形式和关系，必须使它们完全脱离自己的内容，把内容作为无关重要的东西放在一边；这样，我们就得到没有长宽高的点，没有厚度和宽度的线。"[①]在这方面，逻辑学与纯数学是相似的。

思维的逻辑形式是由逻辑常项和逻辑变项两个部分组成的。

逻辑常项是指逻辑形式中固定不变的部分，它代表逻辑形式中的结构要素，具有确定的逻辑涵义。

逻辑变项是指逻辑形式中可变的部分，它代表逻辑形式中的内容要素，可以代入不同的内容。在逻辑形式中，逻辑变项用字母表示。其中，概念变项通常用大写字母 S、P 等表示；判断变项通常用小写字母 p、q、r 等表示。例如，在"所有 S 都是 P"这个逻辑形式中，"所有……都是……"是常项，"S"和"P"是变项。需要强调的是，逻辑常项是体现逻辑形式的特征，反映逻辑形式本质，决定逻辑形式类型的。逻辑变项可以代入不同的具体内容，但无论代入什么内容，都不能改变逻辑形式的本质和特征。逻辑学对思维的逻辑形式的研究，主要是对逻辑常项的研究。

2. 逻辑学研究思维的逻辑规律

逻辑规律，也叫思维的逻辑形式的规律，它是指思维的逻辑形式之间的必然联系，是运用概念、判断和推理等思维形式时必须遵守的法则。

思维的逻辑形式之间是互相联系的。概念与概念之间、判断与判断之间、推理与推理之间互相联系。概念之间以不同的方式联系起来构成判断，判断之间以不同的方式联系起来构成推理，不同的推理形式以及推理之间通过不同的联系又构成论证。在所有这些联系中，有的是必然的，有的不是必然的。逻辑学主要研究逻辑形式之间的必然联系。这种必然联系就是逻辑规律。例如，"所有 S 都是 P"与"所有 S 都不是 P"这两个判断之间具有的必然联系是：不能同真，可以同假。这就是一条逻辑规律。又如，"所有 S 都不是 P"与"所有 P 都不是 S"这两个判断之间存在的必然联系是：必然同真，必然同假。这又是一条逻辑规律。

逻辑形式的规律很多，其中，有些规律仅仅适用于某种特定的逻辑形式或在特定的逻辑范围起作用，不具有普遍意义，逻辑学通常把这些规律称为逻辑规则。例如，概念有概念的规则，判断有判断的规则，推理有推

① 《马克思恩格斯选集》第三卷，第 77 页。

理的规则，还有更为具体的定义的规则、划分的规则、三段论推理的规则等。有些规则不单适用于某一种逻辑形式，而是普遍适用于各种逻辑形式，是人们进行正确思维的基本要求，是各种思维规则的基础，逻辑学把这一部分规律叫做逻辑基本规律。逻辑基本规律有同一律、矛盾律、排中律。这3个基本规律是保证思维的确定性、一贯性、明确性和论证性的必要条件。人们在任何思维过程中都必须遵守这些规律，才能保证思维的正确性，而违反了这些规律，人们的思维就会陷入混乱。

3. 逻辑学研究简单的逻辑思维方法

遵循思维的形式和规律，在认识事物、表达和论证思想、反驳谬误的过程中，需要运用一些简单的逻辑方法。因而，逻辑学在主要研究思维的逻辑形式和逻辑规律的基础上，也要研究简单的逻辑思维方法。

简单的逻辑思维方法是指依据事实材料，按照逻辑规律和规则形成概念、做出判断、进行逻辑推理的方法。例如，寻求事物因果联系的方法，明确概念的定义、划分、限制和概括的方法，论证过程中的反证法、排除法、归纳法等。这些方法之所以叫简单的逻辑思维方法，是相对于比较复杂的辩证思维方法而言的。辩证逻辑也研究思维方法，诸如分析与综合、归纳和演绎、逻辑与历史相统一等方法。这些方法是着眼于事物的运动、变化、发展，是对客观事物进行辩证思维，目的在于掌握事物的内部矛盾，把握事物的内在本质，因而比较复杂一些。形式逻辑的简单逻辑方法是着眼于事物的确定性、同一性、单一性的，它以思维的确定性为前提，不涉及辩证分析，因而叫做简单的逻辑思维方法。

三 逻辑学的性质

逻辑学是撇开思维的具体内容来研究思维的逻辑形式及其规律的，它的研究对象和起作用的特点决定了它具有客观性、工具性和人类性。

1. 客观性

逻辑学的客观性是指逻辑学所研究的内容是客观的。逻辑学所研究的虽然只是思维本身的形式和规律，但它并不是人们主观臆造的，而是以客观事物为基础，从实践中总结出来的，归根到底，它是客观事物在思想中的反映。正如列宁所指出的："逻辑形式和逻辑规律不是空洞的外壳，而是客观世界的反映。""逻辑规律就是客观事物在人的主观意识中的反映。"[①] 思维的逻辑形式及其规律是客观事物最普遍、最常见的关系，如一

①《列宁全集》第38卷，第192、195页。

般和个别、全体和部分、种类包含等关系在人们头脑中的反映，是人们在长期实践中经过千百万次重复才以逻辑的格固定下来的。因此，思维的逻辑形式和规律对于人的思维过程具有规范性和制约性，人们不能随意创造，也不能随意取消，它们是客观的、不以人的意志为转移的。

在思维的逻辑形式及其规律的性质问题上，唯心主义与唯物主义的观点是根本对立的。唯心主义者根本否认逻辑形式和逻辑规律的客观性。例如，唯心主义者康德提出"人的理性为自然界立法。"他认为逻辑形式和逻辑规律都是思想所固有的先验的原则。逻辑实证主义者卡尔纳普则认为，逻辑规律是人们任意规定的，就像玩牌、下棋等游戏规则一样，人们可以任意约定，也可以任意改变或废除。唯心主义者否认逻辑形式和逻辑规律的客观性，他们的观点显然是错误的、反科学的。

2. 工具性

逻辑学是一门工具性的科学。逻辑学的工具性是指：虽然逻辑学本身不能给人们直接提供具体的科学知识，但它能够为人们进行正确思维、获取新知识、表述论证思想提供必要的手段和方法。逻辑学的奠基者亚里士多德认为，逻辑学是思想的武器、认识的工具、科学的方法。为此，他的逻辑论文编成专辑之后，取名为《工具论》。归纳逻辑的创始人培根称自己的逻辑著作为《新工具》。数理逻辑的先驱莱布尼茨把逻辑学称为"服务的逻辑"。所有这些都说明，逻辑学一直是作为一门工具性的学科，作为帮助人们正确进行思维和表达思想的手段完善和发展起来的。

就工具性来说，逻辑和语法相似。语法研究语言形式及其规律。"文法规定词的变化规则，用词造句的规则，这样就使语言有一种有条理的可理解的性质。"[①]语法本身不能给人们提供关于事物的具体知识，然而它所提供的用词造句的规则却是人们都必须遵守的，不然，人们的语言表达方式就会发生混乱。逻辑学对思维的研究，也是通过对思维的逻辑形式及其规律的研究，给人们提供正确思维的必要工具，它规定了运用概念进行判断和推理的规律、规则，要求任何人要正确地进行思维，都必须运用有效的逻辑形式，遵守逻辑规律和规则，否则，人的思维就会陷入混乱。正是在这个意义上，人们把逻辑称作"思维的语法"。

3. 全人类性

全人类性是指逻辑学作为一门工具性的科学，是没有阶级性的，可以

① 斯大林《马克思主义与语言学问题》单行本，第 21 页，人民出版社，1953 年。

为全人类掌握和运用，它对不同的阶级、不同的民族都是一视同仁的。逻辑学具有全人类性，是因为逻辑形式及其规律是从整个人类思维的发展过程中概括出来的，是客观规律的反映。它们并不涉及各阶级的根本利益，也不以阶级的意志为转移。从逻辑学的研究对象上看，逻辑形式和逻辑规律本身也没有阶级性，不同民族、不同时代、不同地域的人要进行正确思维，都必须运用共同的逻辑形式，遵守共同的逻辑规律。只有这样，人们之间的思想交流、相互理解、共同生活才有可能。在这一点上，逻辑与语法是有区别的。语言具有民族性，语法也是一门工具性的学科，没有阶级性，但语法所研究的语言形式和规律具有约定俗成的特点，不同时代、不同民族、甚至不同地域都是不同的，语言的运用还受着语境的制约，有感情色彩等等。

第二节　逻辑学的产生与发展

一　逻辑学的产生

逻辑学早在两千多年前，就伴随生产实践、自然科学、思想论战的发展而发展起来。最早的发源地有 3 个，古代的希腊、中国和印度。当时逻辑学不是一门独立的学科，而是作为哲学的一个部分包含在哲学中，后来逐渐从哲学中分化出来。

1．古代希腊是逻辑学的重要诞生地

亚里士多德（公元前 384—公元前 322 年）是古希腊最博学的哲学家。他对逻辑学进行了全面的研究，并在理论体系的建立上做出了重大贡献，是逻辑学的奠基人。

亚里士多德的主要逻辑学著作是《工具论》。这本书由《范畴篇》、《解释篇》、《前分析篇》、《后分析篇》、《论辩篇》和《辩谬篇》6 个部分汇编而成，是古代的一部最完备的逻辑学著作。在《工具论》中，亚里士多德研究了多方面的内容。

在概念方面，亚里士多德主要对一些范畴进行了研究。他认为，范畴就是一些最普遍的概念。他把这些概念分为 10 个大类，即 10 种范畴：一是实体范畴，二是数量范畴，三是性质范畴，四是关系范畴，五是活动范畴，六是遭受范畴，七是地点范畴，八是时间范畴，九是姿态范畴，十是状况范畴。他还研究了概念间的关系以及如何给概念下定义等问题。

在判断方面，亚里士多德重点研究了简单判断。他认为，只有或真或假的句子才是判断；一个祈使句，就不是判断，因为它没有真假问题。他把判断分为简单判断和复合判断；把简单判断分为肯定的和否定的，全称的、特称的和单称的，并研究了这些判断的性质和真假关系；他还详尽地讨论了模态判断及其种类和关系。

在推理方面，亚里士多德的主要贡献是三段论推理。他研究了三段论的结构形式、前提与结论的关系、三段论推理的规则以及三段论的性质和作用等问题。他还对模态三段论进行了专门的研究，制定了模态三段论的规则，讨论了模态三段论的各种形式。他还研究了归纳推理，认为归纳是由个别过渡到一般的方法，是通过感知获得一般原理的过程，是获取推理所需的原始前提的途径。亚里士多德的逻辑理论虽然偏重演绎推理，主要是三段论，但他强调了演绎推理的原始前提必须从归纳而来，说明他对归纳推理还是重视的。

在证明和反驳方面，亚里士多德从三段论推理出发，认为要通过推理获得新知识就必须从已有的知识出发，并将已有的原始知识分为事实的知识和关于字的意义的知识。他研究了科学证明所需要的各种不同的前提，提出了在科学证明中可能出现的错误有 3 种：一是前提不真实，二是推理形式不正确，三是违反了一门科学中的证明必须从本门科学中的前提出发的原则。他还研究了辩论方法和驳斥诡辩的方法等。

此外，亚里士多德在他的重要哲学著作《形而上学》中对逻辑基本规律进行了专门的论述。在《形而上学》中，他明确提出了矛盾律和排中律，并用了整整一卷的篇幅来论述这两条基本规律的内容。他讲述了这两条规律的重要性，认为它是事物的规律，也是思维的规律，是事物确定性的表现，也是一切证明的出发点。如果否认了这两条规律，就会抹杀客观世界中一切事物的差别，人的思想就会出现混乱；他还用大量的论证来驳斥否定矛盾律和排中律的人。亚里士多德没有明确提出同一律，但在他的论述中也涉及同一律的内容。

总之，亚里士多德在概念、判断、推理、证明和反驳以及逻辑基本规律等方面都做出了较为系统的论述。由于他的重大贡献，基本建立了逻辑学理论体系的框架，奠定了西方逻辑学发展的基础，并在此基础上不断丰富和发展，构成了逻辑学发展的主要脉络；直到今天，我们所学的逻辑学的主要内容，都可以从亚里士多德的著作中找到它们的原型。

2. 古代中国是逻辑学的发源地之一

中国在春秋战国时期，逻辑思想曾有很大发展，史称："名辩之学"。后期墨家的《墨经》、荀况的《正名》、公孙龙的《名实论》等著作中的逻辑思想，是我国古代逻辑思想的杰出代表。下面我们将他们的逻辑思想作一简略介绍。

墨翟(约公元前468—公元前376年)是墨家创始人。墨家学派的著作《墨子》一书，现存53篇。其中《经上》、《经下》、《经说上》、《经说下》、《大取》、《小取》等6篇统称《墨经》，是后期墨家所作，是中国古代逻辑著作的经典。

在《墨经》中，后期墨家提出了“以名举实，以辞抒意，以说出故”的光辉思想。这里所谓的“名”相当于概念，“辞”相当于判断，“说”相当于推理。意思是说，在人们的思维和论证的过程中，概念是用来反映事物的，判断是用来表达思想的，推理是用来推导事物的因果关系的。这是对概念、判断和推理的本质和作用所作的精辟说明。

关于概念，后期墨家做了进一步的论述。他们把表示概念的“名”分为达名、类名、私名三大类。“达名”指反映普遍性最高的类的概念，相当于哲学范畴，如“物”即达名。“类名”指反映某一类对象的概念，相当于普遍概念，如“马”即类名。“私名”指反映单一对象的概念，相当于专有名词，如“藏”即私名。他们还进一步区分了具体概念和抽象概念。

关于判断，后期墨家研究了判断的各种形式。他们区分了全称判断和特称判断。全称判断中表示数量的词用“尽”字，例如，“越国之宝尽在此”就是一个全称判断。特称判断中表示数量的词用“或”字，如“马或白”，就是讲“有的马是白的”。他们还论述了判断中项的周延性问题。《墨经》中讲：“乘马不待周乘马然后为乘马也。有乘于马，因为乘马也矣。逮至不乘马，待周不乘马，而后为不乘马。此一周而一不周也。”就是说，乘某一匹马就算“乘马”，而不乘所有的马才算“不乘马”。这实际是在讲肯定判断的谓项不周延，否定判断的谓项周延。

关于推理，《墨经》中提出了“以说出故；以类取，以类予”的推理原则和方法，认为一切推理或论证必须以一定的理由(明故)和正确分类(察类)为根据，推理必须依据一定的法则，合乎法则的是正确的，不合法则的就是错误的。《墨经》中还具体论述了“辟”、“侔”、“援”、“推”4种推理和论证的方法。

辟　“辟也者，举他物而以明之也。”也就是举旁例以喻所说的论题，即“譬喻”。

侔　“侔也者，比辞而俱行也。”例如，“白马，马也；乘白马，乘马也。”

这相当于现代逻辑中的附性法直接推理。

援 “援也者，曰：子然，我奚独不可以然也？”即可以援引对方所说的话来作类比推理的前提。

推 “推也者，以其所不取之同，于其所取者予之也。”即在反驳中，可以由对方提出的判断出发，应用类比得出一个与之相类而却是对方不能接受的判断。

《墨经》中还讨论了使用“辟”、“侔”、“援”、“推”方法应注意的规则以及可能产生的误用。例如，使用“侔”这种推理形式就是有限度的，不能由“盗，人也”，推出“多盗，多人也。”

《墨经》中也讨论到有关逻辑基本规律问题。如讲“或谓之牛，或谓之非牛，是争彼也。是不俱当，不俱当，必或不当。”也就是说，“是牛”和“不是牛”这两个判断不能都成立，必有一个不能成立。这实际上表述了矛盾律的思想。

公孙龙（约公元前 325—公元前 250 年）是我国战国时期名家代表人物。他提出了“离坚白”、“白马非马”等多条名辩论题。他的论辩虽然确实带有诡辩的性质，但他对于类与类的关系的深入分析，对于不同概念的规定性和差别性的讨论，对古代逻辑思想的发展是有贡献的。此外，他还在《名实论》中讨论了名与实之间的关系，指出：“故彼彼止于彼，此此止于此，可。彼此而彼且此，此彼而此且彼，不可。”这是说，如果认为那个就是那个，这个就是这个，是正确的。而如果认为那个也是这个，这个也是那个，则不正确。这里实际上是指出了类似同一律和矛盾律的思想，强调了概念所指必须确定。

荀况（约公元前 313—公元前 238 年）是我国战国时期最大的唯物主义哲学家，他的逻辑思想主要包括在《荀子》这部书的《正名》篇中。

荀况对逻辑的研究主要是关于概念的。他研究了概念的分类，根据概念间的属种关系把概念分为“共名”和“别名”两类，“共名”相当于属概念，“别名”相当于种概念。如“动物”和“人”这两个概念，“动物”是共名，“人”是别名。其中反映普遍性最高的类的概念叫“大共名”，如“物也者，大共名也”；反映普遍性较低的类的概念叫“大别名”，如“鸟兽也者，大别名也。”共名和别名之间的区分是相对的，如“动物”对“人”而言是共名，但对“物”而言又是别名。他根据概念内涵的多少，又把概念分为“单名”和“兼名”两种。“单名”指内涵较少的概念，“兼名”指内涵较多的概念，如“马”是单名，“白马”则是兼名，两者是从属关系。他还研究了由别名到共名的概括法和由共名到别名的限定法。

荀况给名、辞、辩说作了定义:“名也者,所以期累实也。辞也者,兼异实之名以论一意也。辩说也者,不异实名以喻动静之道也。”就是说,概念是用来概括一类事物的;判断是把两个不同的概念连起来说明一个完整的思想的,辩说是在同一问题上说明是与非。

荀况还专门讨论了在辩论中存在的几种诡辩。他认为诡辩有3种,称之为“三惑”。第一种是“用名以乱名”,第二种是“用实以乱名”,第三种是“用名以乱实”。并且,他对怎么克服和禁止这3种诡辩进行了论述。

从以上简单介绍中可见,中国在先秦时期已有系统的逻辑思想,古代中国是重要的逻辑学发源地之一。

3. 古代印度曾发展了独立的逻辑学体系

古代印度的逻辑学名叫“因明”。“因”指原因、根据、理由,“明”指知识、智慧。“因明”就是古代印度关于逻辑推理的学说。因明分古因明和新因明。5世纪时印度哲学家无著和世亲吸取正理派的说法构成的因明为古因明,6世纪陈那及其弟子发展出了新因明。陈那的《因明正理门论》、商羯罗主的《因明入正理论》为因明的主要代表作。这些著作主要研究了推理和论证的方法,形成了古代印度特有的逻辑体系。由唐玄奘及其弟子在7世纪中翻译的陈那和商羯罗主的著作,是研究印度因明的主要依据。

古因明的推理形式用“五支作法”,由5个部分(即“支”)组成:宗(论题)、因(理由)、喻(例证)、合(应用)、结(结论)。例如:

宗:某处有火。

因:发现了烟的缘故。

喻:好像厨房等处。

合:现在某处也一样有烟。

结:所以那里有火。

陈那的新因明将五支作法简化为“三支作法”,由3个部分(即“支”)组成,即宗(论题)、因(理由)、喻(例证)。例如:

宗:此山有火。

因:此山有烟。

喻:凡有烟处皆有火,例如厨房。

五支作法和三支作法明显都是某种推理形式,三支作法更加类似三段论推理。“宗”相当于三段论的结论,“因”相当于三段论的小前提,“喻”相当于三段论的大前提。

除推理理论以外，印度逻辑中还有证明、反驳、谬误论（过论）等，内容十分丰富。

二 逻辑学的发展

逻辑学是一门古老而有生命力的科学。说它古老，是因为人们要思维就要有逻辑，而且形成一门学问也早，从它产生到现在，已有两千多年的历史；说它有生命力，是讲只要人类存在，就要有思维，就少不了逻辑，而且作为一门科学，它是随人类思维的发展而发展的。在逻辑学发展的进程中，中国先秦逻辑和古印度逻辑都有某种中断，没有进入世界逻辑发展的主流，惟有始于古希腊逻辑的西方逻辑有相对完整的历史，后来成为世界逻辑发展的主流。下面将西方逻辑学发展的大概情况作一介绍。

1. 斯多亚学派的命题逻辑

亚里士多德的逻辑，由于是对概念（即词项）的研究为基础的，所以人们把它称为“词项逻辑”。在亚里士多德以后，古希腊的斯多亚学派对逻辑学的研究做出了重要贡献。斯多亚学派对判断进行了研究。他们把判断分为简单判断和复合判断，并着重讨论了复合判断。他们把复合判断分为联言判断、选言判断和假言判断，研究了由这些判断组成的推理形式，并且提出了推理的规则和逻辑公式。由于斯多亚学派的逻辑是建立在对判断（即命题）进行研究的基础上，所以人们把它称为“命题逻辑”。斯多亚学派对命题逻辑的研究，进一步充实了亚里士多德逻辑的内容。

在古希腊，逻辑学有两种不同的倾向，一种是演绎的，一种是归纳的。亚里士多德和斯多亚学派的逻辑都是属于演绎逻辑。斯多亚学派主张只有演绎推理才是科学的、有用的，认为归纳推理是靠不住的，没有意义的。而唯物主义哲学家伊壁鸠鲁则主张对自然规律的认识要通过归纳推理来获得，认为归纳推理才是惟一的科学方法。二者的争论同时反映了哲学上唯物主义同唯心主义的斗争，前者代表唯心主义而后者代表唯物主义。在欧洲中世纪，经院哲学占统治地位，不仅哲学成为宗教的婢女，逻辑学的发展也处于停滞的状态。在这一阶段中，对演绎逻辑曾有人做过一些研究，也有一些发展，但在归纳逻辑方面则没有什么发展。

2. 培根和穆勒的归纳逻辑

欧洲近代资本主义时期，生产技术有了新的发展，随之而来的是经验自然科学的兴起和发展，特别是数学和实验科学的发展，推动作为实验科学方法论的归纳逻辑发展起来。

弗兰西斯·培根(1561—1626年)是近代英国唯物主义与实验科学的始祖。他在研究亚里士多德逻辑学的过程中,结合自然科学的丰富材料,提出了科学归纳法,奠定了归纳逻辑的基础。相对于亚里士多德以演绎逻辑为主要内容的《工具论》,培根把他论述归纳法的逻辑学著作称为《新工具论》。在这部著作中,培根批评了亚里士多德的演绎逻辑。他说:"现在流行的逻辑与其说是帮助人们寻求真理,不如说是把植根于一般人接受的观念中的错误固定下来。所以它的坏作用多于好作用。"他认为:"三段论不是应用于科学的基本原理,而是徒劳无益地应用于中间的公理;它是不足以穷自然之奥秘的。"因此,为了观察自然,发现自然规律,并利用它们为人服务,就不能只从观念出发,而应借助归纳从特殊上升到一般,再由一般上升到最高一级。这才是获取知识的真正可靠的方法。

培根在自然科学发展的基础上创立了归纳逻辑。作为归纳的具体方法,培根提出了"三表法"和"排除法"。所谓"三表",就是"存在和具有表"、"差异表"、"程度表"。通过这些表,把观察到的事物加以整理和排列。所谓"排除",就是从三表中把那些不相干的性质舍弃掉,进而找到事物之间的因果关系,发现事物的一般规律。培根认为,这才是"真正的归纳法"。

1662年,法国出版了亚诺德和尼柯尔合著的《波尔罗亚尔逻辑》。这是一本专门的逻辑学教科书。书中汇集了当时逻辑学中已有的成果,综合了演绎逻辑和归纳逻辑,对概念、判断、推理、逻辑规律和逻辑方法都进行了系统的介绍。

穆勒(1806—1873年)是19世纪英国经验主义哲学家。他继承并发展了培根的归纳逻辑,在他所著的《逻辑体系》一书中,系统地阐述了寻求现象间的因果联系的5种归纳方法,即契合法、差异法、契合差异并用法、共变法和剩余法。这就是逻辑史上有名的"穆勒五法"。穆勒是归纳万能论的代表,他片面地夸大归纳法的作用,不恰当地贬低演绎法的作用,认为三段论不能带来新知识。对此,恩格斯说:"归纳和演绎,正如分析和综合一样,是必然相互联系着的。不应当牺牲一个而把另一个捧到天上去,应当把每一个都用到该用的地方,而要做到这一点,就只有注意它们的相互联系,它们的相互补充。"①

从培根在自然科学发展基础上创立归纳逻辑,到亚诺德和尼柯尔合著《波尔罗亚尔逻辑》,把归纳逻辑和演绎逻辑结合在一起,直到穆勒进一

① 恩格斯《自然辩证法》,第206页,人民出版社,1971年。

步完善和发展归纳逻辑，至此，集演绎、归纳和一般逻辑方法为一体的传统形式逻辑体系便基本形成了。

3. 辩证逻辑、数理逻辑的产生和发展

18 世纪到 19 世纪，德国古典哲学家康德、黑格尔等人都研究了逻辑问题。康德第一次使用了“形式逻辑”这个名称，并且提出了一些重要的有关辩证逻辑的理论问题。但他把逻辑形式和逻辑规律都看成是先于经验的东西，并且割裂逻辑学中形式和内容的关系，用形而上学的观点来看待逻辑问题。黑格尔批判了旧逻辑学中的形而上学观点，用极大的精力研究了人类辩证思维的形式和规律，从而建立了第一个辩证逻辑体系。虽然他的辩证逻辑体系是建立在唯心主义基础上的，是头足倒立的、不科学的，但是，其中却包含了不少合理内核和深刻的思想。马克思和恩格斯运用辩证唯物主义的观点和方法研究逻辑问题，他们在批判黑格尔辩证逻辑体系中的唯心主义的同时，吸取了其中的合理内核，建立了第一个科学的辩证逻辑体系。

辩证逻辑是关于思维运动的辩证规律的理论，也就是思维的辩证法，或叫主观辩证法。它是事物的辩证法即客观辩证法的反映。因此，在马克思主义哲学中，辩证法、认识论、逻辑三者是一致的。辩证逻辑与形式逻辑是互相区别的，它们的关系是哲学和具体科学的关系。马克思主义辩证逻辑指导形式逻辑的研究，但并不代替形式逻辑。

在近代归纳逻辑发展的同时，演绎逻辑也得到了新的发展。从莱布尼茨到布尔建立起来的数理逻辑，就是在逻辑学中使用数学方法而发展起来的一门新兴的学科。

早在 17 世纪末，德国哲学家和数学家莱布尼茨就提出了用数学方法处理演绎逻辑、把推理变成逻辑演算的光辉思想，并且首先尝试用这种方法去建立逻辑体系，因而他成为数理逻辑的奠基人。1847 年，英国数学家布尔发表了《逻辑的数学分析》一书，成功地将代数方法应用到逻辑中去，建立了“逻辑数学”(即布尔代数)，把莱布尼茨的思想变为现实。随后，弗雷格、罗素和怀德海等人建立了命题演算和谓词演算这两个数理逻辑演算体系，使数理逻辑进一步系统和完善起来，发展成为一门新兴的学科。

20 世纪 40 年代，数理逻辑得到了迅速的发展，其主要表现是：数理逻辑的主要分支“集合论”、“证明论”、“递归论”和“模型论”等应运而生并取得了重要的研究成果；在命题演算和谓词演算基础上，发展出了模态逻辑、多值逻辑、时态逻辑、相干逻辑、模糊逻辑和量子逻辑等一大批非标准逻辑分支；数理逻辑在开关线路、自动化系统以及计算机科学与技术等方面获得广泛应用，特别是在推动电子计算机的发展、人工智能的产生方面取得了伟大的历史性成果。

恩格斯指出："每一时代的理论思维，从而我们时代的理论思维，都是一种历史的产物，在不同的时代具有非常不同的形式，并因而具有非常不同的内容。因此，关于思维的科学，和其他任何科学一样，是一种历史的科学，关于人的思维的历史发展的科学。"①逻辑学从词项逻辑向命题逻辑的发展，从演绎逻辑向归纳逻辑的发展，从传统逻辑向现代逻辑的发展，充分说明它是充满活力、不断发展的一门科学。

第三节　学习逻辑学的意义和方法

一　学习逻辑学的意义

当人类社会跨入 21 世纪的时候，我国进入全面建设小康社会、加快推进社会主义现代化的新的发展阶段。在这个新的发展阶段，科技发展突飞猛进，综合国力竞争日趋激烈，以经济建设为中心的中国，面临着知识经济时代提出的各种挑战。在新的历史时期，综合国力的竞争越来越围绕知识和科技创新的竞争展开，谁在知识和科技创新上占优势，谁就在发展中占据主导地位。江泽民同志在党的"十六大"报告中指出："创新是一个民族进步的灵魂，是一个国家兴旺发达的不竭动力。"作为知识生产、知识交流和知识应用的必备工具，逻辑学在知识创新和科技创新中起着不可替代的作用。要创新，就需要提高国民素质，培养创新人才。为了提高国民素质，培养高素质的人才，中共中央、国务院做出了《关于深化教育改革全面推进素质教育的决定》。实施素质教育，就是全面贯彻党的教育方针，以提高国民素质为根本宗旨，注重培养具有创新精神和创新能力的智能型人才。逻辑学兼有基础学科、工具学科和人文学科三重性质。逻辑知识是全部科学知识的基础，逻辑科学是一切科学研究的必备工具，逻辑思维能力是科学研究、技术创新必须具备的能力。因此，培养和提高逻辑思维的素质和能力，是素质教育的重要内容，也是培养具有创新思维和创新能力的高素质人才的重要基础。全面推进素质教育，离不开学习逻辑学。

① 《马克思恩格斯选集》第三卷，第 465 页。

总的来说，学习逻辑学可以训练和提高人们的逻辑思维能力，促进智力的发展，提高民族的逻辑修养和文化素质；可以促进科技发展，落实科教兴国的战略方针，推动我国社会主义物质文明和精神文明建设。

第一，学习逻辑学，有助于人们正确认识客观事物，获取新的知识。

逻辑学是一门工具性的科学，它不能给人们直接提供具体的科学知识，但它能够为人们获取知识、表述和论证思想提供必要的逻辑工具。

实践是认识的源泉。一切真知都是从直接经验发源的。但是，人不能事事都依靠直接经验，事实上，人们的多数知识都是通过间接的途径获得的，这就是所谓的间接知识。人们要获得间接知识，就需要运用推理。推理可以将已知的一般原理、规律性的知识应用到个别的、特殊的事物上去，从而得出新的结论，获取新的知识；也可以由已知的个别的、特殊的知识概括出一般性的知识，从而扩大我们的知识面，收到“举一反三”、学一知多的效果；在科学实验中，我们还可以应用逻辑知识，概括已有的科学理论和已知的实验结果，经过推理得出尽可能多的新结果，甚至提出科学假说，建立新的科学理论体系。

科学的发展除了逻辑思维外，其他思维如形象思维与创造性思维也起着重要的作用，这些思维属于非逻辑思维。但这些思维是在逻辑思维基础上产生并通过逻辑思维来完成的。即使灵感，也是以逻辑思维为基础，灵感的诱发、触发、巩固都离不开逻辑思维。例如，牛顿从苹果落地而联想到万有引力的问题，瓦特看到水壶壶盖被蒸汽冲开而联想并发明蒸汽机，阿基米德洗澡时从水缸里溢出的水联想到物体比重的原理，这些都是科学家把不同事物联系起来进行思考的结果。在这些思维过程中，都必须以逻辑思维为基础，以求因果联系的方法、类比方法、各种逻辑规律等作为基本的逻辑工具。

恩格斯指出：“甚至形式逻辑也首先是探寻新结果的方法，由已知进到未知的方法。”[①]由此可见，逻辑学是认识客观事物、寻求新知识、进行知识创新和科技创新的必要工具。我们要善于运用逻辑学这个工具，来帮助我们不断地获得新的知识。

第二，学习逻辑学，有助于人们准确地表达思想，严格地论证思想。

人们在社会生活中每天都进行思想交流，即不断向他人表述自己的思想和接受他人的观点。要进行思想交流就必须通过语言把自己的思想

① 《马克思恩格斯选集》第三卷，第174页。

准确地表达出来，严格地加以论证，以便让别人理解。在表达和论证思想的过程中，必须正确地运用概念、判断、推理等逻辑思维形式，必须遵守共同的逻辑思维规律和规则，只有这样，我们的思想才能被别人理解和接受，别人的思想才能被我们理解，思想交流才能顺利进行。

在表述和论证思想的过程中，有时会出现这样那样的逻辑错误，构成思想混乱，究其原因，往往是由于缺乏逻辑知识造成的。例如，有这样一段相声，某人请了 4 位客人吃饭，到了约定时间，来了 3 位，有一位没来，主人越等越急，就自言自语说："该来的还没有来。"已来的 3 位中，有一位听了很不痛快："怎么？该来的没有来，那我是不该来的呀，我走了！"说着拔腿就走了。主人一看，着急了，又说："唉，不该走的走了。"留下的两位听了很不满："什么，不该走的走了？那我们是该走的呀！"结果已来的客人全给气走了。主人的话本来没有恶意，但由于表达上的逻辑错误，导致判断不恰当，得罪了客人。又如，"你的发言我完全赞成，只有一点我不同意。"这句话就犯了自相矛盾的逻辑错误，使人不知道说话者到底是"完全赞成"还是"不完全赞成"。以上事例说明，要正确表达和交流思想，学习逻辑知识是很有必要的。

毛泽东同志 1958 年 1 月在《工作方法六十条(草案)》中指出："文章和文件都要有这样 3 种性质：准确性、鲜明性、生动性。准确性属于概念、判断和推理的问题，这些都是逻辑问题。鲜明性和生动性，除了逻辑问题以外，还有词章的问题。现在许多文件的缺点是：第一，概念不明确；第二，判断不恰当；第三，使用概念和判断进行推理的时候又缺乏逻辑性；第四，不讲究词章。看这种文件是一场灾难，耗费精力又少有所得。一定要改变这种不良的风气。"在这里，毛泽东同志强调了逻辑在语言表达中的重要性。他告诉我们，只有学习和运用逻辑知识，才能使我们在说话、写文章时做到准确性、鲜明性和生动性的要求；在表述和论证思想时才能做到概念明确，判断恰当，推理有逻辑性，避免犯逻辑错误。斯大林下面这段话直接说明了逻辑在语言表达中的力量："使我佩服的是列宁语言中的那种不可战胜的逻辑力量，这种逻辑力量有时虽然有些枯燥，但是它紧紧抓住听众，一步进一步地感动听众，然后就把听众俘虏得一个不剩……列宁演说中的逻辑好像万能的触角，用钳子从各方面把你钳住，使你无法脱身：你不是投降，就是完全失败。"①

① 《斯大林全集》第六卷，第 50 页。

第三,学习逻辑学,有助于人们揭露和纠正谬误,批驳诡辩论。

人们在认识客观世界的过程中,往往会产生这样或那样的谬误。这些谬误并非都是逻辑谬误,但确实有不少是属于逻辑谬误的。谬误的出现,究其原因,除了各方面的科学知识不足以外,思维缺乏必要的逻辑训练,对逻辑错误缺乏辨别能力是一个重要原因。诡辩论是在辩论中,故意违背逻辑规律和规则,为谬误作辩护,从根本上讲,也是一种逻辑谬误。学习逻辑学,可以帮助我们揭露谬误和诡辩中所犯的逻辑错误,增强我们反驳谬误和诡辩的能力。

在当今世界,特别是在西方社会中,人们推崇批判性思维,认为批判性思维是进行知识创新必备的思维方式,并把逻辑学作为进行批判性思维的重要基础。美国加利福尼亚州的教育部门在发布大学要加强批判性思维教育的指令中指出:“设计批判性思维这一教学的目的,是获得对语言和逻辑这一关系的判断力,以利发展学生的分析、批判和提出见解的能力、归纳和演绎推理的能力。”[①]这就是说,批判性思维的实质就是逻辑学知识在思维中的运用,进行批判性思维,要以掌握应用逻辑学知识和技能为前提。

在科学发展史上,物体从空中下落时,其速度的快慢与物体的重量是成正比,即物体的重量越大,下降的速度就越快,反之则慢。这一观点统治人们思想长达1 800年以上。然而,伽利略正是发现了这一理论所包含的逻辑矛盾,并从解决矛盾入手,通过实验,证明了不同重量的物体下落时如果所受阻力相同,那么由于它们所受地球的引力相同,因而下落的速度也相同,从而推翻了旧的落体理论,创立了“自由落体定律”。这一事例生动地说明了逻辑在揭露和批判谬误、推动知识创新和科技发展中的重要作用。

第四,学习逻辑学,有助于人们学好其他学科知识,提高综合素质。

列宁曾经说过:“任何科学都是应用逻辑。”[②]事实正是如此,任何科学都是离不开逻辑的,都是和逻辑学密切联系的。不管是自然科学、社会科学,还是思维科学,都是遵循严密的逻辑规律,运用概念、判断、推理等逻辑形式,以构成该学科的理论体系。例如,欧几里得几何学,就是从少数的概念和判断出发,将其他几何知识推出来,得出许多原来人们不知道的

① [美]奥斯汀·丁·弗里莱《辩论与论辩》,河北大学出版社,1996年。

② 列宁《哲学笔记》,第216页。

新公理，从而建立起一套严密的几何学体系。掌握逻辑学知识，可以帮助我们自觉地把握各门学科中的概念、判断和推理，把握该学科的逻辑体系及内在联系，从而有效地把握各门具体科学知识。例如，我们学习数学，就要了解和掌握数和形、整数和分数、有理数和无理数、实数和虚数、常数和变数等基本概念；掌握由这些概念构成的定义、定理；掌握数学的逻辑推导过程和运算方法，这样，就能在掌握数学的逻辑结构基础上，更好地掌握数学的基本知识。

在全面推进素质教育过程中，很重要的一个方面是注重能力的培养。一个人的能力包括观察能力、思维能力、操作能力。3 种能力中，思维能力是核心，它决定和影响其他能力的发挥和发展。学习逻辑学，可以锻炼人的思维能力，进而可以提高人的综合素质。近年有学者在大学生中做过调查，结果表明：刚入学的大学生逻辑思维能力测试成绩优异者，3 年后的各科成绩均优良，而且三好生、专业奖学金获得者多出自这一部分人；而测试成绩差者，3 年后多为后进生，有的甚至多科成绩不及格而退学。这一事实表明，逻辑思维素质是综合素质的基础。对此，有人作了一个形象的比喻：倘若素质教育是建造“万丈高楼”，那么逻辑则是建楼的“基石”。

提高综合素质，也包括提高人们的实际工作能力和办事效率。学习逻辑学，对于提高人们实际工作能力和办事效率也有重要的作用。首先，人们干任何事情，总要靠大脑这个“司令部”来指挥。只有人们思路清楚，思维敏捷，才能提高办事速度。一个思维迟钝的人，是不可能把事情办得又快又好的。其次，人们办任何事情都要有周密的计划。因为人们办事情往往不是单一的，常常是多件事情交织在一起，构成一个系统工程，这就需要讲究办事的逻辑程序，要先后有序，合理安排，才能事半功倍，提高办事效率。再次，人们办任何事情都要有好的方式方法。逻辑学既是思维的工具，也为人们的实际生活提供重要方法。人们在实际工作中，运用逻辑知识，也就是运用逻辑原理和方法来解决各种实际问题，善于运用逻辑方法往往能使问题得到又快又好的解决，有时甚至可以收到意想不到的效果。

以上我们从 4 个方面说明了学习逻辑学的意义。值得注意的是，我们在充分认识学习逻辑学的重要意义的同时，也不能将逻辑学的作用任意夸大。要正确认识客观事物，表达和论证思想，搞好学习和工作，仅仅靠逻辑学是不够的，还必须要有正确的世界观作指导，积极参加社会实践，认真学好马克思主义理论和各门具体科学知识。

二 学习逻辑学的方法

要学好逻辑学，首先必须要明确学习的目的和意义，提高学习的自觉性和积极性。这也是学好这门学科的前提条件。

有人认为，学不学逻辑都照样思维、讲话和写文章。我们认为，这种看法是不妥的。诚然，有些人虽未学过逻辑学，他们的思维、讲话、文章也是合乎逻辑的。但是，他们的逻辑思维是凭经验的、自发的。这种自发的逻辑思维是有很大的局限性的，一旦遇到复杂的逻辑问题，常常会不自觉地犯逻辑错误，或者对于一些谬误和诡辩不能识别，或者知道有错但不能分析其错在哪里。学习和掌握了逻辑知识，可以帮助我们把自发的运用逻辑变为自觉的运用逻辑，使我们思维更有逻辑性，说话、写文章有更强的逻辑力量。

在明确学习目的和意义基础上，掌握正确的学习方法，也是非常重要的。学习逻辑学具体方法很多，每个人都可以根据自己的实际情况，在学习中不断总结、概括和创新。根据逻辑学的一般特点，在学习中也有一些带有共同性的基本方法。

第一，坚持理论联系实际的学习方法。

逻辑学是一门实践性很强的科学，只有紧密联系实际才能真正学好。联系实际，一是要联系语言实际。逻辑学与语法有相似之处。尽管语言有约定俗成的一面，而且语言与逻辑不属同一范畴，但语言是以逻辑为基础的，逻辑也必须经过语言表达出来，二者有着相当一致的对应关系。认识这种对应关系，自觉地把逻辑知识运用于日常思考问题、说话、写文章、辩论等语言表达实践中，有利于对逻辑理论的理解和掌握。二是要同学习其他各门科学知识联系起来。任何科学都是运用逻辑。自觉地把逻辑学应用于学习其他各门科学，分析理解其他科学中的概念、判断、推理和逻辑体系，既可以帮助我们学习其它科学，也可以从中学到逻辑知识。三是要在科学研究、日常生活和工作实践中自觉运用逻辑思维规则和方法，加强逻辑思维锻炼，提高逻辑思维能力。

第二，要系统掌握逻辑学的基本理论。

要系统掌握逻辑学的基本理论，必须注意 3 点。一是以推理为核心，重点把握正确思维的规则、规律，特别是要掌握推理的规则。同时，要在理解和掌握基本的逻辑概念和逻辑理论上下功夫，在理解的基础上记住概念的意义，把握逻辑形式的特征及其表达公式，以及它们的规则。二是要掌握各部分之间的内在联系。逻辑学各部分之间的连贯性很强。概念、判断、推理和论证几部分之间本来就是内在联系的。概念是思维的细胞，是组成判断的基本要素；判断是推理的基础；论证则是推理的运用。各部分内容一环扣一环，组成有机联系的整体。学习中只有掌握前几章的内容，才能掌握好后面的内容，只有系统把握各部分内容，掌握各部分之间的内在联系，才能循序渐进，系统掌握整个逻辑理论。三是要注意把握学习中的重点、难点。

第三，要在认真识记的基础上多做练习。

逻辑学的特点是概念多、符号多、公式多、规则多。有的初学逻辑学的人往往害怕这些公式符号，一见公式符号就头疼，产生一种畏难情绪。要认识到，逻辑学是以思维的逻辑形式为主要的研究对象，要表达这些逻辑形式，就离不开特定的公式和符号，如果取消了公式符号，把握思维形式就成了一句空话。实际上，逻辑学的公式符号、规律规则都是从生动活泼、丰富多彩的思维实践中抽象出来的，只要我们联系实际加以理解，弄清逻辑形式的涵义，公式符号就不难掌握。为了掌握逻辑学中的公式符号，学会用这些逻辑形式进行推理，要在认真识记的基础上多做练习，分析掌握各类题型和解题方法。这样才能融会贯通，举一反三，巩固所学的定义、公式、规则等逻辑知识。

总之，只要我们深入认识学习逻辑学的意义，切实掌握正确的学习方法，加上刻苦努力，勇于实践，就能学好逻辑，提高逻辑思维能力。

复习思考题

1. 逻辑学的研究对象是什么？
2. 什么是思维的逻辑形式？
3. 简述什么是逻辑常项？什么是逻辑变项？
4. 怎样理解逻辑学是一门工具性的学科？
5. 逻辑学在知识创新、技术创新中有何重要意义和作用？
6. 学习逻辑学对于提高学生综合素质有何重要意义？

练习题

一　指出下列各段议论中“逻辑”一词的含义。

1. 世界上的每一个物种都有自身演化的逻辑。

2. 写文章要讲逻辑，就是要注意整篇文章的结构，开头、中间、结尾要有一种关系，要有一种内在联系，不要互相冲突。

3. 有人说：“知识越多越反动”，这真是一种奇怪的逻辑。

4. 把党的工作重点转移到社会主义现代化建设上来，这是中国革命合乎逻辑的发展。

5.《大英百科全书》把逻辑列为基础理论学科的第一位。

6. 逻辑并不难学，只要坚持理论联系实际，就一定能够学好。

二　用公式表示下列判断或推理的逻辑形式，并指出其逻辑常项和变项。

1. 创新是一个国家兴旺发达的不竭动力。

2. 只有发展现代科学技术，才能推动生产力迅速发展。

3. 我国在本世纪头二十年的奋斗目标是全面建设小康社会。

4. 如果不是你说错了，就是我听错了。

5. 只有降低成本，经济效益才能提高。

6. 如果被告已经死亡，那就不再追究其刑事责任。

7. 所有科学理论都是有用的，逻辑学是科学理论，所以，逻辑学是有用的。

8. 人的正确思想不是从天上掉下来的。

9. 一切偶数都能被 2 整除，这个数是偶数，所以，这个数能被 2 整除。

10. 所有的谎言都不是能长久骗人的。

三　写出具有下列逻辑形式的判断或推理。

1. 一切 S 都不是 P。

2. 有的 S 是 P。

3. 如果 p，那么 q。

4. 或者 p，或者 q；非 p，所以 q。

5. 只有 p，才 q；非 p，所以非 q。

第二章　概　　念

第一节　概念的概述

一　什么是概念

概念是反映思维对象特有属性或本质属性的思维形式。

要了解什么是概念，必须把握 4 点。

1. 概念是反映事物的特有属性或本质属性

在客观世界中，存在着许许多多、形形色色的事物。这些事物反映到人的认识中，就成为人们的思维对象。这些思维对象包括自然界中的日月星辰、山川草木、飞禽走兽等；包括社会中的国家、民族、商品、货币、战争、和平等；也包括思维领域的感觉、知觉、表象、真理、谬误、情感等。总之，世界上的一切事物都可以成为思维对象。事物作为思维对象是通过概念反映出来，概念可以反映一切思维对象。

一切事物都具有自己的性质，如体积、颜色、形状、气味、好坏、善恶等。事物除有自身的性质外，还和其他事物发生一定关系，如大于、小于、在上、在下、互助、交换、热爱、矛盾等。事物的性质和关系统称为事物的属性。事物和属性是不可分割的，任何事物都具有这样那样的属性，而任何属性都是某种事物的属性。

在事物的众多属性中，有些是特有属性，有些是非特有属性。特有属性是指该事物所独有而其他事物所不具有的属性。例如，人有许多属性：两足直立行走、能思维、会说话、能制造和使用工具等。这些特有属性体现了人和其他动物之间的区别性。而有两只眼睛、有血液循环、要吃东西等属性则不是人的特有属性，它们不仅为人所有，也为其他高等动物所具有，这种非特有属性不能体现事物之间的区别性。

事物的属性也包括本质属性和非本质属性。本质属性是指决定事物之所以成为该事物并区别于其他事物的属性。非本质属性是对该事物不具有决定性意义的属性。例如,人的本质属性是"能制造和使用工具进行劳动的动物",而其他的如体重、身高、肤色、会说话、能直立行走等则是非本质属性;国家的本质属性是"阶级统治的工具",而面积大小、人口多少、统治方法等则是非本质属性。本质属性既体现一事物与其他事物的区别性,也是特定事物所固有的规定性,因此,本质属性一定是特有属性,而特有属性不一定是本质属性。

概念是通过反映思维对象的特有属性或本质属性来反映思维对象的。一般来说,人们最初形成的概念都是先反映事物的特有属性,属于浅层次的初级概念,日常生活中所使用的概念多属这一类。在初级概念基础上进一步深入,把握事物的本质属性,就形成反映事物本质属性的科学概念。科学研究和科学理论所使用的概念多指这类概念。

2. 概念是在实践的基础上由感性认识上升到理性认识形成的

对于概念的形成,毛泽东专门做过论述。他说:"社会实践的继续,使人们在实践中引起感觉和印象的东西反复了多次,于是在人们的脑子里生起了一个认识过程中的突变(即飞跃),产生了概念。"[①]这说明概念的形成是离不开社会实践的。在社会实践中,人们获得对事物的感觉、知觉、表象等感性认识,其中既有对事物特有属性和本质属性的认识,也有非特有属性和非本质属性的认识。概念是通过对感性材料进行思维加工而形成的。在这个认识过程中,一般是通过比较、分析、综合、概括、抽象等逻辑方法,逐渐舍去具体的、现象的、感性的东西,抽取出一般的、本质的、理性的东西。例如,"人"这个概念,就是已经舍去了男人女人、大人小孩、中国人和外国人等区别,而只剩下区别于其他动物的特点;"商品"这一概念,已经舍去了商品的花色、产地、价格等非本质属性,而只剩下"用于交换的劳动产品"这一本质属性了。正如毛泽东指出的:"概念这种东西已经不是事物的现象,不是事物的各个片面,不是它们的外部联系,而是抓着了事物的本质,事物的全体,事物的内部联系了。"[②]概念的形成,是认识过程中的质变,它标志着人的认识由感性认识阶段上升到了理性认识阶段。

3. 概念是主观性和客观性的统一,确定性和灵活性的统一

概念的客观性,是指概念是对客观事物特有属性或本质属性的反映,它的内容是客观的,如果没有客观事物,就不可能有对客观事物的反映。

---

①《毛泽东选集》第一卷,第262页,人民出版社,1966年。

②《毛泽东选集》第一卷,第262页,人民出版社,1966年。

概念的主观性，是指概念的形式是主观的，它属于意识的范畴，并不是客观事物本身。因而，我们既不能把概念同客观事物混为一谈，也不能把它同客观事物对立起来，它是主观性和客观性的统一。

概念的灵活性，是指概念形成之后不是固定不变的，而是要随人的认识活动的深入而发展变化的。一方面，事物的本质是多方面的，也是多层次的，人对事物的认识也是由片面到更多的方面，由不甚深刻到比较深刻，是不断发展变化的。例如，对"人"的认识，古希腊人认为"人是不长羽毛的两脚动物。"这种认识是比较肤浅的；后来，提出"人是能抽象思维的理性动物。"这种认识比古代人前进了一步，但还不是真正科学的认识；直到人们认识到"人是能制造和使用工具进行劳动的动物"，对人的认识才达到了比较深刻的本质，这时关于人的概念才成为科学的概念。另一方面，客观事物本身是发展变化的，事物的本质也有一个逐渐暴露出来的过程，人的认识要随着客观事物的变化而变化，因此，作为认识成果的概念，也要发展变化。

概念的确定性，是指在一定条件下、一定时间内，客观事物的本质具有相对稳定性，反映事物本质属性的概念在认识发展的一定阶段上就具有相对确定的内容，不能任意混淆和偷换。概念有确定性，又有灵活性，是确定性和灵活性的统一。逻辑学研究概念，主要是研究概念的确定性方面。

4. 概念是认识成果的总结

概念是思维的起点。作为思维的一种逻辑形式，概念同判断、推理和论证有密切联系。人们必须先具有某事物的概念，然后才能做出关于某事物的判断、推理和论证。概念是思维的"细胞"，没有概念，人们就不能形成判断，更无法进行推理和论证。列宁说，人只要一开口说话，在他的话中就包括概念。也就是说，离开概念，人就不能进行任何思维活动。

概念是科学思维的总结。人们通过判断、推理和论证获得的新知识，都要形成新的较深刻的概念来加以总结和巩固。每一门科学都有它使用的基本概念。这些基本概念以及由它所构成的范畴体系，是人类在一定历史阶段上对客观事物认识的成果。例如，政治经济学中的"生产力"、"生产关系"、"商品"、"价值"等，牛顿的"万有引力"，马克思的"剩余价值"，爱因斯坦的"相对论"等，都是一些基本概念，也就是范畴。列宁把这些范畴叫做认识之网的网上纽结，也就是认识的结晶。

明确概念是正确思维的保证。借助概念，人们可以从本质上把同类对

象联系起来，把不同类对象区分开来。概念明确，才能保证思维正确地反映事物的本质和规律，帮助人们在实践中不断获得成功。例如，理解了什么是马克思主义，才能在实践中更好地坚持马克思主义；弄清了什么是社会主义，才能懂得怎样建设社会主义。

二 概念的内涵和外延

任何概念都有内涵和外延，这是概念的两个基本逻辑特征。

1. 什么是概念的内涵和外延

概念的内涵，是指反映在概念中的思维对象的特有属性或本质属性。

内涵反映的是事物质的方面，它表明概念所反映的是什么性质的事物，通常也叫做概念的含义。任何概念都有内涵，例如，“人民”这一概念的内涵就是指“对社会历史发展起推动作用的人们”；“商品”这一概念的内涵是“用于交换的劳动产品”，“有价值和使用价值”等；“三角形”这个概念的内涵是“三边封闭的平面图形”。由于事物的特有属性或本质属性可以是一个或多个，所以概念的内涵有多有少。例如，“三角形”的内涵只有一个，即“三边封闭的平面图形”；“直角三角形”的内涵有两个，即“三边封闭的平面图形”和“有一个角为直角”。

概念的外延，是指具有概念所反映的特有属性或本质属性的对象的范围。

外延反映的是事物的量的方面，它表明概念所指的对象有哪些，通常也叫做概念的适用范围。任何概念都有外延。例如，“人民”这一概念的外延包括所有对社会历史发展起推动作用的阶级、阶层、社会集团；“商品”这一概念的外延包括古今中外一切用来交换的劳动产品，大到汽车飞机，小到笔墨纸张、针线鞋袜等；“三角形”的外延则包括直角、钝角、锐角等各种三角形。概念的外延有大有小，也就是所指范围的大小是不同的。例如：“人”的外延就比“中国人”的外延大，“大学生”的外延就比“学生”的外延小。

2. 概念内涵和外延的确定性和灵活性

内涵和外延都是确定性和灵活性的统一。内涵和外延的确定性，是指在一定条件下，概念的含义和所指对象是确定的，不能任意改变或混淆不清；内涵和外延的灵活性，是指在不同的条件下，随着客观事物的发展和人们认识的深化，概念的含义和所指对象是可以变化的。

例如，毛泽东同志在讲到“人民”和“敌人”这两个概念时说：“人民这个概念在不同的国家和各个国家的不同的历史时期，有着不同的内容。拿我国的情况来说，在抗日战争时期，一切抗日的阶级、阶层和社会集团都属于人民的范围，日本帝国主义、汉奸、亲日派都是人民的敌人。在解放战争时期，美帝国主义和它的走狗即官僚资产阶级、地主阶级以及代表这些阶级的国民党反动派，都是人民的敌人；一切反对这些敌人的阶级、阶层和社会集团，都属于人民的范围。在现阶段，在建设社会主义的时期，一切赞成、拥护和参加社会主义建设事业的阶级、阶层和社会集团，都属于人民的范围；一切反抗社会主义革命和敌视、破坏社会主义建设的社会势力和社会集团，都是人民的敌人。"[①]这说明，在不同的历史时期，"人民"和"敌人"这两个概念的内涵和外延是不同的；而在同一个历史时期，其内涵和外延又是确定的。

割裂概念的灵活性和确定性的关系是错误的。否定概念的灵活性，把概念僵化，是形而上学；否定概念的确定性，主观随意地改变概念的含义和适用对象，则是相对主义的诡辩论。

任何概念都有内涵和外延这两个方面。明确概念也就是要明确概念的内涵和外延。如果我们掌握了某一概念的内涵和外延，则说明我们对这个概念是明确的；如果没有掌握或没有完全掌握，则说明我们对这个概念不明确或不完全明确。因此，正确掌握概念的内涵和外延，对于我们正确理解和运用概念具有十分重要的意义。

3. 概念内涵与外延之间的反变关系

世界上的事物千千万万，逻辑学把具有相同属性的事物归为"类"，把从属于"类"的每个具体事物叫做"分子"，把一个"类"中包含的小类叫做"子类"。反映"类"的概念外延较大，叫做属概念。反映"子类"的概念外延较小，称为种概念。例如，"学生"和"大学生"这两个概念中，"学生"的外延大于"大学生"的外延，"学生"就是"大学生"的属概念，"大学生"就是"学生"的种概念。属概念和种概念的区分是相对的。例如，"学生"相对于"大学生"是属概念，如果相对于"人"就是种概念。"大学生"相对于"学生"是种概念，如果相对于"优秀大学生"则是属概念。属概念和种概念之间的关系具有层次性。例如，"人"、"学生"都是"大学生"的属概念，但二者相比，"学生"的外延更接近"大学生"。因此，我们称"学生"是"大学生"的"邻近的属概念"。称"大学生"是"学生"的"邻近的种概念"。

概念的内涵和外延是互相制约的。确定了某一概念的内涵，也就相应

① 《毛泽东选集》第五卷，第 364 页，人民出版社，1977 年。

地确定了这一概念的外延;确定了某一概念的外延,也就相应地确定了这一概念的内涵。概念的内涵发生变化,其外延也会发生相应的变化;概念的外延发生变化,其内涵也会跟着发生变化。在内涵与外延的相互制约关系中,特别需要我们注意的是,在属概念和种概念之间存在的内涵与外延的反变关系。

概念内涵与外延之间的反变关系是:一个概念的内涵越多,它的外延就越小;一个概念的内涵越少,它的外延就越大。一个概念的外延越大,它的内涵就越少;一个概念的外延越小,它的内涵就越多。

例如,"人"、"工人"、"中国工人"是3个具有属种关系的概念。从内涵方面看:"人"这个概念的内涵是"能制造和使用工具进行劳动的动物";"工人"这个概念除了"人"这个概念的内涵外,增加了"从事生产劳动和以工资收入为生活来源"这些属性;"中国工人"除了"工人"这个概念的内涵外,又增加了"中国的"这个属性。所以,从"人"到"工人",再到"中国工人",这3个概念的内涵是越来越多。从外延方面看:"人"这个概念除包括工人以外,还包括其他所有的人;"工人"这个概念除包括中国的工人外,也包括其他国家的工人;"中国工人"这一概念的外延则只包括中国的工人。所以,从"人"到"工人"再到"中国工人",这3个概念的外延是越来越小。如果我们换一个角度考察,按"中国工人"、"工人"、"人"这个顺序来看,这3个概念的内涵是越来越少,相应地,它们的外延是越来越大。

概念内涵与外延之间的这种反变关系,是指同一属种系列的概念之间存在这种关系,并非任何两个概念之间都有这种关系。这种反变关系的客观依据在于:具有属种关系的两个概念所反映的两类事物之间,一类事物包含的分子越多,这类事物共有的本质属性就越少;相反,一类事物包含的分子越少,这类事物共有的本质属性就越多。这一规律性现象,是概念内涵与外延之间反变关系的客观基础。

三 概念和语词的关系

概念和语词既互相联系,又互相区别。

1. 概念和语词互相联系

概念和语词的联系表现为:语词是概念的语言表达形式;概念是语词的思想内容。

人的思维离不开语言表达形式。概念作为思维的基本单位,同语言中的基本单位语词相对应。一方面,概念的产生和存在必须依附于语词,不依附于语词的赤裸裸的概念是没有的。概念是人们头脑中的思想，既看不见，也摸不着，要把这些思想传达给别人，进行交流，也必须借助有声有形的语词。因此，语词是概念的语言表达形式，概念离不开语词；另一方面，语词是表示事物的一些声音或符号，这些声音或符号之所以能够表示其他的事物，之所以具有实际的意义，就在于它表达了人们头脑中相应的概念，如果语词不表达概念，那就成了毫无意义的声音或符号。因此，概念是语词的思想内容，语词也离不开概念。

2. 概念和语词互相区别

第一，概念和语词是两个不同的范畴，二者有不同的特点。

概念属于逻辑范畴，是思维的基本单位。它是反映客观事物及其属性的，它的内容由客观事物决定。由于客观事物具有统一性，所以，反映事物的概念具有全人类性；语词属于语言范畴，是语言的基本单位。语词不是客观事物的反映形式，它只是用来表达概念、标志事物的声音或符号，是由社会约定俗成的，不同民族、不同地域的语言可以是不同的。

第二，任何概念都必须借助语词来表达，但不是所有语词都表达概念。

一般来说，汉语中的实词（名词、形容词、代词、数量词等）都表达概念。如"山"、"河"、"商品"、"国家"等名词各表达一个实体概念；"高"、"大"、"忠诚"、"优秀"等形容词各表达一个属性概念；"十"、"百"、"千"、"尺"、"光年"等数量词表达数量概念。虚词（介词、连接词、感叹词等）主要是起语法作用，一般不表达概念，但其中连接词要表达概念，如"和"、"并且"、"或者"、"如果……那么……"等虽不表达实体概念，却表达事物和情况之间的关系，如并列关系、选择关系、条件关系等。

表达概念的词可以是单独一个词，如"人"、"大"等单音节词和"人民"、"现代化"等多音节词；也可以是一个词组，如"伟大的人民"、"社会主义现代化"等；也可以是一个较复杂的短语，如"鲁迅是在文化战线上，代表全民族的大多数，向着敌人冲锋陷阵的最正确、最勇敢、最坚决、最忠诚、最热忱的空前的民族英雄。"这句话中，"在文化战线上……的民族英雄"部分就是一个较复杂的偏正短语，整个短语表达一个概念。

第三，同一概念可以用不同语词表达，同一语词也可以表达不同概念。

同一概念可以用不同语词表达。这种情况包括：同一概念在不同的民族中可以用不同的语词表达，例如"书"这一概念，在汉语中用"书"这一个语词表达，在英语中用“book”表达；同一概念在同一民族语言中，也可以用不同的语词表达，例如汉语中的“马铃薯”和“土豆”、“西红柿”和“番茄”、“宇宙观”和“世界观”等都是用不同语词表达同一概念，这在汉语中叫同义词。同一概念用不同语词表达有时候也是由感情色彩和语言风格造成的，例如，用“母亲”和“妈妈”表示同一概念，前者庄重，多用于书面语言，后者亲切，多用于口语。

同一语词可以表达不同的概念。因为概念的内涵和外延是确定的，而语词的含义常常是不确定的，这种不确定性主要表现为同一个语词在不同语境中可以表达不同的概念。这就是汉语中所讲的多义词。例如：“运动”一词，可表示“物质的根本属性和存在方式”，可表示“物体相对位置的变化”，也可指“锻炼身体的体育活动”，还可以指“群众性的社会活动”。又如“虎穴”和“虎子”这两个词的意思单独使用是很明确的，但在“不入虎穴，焉得虎子”这一语境中，“虎穴”是指“困难险阻”，“虎子”则是喻指“成功”的意思。

弄清概念和语词的联系和区别，有助于我们准确地、灵活地运用语词来表达概念，从而做到概念明确，用词恰当。

第二节 概念的种类

逻辑学要求概念明确，就是要求我们从内涵和外延两个方面去明确一个概念。一个概念的内涵究竟反映了哪些特有属性或本质属性，外延究竟包含了哪些事物，这是各门具体科学才能解决的问题。但为了帮助我们准确地使用概念，逻辑学可以在具体科学提供的知识的基础上，研究概念在内涵和外延方面的某些共同特性，对概念进行不同的分类。

一 单独概念和普遍概念

根据概念外延数量的不同，可以把概念分为单独概念和普遍概念。

1. 单独概念

单独概念就是以一个单独事物作为反映对象的概念。这种概念的外延反映的一类事物只包括一个分子。例如，“太阳”、“中国”、“马克思”、“南昌起义”、“世界上最长的河流”、“中国发射的第一艘载人宇宙飞船”等，这些概念反映的对象都是独一无二的，都是单独概念。

语词中的专有名词都表达单独概念。如人名、地名、时间、事件、国名、书名等。带有逻辑上称为摹状词的偏正词组也可以表达单独概念。摹状词是指足够描述某个单独对象的特征,使其与其他对象区别开来的词,如“这个”、“那个”、“最”、“世界上最长的河流”、“正在主席台发言的那个人”、“大于2小于4的正整数”等。有些概念的外延虽然不止一个,但在它前面加上表示单称的代词或指示代词,也可以表示单独概念,如“这位教师”、“那台电脑”等。

2. 普遍概念

普遍概念是以两个或两个以上的事物作为反映对象的概念。普遍概念的外延包含的不止一个分子,而是由两个或两个以上分子组成的一类事物,如“《共产党宣言》的作者”、“学校”、“星球”、“原子”、“自然数”等。这些概念所反映的对象都不是单一的,而是由许多性质相同的事物组成的一个类,这种表示一类事物的概念就叫普遍概念。

普遍概念的外延,不仅包括它所反映的这类事物过去和现在已经出现的分子,也包括这类事物将来出现的分子。它所反映的这类事物的分子,少到可以只包括两个,多到可以包括无数个。根据概念外延包括分子的多少,可分为有限外延概念和无限外延概念。前者如“《共产党宣言》的作者”、“太阳系的行星”、“社会主义国家”等,后者如“基本粒子”、“自然数”等。有限外延概念中还可以进一步分为可精确计数的和不能精确计数的。

语词中的普遍名词是表示普遍概念的,如“动物”、“汽车”、“思想”等。动词和形容词往往也表达普遍概念,因为它们是对某一类事物的状态或性质的概括,如“跑”、“跳”、“红”、“聪明”、“美丽”等。普遍概念也可以用词组来表达,例如,“中国的高等学校”、“亚洲的国家”等。

此外,还有一种外延为零的概念,叫空概念。空概念反映的对象在客观世界中是一个空类,即只是在人们头脑中存在,现实中一个分子也没有。空概念可分为两种情况:一是虚假概念,如“鬼”、“神”、“永动机”、“圆的方形”等,这些是对客观事物的歪曲反映;二是假设概念,如“外星人”、“人造太阳”、“理想气体”等。假设概念被证实后可变为真实概念。逻辑学不研究空概念,但人们日常思维不能完全没有空概念,例如在科学幻想、科学假设、想象等思维过程中就需要有空概念。

二 集合概念和非集合概念

根据概念反映的对象是否为集合体,可以把概念分为集合概念和非集合概念。

1. 集合概念

集合概念是以集合体作为反映对象的概念。集合体是由具有某种联系的许多事物构成的有机整体。集合体所具有的属性,只为该集合体所具有,而构成该集合体的每一个个体不一定都具有,而个体所具有的属性,集合体也不一定具有。集合体和构成集合体的个体之间是整体和部分的关系,而不是一般与个别的关系。例如,"工人阶级"是由一个个工人组成的集合体,工人阶级具有最先进、最革命、最有组织纪律性、最能团结战斗等特点,但某一个具体的工人不一定具有这些特点。

集合概念在实际中的运用有多种情况。第一,有些被反映对象本身是由若干个体组成的集合体,反映这种集合体的概念就是集合概念。如"星系"、"群岛"、"森林"、"政党"、"班级"等都是反映集合体的,这些概念都是集合概念。反映这些集合体所包含的个体的概念,如"星"、"岛"、"树"、"党员"、"学生"等就不是集合概念。第二,有些被反映对象本身不是集合体,但在思维中把这一类事物当作一个集合体来反映,也就是把一类事物的总体作为反映对象。如"人类"、"书籍"、"词汇"、"车辆"、"马匹"等都是把一类事物的总体作为反映对象,因此都是集合概念,也有的叫总体概念;而反映由分子组成的类的对应概念,如"人"、"书"、"词"、"车"、"马"等则不是集合概念。第三,有些语词可以在集合意义下使用,表示集合概念,也可以在非集合意义下使用,表示非集合概念。这种情况下,是否集合概念要根据语言环境来确定。例如,"群众"这个词在"群众是真正的英雄"这句话中,表示的是群众的总体,是集合概念;而在"我是一个普通群众"这句话中,表示的是群众中的一分子,是非集合概念。"人"这个词在"人是从猿进化而来的"这句话中,指的是人类,表示的是集合概念;而在"人贵有自知之明"这句话中,指的是每一个人,表示的是非集合概念。

根据外延数量的不同,集合概念也可以分为两种:一种是外延包含两个或两个以上集合体的,叫普遍集合概念,如"森林"、"共产党"等;一种是外延中只包含一个集合体的,叫单独集合概念,如"大兴安岭森林"、"中国共产党"等。

2. 非集合概念

非集合概念是以非集合体作为反映对象的概念。非集合概念是相对集合概念来说的,凡不属于反映集合体的概念都是非集合概念。例如,"树"、"动物"、"学校"、"教师"等,反映的都不是集合体,而是一类事物,因而都是非集合概念。

要正确认识集合概念和非集合概念,必须认识集合概念和作为非集合概念的普遍概念之间的区别。这种区别可以从以下3个方面去掌握:

第一,从内涵上区别。集合概念反映的对象是集合体,集合体由许多个别事物构成,其本质是由各部分构成为一个总体后才产生的。集合体具有的属性,构成集合体的每一个个体不一定具有。普遍概念反映的对象是类。类由许多分子组成,其本质属性是从它的各个分子的本质属性中概括出来的。类所具有的本质属性,组成这个类的每一个分子都具有。

第二,从外延上区别。集合概念的外延是集合体,而不包括构成集合体的每个个体。普遍概念的外延是指组成这类事物的各个分子。

第三,从关系上区别。集合概念所反映的集合体同构成它的个体之间是整体与部分的关系,而不具有属与种的关系。普遍概念所反映的类与组成类的分子之间,是属与种的关系,也可以叫包含关系。

在思维和语言表达中,不能正确区分集合概念和非集合概念,就会犯混淆概念的逻辑错误。例如,"他刚才在新华书店买了5本书籍,又到布店买了6尺布匹。"这句话在该用非集合概念的地方误用了集合概念,混淆了集合概念和非集合概念,应该改为:"他刚才在新华书店买了5本书,又到布店买了6尺布。"又如,有的人进行这样的推论:"中国人是勤劳勇敢的,他是一个中国人,所以他一定是勤劳勇敢的。"这个推论是不可靠的,因为前一句话中的"中国人"是一个集合概念,而后一句话中的"中国人"是一个非集合概念,这个推论错误地把二者当成同一个概念来使用,犯了混淆概念的逻辑错误。

三 实体概念和属性概念

根据概念所反映的对象是事物本身还是事物的属性,可以把概念分为实体概念和属性概念。

1. 实体概念

实体概念是以具体事物作为反映对象的概念。实体概念的外延是具体事物,可以是一个具体事物,也可以是一类具体事物,如"太阳"、"月亮"、"飞机"、"积极分子"、"营养品"等。由于实体概念反映的对象都是具体的,所以也叫具体概念,通常由语词中的具体名词和代词来表达。

2. 属性概念

属性概念是以事物的某种属性作为反映对象的概念。属性概念的外延是指事物的属性,包括性质、活动、变化、关系等,如"跑"、"积极"、"营

养"、"伟大"、"友谊"等。属性概念反映的对象是抽象的属性，所以也叫抽象概念。由于属性概念所反映的属性都是从一类事物中抽象出来的，所以通常把属性概念归入普遍概念。属性概念由语词中的抽象名词、形容词、动词和数量词表达。

在实际思维和语言表达中，实体概念和属性概念不能通用，如果加以混淆就会造成错误。例如，说"他是个官僚主义"，这话就不对，因为"官僚主义"是一个属性概念，他只能具有这个属性，而不能就是这个属性，所以只能说："他是一个官僚主义者。"同样地，我们也不能说："他需要吃营养"、"他是一个忠诚老实"、"他们是友谊"，而只能说："他需要吃营养品"、"他是一个忠诚老实的人"、"他们是朋友"。

四　正概念和负概念

根据概念反映的对象是否具有某种属性，可以把概念分为正概念和负概念。

1. 正概念

正概念也叫肯定概念，是反映对象具有某种属性的概念。例如，"等价交换"、"正义战争"、"有理数"、"农业人口"、"生产性开支"等，都是正概念。正概念的外延包括一类事物中具有某一属性的这一部分的所有分子。

2. 负概念

负概念也叫否定概念，是反映对象不具有某种属性的概念。例如，"不等价交换"、"非正义战争"、"无理数"、"非农业人口"、"非生产性开支"等，都是负概念。负概念的外延包括一类事物中不具有某种属性的那一部分的所有分子，其语言表达形式是在相应的表达正概念的语词前加上"不"、"非"、"无"等否定词。但是有些词虽然带有"不"、"非"、"无"等字样，但没有否定意义，仍然不能看做是表达负概念的，例如，"不丹"、"非洲"、"无锡"等。

负概念总是与正概念相对而言的。负概念与正概念二者反映的对象合起来构成一定的范围，这个范围在逻辑学中称为论域。例如，正义战争和非正义战争合起来就构成战争这个范围，战争这个范围就是"非正义战争"这个负概念的论域。论域有大有小，依实际需要而定。在同一论域中，有正概念必定有负概念。反之亦然。

以上我们依据不同的标准对概念进行了 4 种分类。不同类别之间的划分是相容的，任何一个概念都同时属于 4 种类别中的一种概念。例如，"学生"这个概念，是一个普遍概念、非集合概念、实体概念、正概念；"非党员”这个概念,是一个普遍概念、非集合概念、实体概念、负概念;“中国共产党”这个概念,是一个单独概念、集合概念、实体概念、正概念。对概念进行不同种类的区分,目的是为了明确概念的各种逻辑特性,以便在思维与语言表达过程中更好地区分概念,准确地使用概念。

第三节 概念间的关系

客观事物之间存在着各种各样的关系,这些关系反映到人的思维中,使反映事物的概念之间也存在着这样那样的关系。概念之间的关系是各不相同的,也是多方面的。逻辑学不研究概念之间的具体关系,这些具体关系是各门具体科学的研究内容。但是,在任何两类事物之间,都有一种最普遍的关系,这就是同异关系。这种同异关系表现在概念中,就是概念外延之间的同异关系。逻辑学研究概念之间的关系,也就是研究两个相关概念外延之间的同异关系。概念外延之间的关系主要有5种。

一 全同关系

全同关系指两个概念的外延完全相同的关系。a、b两个概念,如果所有的a都是b,同时所有的b都是a,那么,a与b之间的关系就是全同关系。全同关系也叫同一关系。例如:

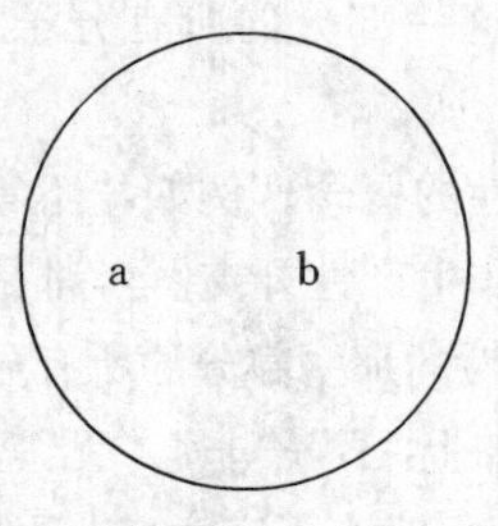

图 2-1

“等边三角形”与“等角三角形”;

“马克思主义哲学”与“辩证唯物主义和历史唯物主义”。

上述两对概念分别为全同关系的概念,每一对概念的外延都是重合的。所有的等边三角都形是等角三角形,所有的等角三角形都是等边三角形。马克思主义哲学也就是辩证唯物主义和历史唯物主义,辩证唯物主义和历史唯物主义也就是马克思主义哲学。他们从不同方面反映了同一对象,具有全同关系的两个概念也叫同一概念。

两个概念间的全同关系可以用欧拉图[①]表示,如图2-1。

---

① 欧拉图:瑞士数学家欧拉提出的用圆圈来表示概念间的外延关系用的一种图解,简称欧拉图。

具有全同关系的两个概念是两个不同的概念。虽然外延是完全相同的，但其内涵是不完全相同的，这是因为它们是从不同方面对同一对象的反映。例如："北京"与"中华人民共和国首都"是两个具有全同关系的概念，他们的外延完全相同，但内涵不同。"北京"是从地理位置、自然条件、人口和历史形成等特点反映其本质属性；"中华人民共和国首都"则是从中国政治、经济、文化的中心，中央政府所在地等特点来反映其本质属性的。

如果两个概念不仅外延完全相同，而且内涵也完全相同，那就不是具有全同关系的两个概念，而是用不同的语词表达的同一个概念了。例如，"土豆"和"马铃薯"、"玉米"和"包谷"、"母亲"和"妈妈"，它们不仅外延相同，内涵也相同。所以，它们不是全同关系的概念，而是不同语词表达的同一个概念。

具有全同关系的概念，在说话或写文章时可以交替使用，这样不但可以避免语言的单调重复，使之丰富多彩，而且可以从不同方面揭示同一对象的丰富内容，加深对具有全同关系的概念所反映的同一对象的认识。例如，恩格斯在《卡尔·马克思的葬仪》中讲道：

"3 月 14 日下午两点三刻，当代最伟大的思想家停止思想了。……这位巨人逝世以后所形成的空白，在不久将来就会使人感觉到。正像达尔文发现有机界的发展规律一样，马克思发现了人类历史的发展规律，……这位科学巨匠就是这样。但是这在他身上远不是主要的。在马克思看来，科学是一种在历史上起推动作用的、革命的力量。"①

在这几段话中，恩格斯交替使用了"当代最伟大的思想家"、"这位巨人"、"这位科学巨匠"、"马克思"等具有全同关系的概念，从不同方面反映了无产阶级革命导师马克思的特点，这不仅在用词上取得良好的修辞效果，而且进一步加深了人们对马克思伟大一生的认识。

具有同一关系的概念可以放在一起并列使用。例如，胡耀邦同志在马克思逝世一百周年纪念大会上的报告中讲："今天，我们在这里隆重集会，纪念人类历史上最伟大的革命家、科学家，全世界无产阶级和被剥削被压迫群众的伟大导师，科学共产主义的奠基人马克思逝世一百周年。"胡耀邦同志在这句话中，一连用了 4 个具有同一关系的概念，语言铿锵有力，一气呵成，很有气势。

具有同一关系的概念还可以构成"主谓式"的句式，用一个概念来说

① 《马克思恩格斯选集》第三卷，第 574、575 页。

明和解释另一个概念。例如，“北京是中华人民共和国的首都”；“长江是我国的第一大河流”；“对立统一规律是唯物辩证法的实质和核心”。在以上3个判断中，主项和谓项都是具有同一关系的概念。由于它们的外延相同，所以，可以用一个概念来解释说明另一个概念。

二 真包含关系

真包含关系是指一个概念的部分外延与另一概念的全部外延相同的关系。a、b两个概念，如果所有的b都是a，但是有的a不是b，那么a与b之间的关系就是真包含关系。真包含关系又叫包含关系。例如：

“动物”与“脊椎动物”；

“大学”与“农业大学”。

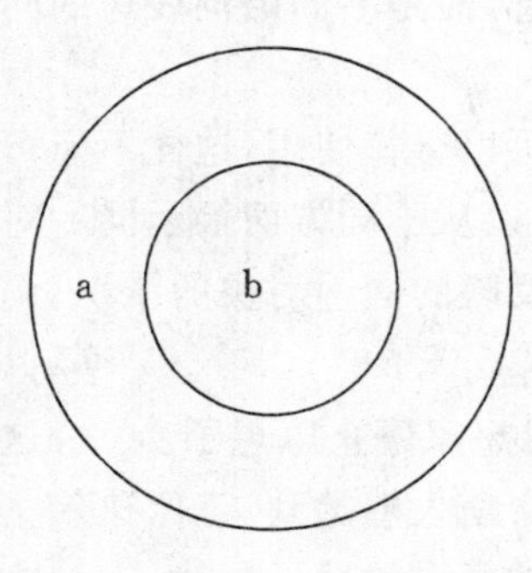

图2-2

在以上两例中，前一个概念的外延大，后一个概念的外延小；前一个概念的外延包括了后一个概念的全部外延，前一个概念对后一个概念的关系就是真包含关系。拿“动物”与“脊椎动物”两个概念的关系来说，所有脊椎动物都是动物，但有些动物不是脊椎动物，这样，动物对于脊椎动物的关系就是真包含关系，即“动物”真包含“脊椎动物”。

两个概念之间的真包含关系可以用欧拉图表示，如图2-2。

三 真包含于关系

真包含于关系是指一个概念的全部外延与另一个概念的部分外延相同的关系。a、b两个概念，如果所有的a都是b，但是有的b不是a，那么a与b之间的关系就是真包含于关系。真包含于关系也叫被包含关系。例如：

“哺乳动物”与“脊椎动物”；

“中国农业大学”与“农业大学”。

在以上两例中，前一个概念的外延小，后一个概念的外延大，并且后一个概念的外延包括了前一个概念的外延，前一个概念对后一个概念的关系就是真包含于关系。例如，在“哺乳动物”和“脊椎动物”这两个概念的关系中，所有的哺乳动物都是脊椎动物，但是有的脊椎动物不是哺乳动物，这样，“哺乳动物”对于“脊椎动物”的关系就是真包含于关系。

两个概念之间的真包含于关系可用欧拉图表示，如图 2-3。

真包含关系和真包含于关系都表现为一个概念的外延包含另一个概念的外延。外延较大的概念是属概念，外延较小的概念是种概念。逻辑学把外延较大的属概念对于外延较小的种概念的关系(即真包含关系)叫做属种关系，把外延较小的种概念对于外延较大的属概念的关系(即真包含于关系)叫做种属关系。

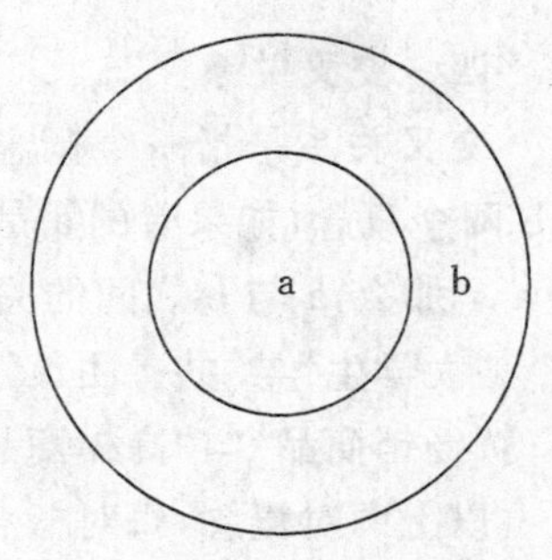

图 2-3

属概念和种概念一般不能并列使用，否则就会出现“属种不当并列”的逻辑错误。例如，“我国的广大工人、农民、知识分子和劳动者，都是中国特色社会主义事业的建设者。”这句话中，“劳动者”与“工人、农民、知识分子”之间是属种关系，并列使用就犯了“属种不当并列”的错误，使人认为劳动者中不包括工人、农民、知识分子，而工人、农民、知识分子也不属于劳动者。这句话可改为“我国广大工人、农民、知识分子和其他劳动者，都是中国特色社会主义事业的建设者”。

属概念和种概念一般不能并列使用，但是在某些情况下，通过变通或按照习惯，也可以并列使用。

一是“限制并列”，即把属概念加以限制后，再与种概念并列使用。如“我喜欢吃苹果、梨、广柑和其他水果”。在“水果”这一属概念前面加上“其他”一词，它的外延就缩小了，仅指苹果、梨、广柑以外的那部分水果，相当于一个种概念。

二是“递进并列”，即把属概念放在种概念后面，加上“全体”、“所有”等字样，并列使用表示递进关系。如“改革开放的大好形势鼓舞着广大工人、农民、知识分子和全体人民群众。”在这句话中，“广大工人、农民、知识分子”是种概念，“全体人民群众”是属概念，二者并列使用表示的并不是并列关系，而是由部分到整体的递进关系。

三是“强调并列”，即为了强调某类事物中的某个部分，把种概念和属概念并列起来使用。如“领导干部特别是高级干部必须以身作则，正确行使手中的权力，始终做到清正廉洁，自觉地与各种腐败现象作坚决斗争。”这里为了强调种概念“高级干部”，把它和属概念“领导干部”并列在一起。

四是“比照并列”，即为了把两个事物作对比，有时候也把属概念和种概念并列使用。如“雷锋和所有英雄人物一样，都有一种可贵的奉献精神。”“雷锋”与“所有英雄人物”是种属关系，并列使用表示对比关系。

四　交叉关系

交叉关系是指一个概念的部分外延与另一个概念的部分外延相同。a、b两个概念，如果有的a是b，有的a不是b，并且有的b是a，有的b不是a，那么，a与b之间的关系就是交叉关系。例如：

“大学生”与“共青团员”；

“畅销商品”与“高档商品”。

以上两对概念，每对概念之间都是交叉关系。它们之间有一部分外延是相同的，也有部分外延是不相同的。如“大学生”与“共青团员”之间，有的大学生同时也是共青团员，有的大学生不是共青团员；有的共青团员同时也是大学生，有的共青团员则不是大学生。这样“大学生”与“共青团员”之间的关系就是交叉关系。具有交叉关系的两个概念叫交叉概念。

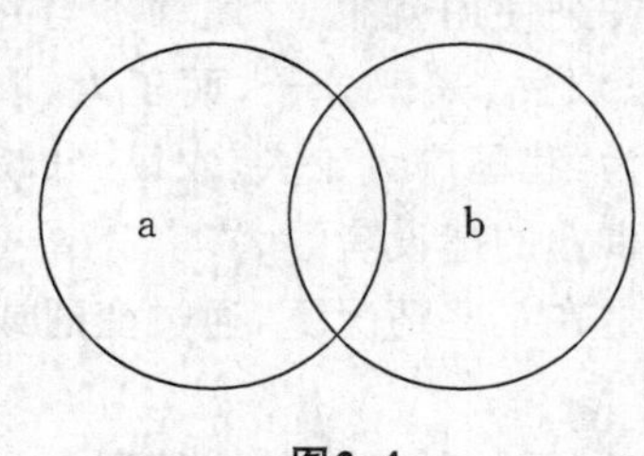

图2-4

两个交叉概念之间的关系可以用欧拉图表示，如图2-4。

具有交叉关系的两个概念反映的是两类不同的对象，其内涵是不相同的，但其中有的对象既有这类对象的本质属性，又有那一类对象的本质属性，因而它既属于这一类，又属于那一类。

使用交叉概念时应注意：交叉概念之间的关系是相容的，可以说“有的a是b”，也可以说“有的b是a”，但不能把交叉概念当作全同关系、从属关系或不相容关系的概念来使用。例如，我们可以说“有的党员是干部”，“有的干部是党员”，也可以说“有的党员不是干部”，“有的干部不是党员”；但不能说“所有党员都是干部”或“所有干部都是党员”，也不能说“所有党员都不是干部”，或“所有干部都不是党员”。

交叉概念在语言表达中一般不宜并列使用。例如，“参加抗洪抢险斗争的有工人、农民、解放军战士和共青团员。”在这句话中，“共青团员”与前面三个概念都是交叉关系，不应当并列使用。但有时为了语言表达的简洁，或为了强调某些对象，也可以将交叉概念并列使用。例如，“在抗洪抢险中，党员和干部应该站在前列，起好模范带头作用”；“党重视培养、选拔女干部和少数民族干部。”在这里“党员”和“干部”、“女干部”和“少数民族干部”都是交叉概念，为了突出强调这两部分对象，所以把它们并列使用。

在日常语言中，有时也无需做严格要求，根据约定俗成，也可以把交叉概念并列使用。

五 全异关系

全异关系指两个概念的外延完全不同的关系。a、b 两个概念，如果所有的 a 都不是 b，那么，a 与 b 之间的关系就是全异关系。例如：

“合法行为”与“非法行为”；

“无产阶级”与“资产阶级”。

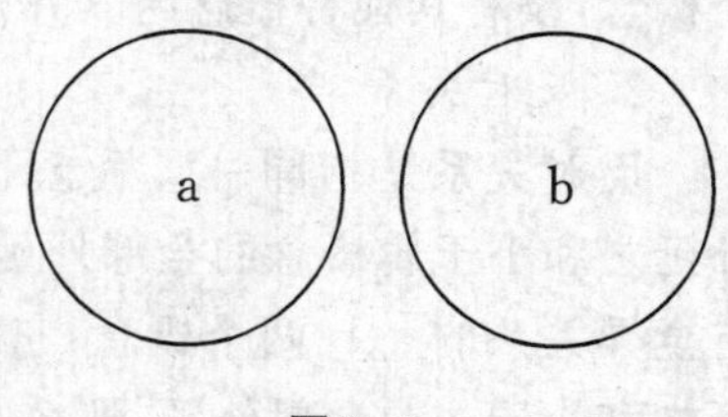

图 2-5

在以上两例中，两个概念之间的关系都是全异关系。“合法行为”与“非法行为”之间，所有合法行为都不是非法行为，所有非法行为都不是合法行为，二者的外延中没有一个相同的对象，因此，它们之间的关系是全异关系。

两个概念之间的全异关系可用欧拉图表示，如图 2-5。

全异关系可以进一步划分为矛盾关系和反对关系两种情况。

1. 矛盾关系

矛盾关系是指同一属概念下的两个具有全异关系的种概念，如果其外延之和等于属概念的全部外延，则这两个概念的关系是矛盾关系。具有全异关系的 a、b 两个概念，它们都包含于同一属概念 c，如果它们的外延之和等于 c 的全部外延，那么，a 与 b 之间的关系就是矛盾关系。例如：

“社会主义国家”与“非社会主义国家”；

“物质财富”与“精神财富”。

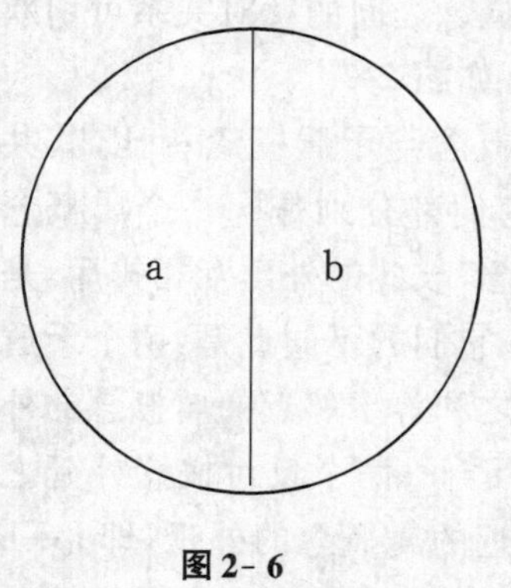

图 2-6

以上两对概念，每对概念之间都是矛盾关系。例如，“社会主义国家”与“非社会主义国家”，二者之间是全异关系，并且包含于同一属概念“国家”之中，而且“社会主义国家”加上“非社会主义国家”，其外延等于“国家”的全部外延。这样，“社会主义国家”和“非社会主义国家”之间就是矛盾关系。具有矛盾关系的两个概念叫矛盾概念。

两个概念之间的矛盾关系可用欧拉图表示，如图 2-6。

一般来说，具有矛盾关系的两个概念，一个是正概念，一个是负概念，如“正义战争”与“非正义战争”、“金属”与“非金属”、“成年人”与“未成年人”、“红”与“非红”、“马”与“非马”等。但在有的时候，两个具有矛盾关系的概念都是正概念，如“物质财富”与“精神财富”、“敌我矛盾”与“人民内部矛盾”、“唯物主义”与“唯心主义”、“实词”与“虚词”等。总的来说，矛盾概念的特点就是，在一个属概念下，两个具有矛盾关系的概念是仅有的两个概念，没有其他种概念与其并列。

2. 反对关系

反对关系是指同一属概念下的两个具有全异关系的种概念，如果其外延之和小于属概念的全部外延，则这两个概念间的关系是反对关系。具有全异关系的 a、b 两个概念，它们都包含于同一属概念 c，如果它们的外延之和小于 c 的全部外延，那么，a 与 b 之间的关系就是反对关系。例如：

“社会主义国家”与“资本主义国家”；

“机动车”与“人力车”。

以上两对概念，每对概念之间的关系都是反对关系。“社会主义国家”与“资本主义国家”，二者之间是全异关系，并且包含于同一属概念“国家”之中，而且“社会主义国家”和“资本主义国家”没有包含所有国家，在“国家”的外延中，除了社会主义国家和资本主义国家之外，还有奴隶制国家，封建制国家。因此，“社会主义国家”和“资本主义国家”的外延之和小于“国家”的外延。这样，“社会主义国家”与“资本主义国家”之间就是反对关系。具有反对关系的两个概念叫反对概念。

两个概念之间的反对关系可用欧拉图表示，如图 2-7。

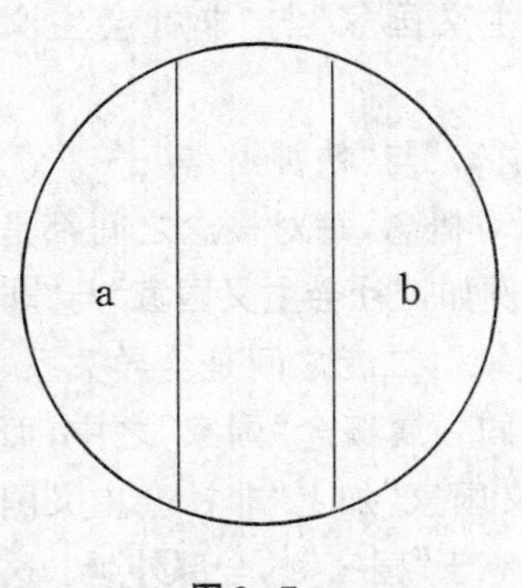

图 2-7

反对概念与矛盾概念相比，其共同点是：它们都分别是同一个属概念下的种概念；彼此的外延互相排斥，是全异关系。它们的不同点是：两个矛盾概念外延之和等于邻近的属概念的外延，即 a＋b＝c；两个反对概念外延之和小于邻近的属概念的外延，即 a＋b＜c。也就是说，矛盾概念和反对概念的区别只是一字之差，一个“等于”，一个“小于”；这一字之差，却表现了两种不同的关系。从另一个角度也可以理解为：两个矛盾概念之外没有第三

者，两个反对概念之外有第三者。

正确区分矛盾概念和反对概念是很重要的。正确区分和使用这两种概念，有助于准确地进行推理。例如，在推理时，矛盾概念可以进行非此即彼的推理，而反对概念则不能作这种推理；在语言应用中，矛盾概念和反对概念的使用，可以使人们在鲜明的对比中认识事物和区分事物，收到好的表达效果。例如，“天下事有难易乎？为之，则难者亦易矣；不为，则易者亦难矣。人之为学有难易乎？学之，则难者亦易也；不学，则易者亦难矣。”① 这段话使用了“难、易”、“为之、不为”、“学之、不学”等反对概念和矛盾概念，对比鲜明地说明了“事在人为”的道理，很有启发性和逻辑力量。许多成语，如“深入浅出”、“出生入死”、“知己知彼，百战不殆”等，都是由矛盾概念或反对概念构成。

以上我们分析了概念间的 5 种基本关系：全同关系、真包含关系、真包含于关系、交叉关系和全异关系。这 5 种关系又可以分为相容关系和不相容关系两类。

相容关系是指 a、b 两个概念至少有部分外延是重合的。上述的全同关系、真包含关系，真包含于关系和交叉关系均属于相容关系。

不相容关系是指 a、b 两个概念的外延之间没有任何重合的部分。上述的全异关系就是不相容关系，其中又包含矛盾关系和反对关系。

概念之间的 5 种基本关系可用表 2-1 表示。

表 2-1

关系 / 区别	相容关系				不相容关系
	全同关系	真包含关系	真包含于关系	交叉关系	全异关系
a、b两概念外延之间的关系	a的全部外延与b的全部外延相同	a的部分外延与b的全部外延相同	a的全部外延与b的部分外延相同	a的部分外延与b的部分外延相同	a的全部外延与b的全部外延不同
用欧拉图表示	a b	a b	a b	a b	a b

① 《初中语文》第一册，第 226～227 页，人民教育出版社，1978 年。

以上我们分析的是两个概念之间的关系。在人们的实际思维过程中，有时涉及3个概念或更多个概念之间的关系，我们在考察这些概念的关系时，同样应当两个两个地依次进行分析，这样我们就可以把多个概念间的关系分析清楚。分析和区分概念间的关系，有助于我们准确地使用概念，恰当地做出判断，正确地进行推理。

第四节　明确概念的逻辑方法

概念明确是进行正确思维和语言表达的必要条件。概念不明确，就不能做出恰当的判断，也不能进行正确的推理和严密的论证。在语言表达和思想交流中，概念不明确也会导致各种混乱和错误。概念明确就是指概念的内涵和外延都要明白、准确。明确概念的方法是多种多样的，下面具体介绍定义、划分、限制和概括等明确概念的逻辑方法。

一　定义

1. 什么是定义

定义是用简短精练的语句，通过揭示概念所反映的对象的特有属性或本质属性，以明确概念内涵的逻辑方法。例如：

Ⅰ 商品是用来交换的劳动产品。

Ⅱ 国家是阶级统治的暴力工具。

Ⅲ 偶数是能被2整除的整数。

以上3个定义，分别用简短精练的语句，明确了概念的内涵。例Ⅰ明确地揭示了“商品”的本质属性是“用来交换的劳动产品”；例Ⅱ揭示了“国家”的本质属性是“阶级统治的暴力工具”；例Ⅲ揭示了“偶数”的本质属性是“能被2整除的整数”。以上定义，通过揭示概念所反映的对象的特有属性或本质属性，也就明确了概念的内涵，达到了明确概念的目的。

从以上定义可见，定义是由被定义项、定义项和定义联项3个部分构成。

被定义项是指其内涵被揭示的概念。例如上例中的“商品”、“国家”、“偶数”就是被定义项。在汉语中，被定义项常常是一个词或词组，有时也可以是一个语句。

定义项就是用来揭示被定义项的内涵的概念。例如上例中“用来交换的劳动产品”、“阶级统治的暴力工具”、“能被2整除的整数”就分别是“商品”、“国家”、“偶数”这3个概念的定义项。定义项常常是一个词组，有时也可以是一个语句或一组语句。

定义联项是表示被定义项和定义项之间的必然联系的概念。在汉语中，定义联项通常用“是”、“即”、“就是”、“所谓……即……”等来表示。

2. 定义的方法

给概念下定义的最普遍的方法是“属加种差定义法”。

用这种方法给概念下定义具体分为3个步骤。第一，找出被定义项的邻近属概念，即找出比被定义概念的范围更大、外延更广泛的概念，以确定被定义概念所反映的对象属于哪一类事物。一般来说，真包含被定义概念外延的属概念有几个，应根据定义的具体要求，确定较邻近的属概念。第二，找出被定义项的种差。种差是指被定义项这个种概念与同属中其他同级种概念在内涵上的差别，这种差别也就是被定义概念所反映的对象的特有属性或本质属性。要揭示出这种差别，以便把被定义概念所反映的对象同其他对象区别开来。第三，把被定义项同属加种差构成的定义项用定义联项联结起来，构成完整的定义。

例如，给“人”下定义，我们首先找出“人”的属概念是“动物”，确定人是动物这类事物中的一种；然后将人同其他动物相比较，找出人与其他各种动物的本质差别是“能制造和使用工具进行劳动”，这就是种差；最后把种差加上属概念构成定义项，并用定义联项把被定义项和定义项联结起来，构成一个完整的定义：“人是能制造和使用工具进行劳动的动物。”

属加种差定义方法可以用公式表示如下：

被定义项＝种差＋邻近的属概念

由于认识对象的特有属性和本质属性是多方面的，人们可以从不同方面揭示被定义概念的种差。根据种差内容的不同，属加种差定义又可分为性质定义、发生定义、关系定义和功用定义4种类型。

其一，性质定义。性质定义是通过揭示事物的特殊性质作为种差给概念所下的定义。例如，“国家是阶级统治的暴力工具”；“素质教育，就是以提高国民素质为宗旨，以培养学生的创新精神和实践能力为重点的教育”。这两个定义都是性质定义。

其二，发生定义。发生定义是以事物的产生或形成过程的特点作为种差来给概念下的定义。例如，“血压是血液在血管内向前流动时对血管壁造成的侧压力”；“月食是太阳、地球、月亮三者处在同一条线上时，月亮被地球所遮而产生部分或全部失光的天文现象。”这两个定义都是发生定义。

其三，关系定义。关系定义是通过揭示事物之间的特定关系作为种差给概念下的定义。例如，“负数是小于0的数”；“叔父是指父亲的弟弟”。这两个就是关系定义。

其四，功用定义。功用定义是通过揭示事物的特有的功能和作用作为种差来给概念下的定义。例如，“船是水上运行的交通工具”；“温度计是用以测量温度的仪器”。这两个就是功用定义。

属加种差定义法虽然用得很普遍，但也有它的局限性。对哲学范畴不能用属加种差方法下定义。因为哲学范畴的外延最广，再也没有包含它的属概念，它也不是任何一个类的种，也无法找到种差。因此，对于哲学范畴，一般采用描述对象共同属性或指出它与对应哲学范畴所反映的对象的关系来下定义。对单独概念也很难用属加种差法下定义。因为单独概念不是一个种，它所反映的事物都是独一无二的，其特有属性很多，很难概括出它的种差。因此，对单独概念一般采用特征描述的方法说明它的内涵。

以上所讲的定义都是揭示概念所反映的对象的特有属性或本质属性的。逻辑学把这些定义叫做真实定义，逻辑学主要研究真实定义。此外，还有语词定义。语词定义是规定或说明语词的意义的定义。这种定义只是对语词的意义加以规定或说明，而不是直接对事物特有属性或本质属性的揭示，因而它不是严格意义上的定义，或者说它是一种特殊的定义。

语词定义分为规定的语词定义和说明的语词定义两种。

规定的语词定义就是给一个语词规定意义的定义。例如：

“成年人是指年满18周岁的人”。

“‘三乱’是指有些地区和部门出现的乱收费、乱罚款和乱摊派现象”。

“‘三个代表’是指中国共产党必须始终代表中国先进生产力发展的要求，代表中国先进文化的前进方向，代表中国最广大人民的根本利益”。

以上定义，分别对“成年人”、“三乱”、“三个代表”这3个语词的含义做出了规定性的解释，都是规定的语词定义。

规定的语词定义是很有用的。它可以确定一个新语词的含义；可以给旧语词规定新的含义；可以在特定语言环境中给多义词规定特定含义；也可以给含义模糊的语词规定明确的含义。所有这些对于提高认识，顺利交流思想和提高思维效率是非常必要的。特别是在科学论著、法律条文、规章制度、合同、条约中，这种定义使用非常广泛。

说明的语词定义是对一个已有确定含义的语词加以说明的定义。例如：

"犊就是小牛"。

"因地制宜，是指根据不同地区的不同情况规定适宜的办法"。

"乌托邦是希腊语，'乌'是没有的意思，'托邦'是指地方，乌托邦就是指没有的地方，也就是不能实现的空想、虚构"。

以上定义，分别对"犊"、"因地制宜"、"乌托邦"3个语词进行了解释，都是说明的语词定义。

说明的语词定义是对某个语词已确定的含义加以说明，目的是为了使人了解，通常也叫语词解释。这种方法在词典和语文教学中广泛使用，在理论宣传、科学论著和日常论辩中也经常用到。

3. 定义的规则

要对概念做出正确的定义，必须遵循定义规则。

第一，定义项外延与被定义项外延必须全同。

因为概念的内涵和外延是紧密联系的，定义概念和被定义概念的内涵相同，外延也应完全相通。只有二者外延相同，才能说明定义概念正确揭示了被定义概念的内涵。

如果违反这条规则，就会导致"定义过宽"或"定义过窄"的逻辑错误。

定义过宽，就是定义项的外延大于被定义项的外延。例如，"知识经济就是以知识为基础的经济。"这一定义的定义项外延就过宽，不能揭示出"知识经济"的本质，因为在农耕文明时代和工业文明时代仍要以知识为基础。

定义过窄，就是定义项的外延小于被定义项的外延。例如，"商品就是以货币作为中介进行交换的劳动产品。"这一定义的定义项外延过窄，因为它把不通过货币进行交换的那一部分商品排除在外，这是不对的。

第二，定义项中不得直接或间接地包含被定义项。

因为被定义项本身的内涵是需要明确的，如果定义项中包含了被定义项，就是自己解释自己，以不明确的部分去定义不明确的部分，这样就达不到明确被定义项内涵的目的。

如果违反这条规则，就会犯"同语反复"或"循环定义"的逻辑错误。

同语反复，就是一个定义的定义项中直接包含了被定义项。例如，"形式主义者就是搞形式主义的人。"这一定义的定义项直接包含了被定义项，因而犯了同语反复的逻辑错误。

循环定义，就是一个定义的定义项间接包含了被定义项。例如，“辩证法就是与形而上学相对立的世界观”；“形而上学就是与辩证法相对立的世界观。”这两个定义的定义项虽然没有直接包含被定义项，但间接地包含了，因为用形而上学来说明辩证法，又用辩证法来说明形而上学，二者循环，结果谁都没有被说明。

第三，定义项中不得使用含混的概念或语词，不得用比喻。

因为定义的目的是要揭示被定义项的内涵，如果定义项使用的概念或语词含混不清，就达不到明确被定义项内涵的目的。比喻虽然形象生动，是一种很好的修辞方法，但它不能从正面直接揭示被定义概念的内涵，因而不能当作定义来使用。

违反这条规律，就会犯“定义含混”或“以比喻代定义”的错误。

定义含混，就是在定义项中使用了含糊不清的概念或语词。例如，杜林曾给“生命”下了这样一个定义：“生命是通过塑造出来的模式化而进行的新陈代谢。”在这个定义中，“塑造出来的模式化”是一个不可捉摸的含混概念，当然达不到明确概念的目的。对此，恩格斯斥责他是“毫无意义的胡说八道。”

以比喻代定义，就是定义项用了形象的比喻。例如，“眼睛是心灵的窗户”；“儿童是祖国的未来”。这些比喻和借代虽然形象生动，是一种很好的说明方式，但并未揭示被定义概念的本质属性，作为定义是错误的。

第四，定义联项不能是否定的。

如果定义联项是否定的，就只能说明被定义项不是什么或没有什么属性，而不能揭示被定义项具有什么属性，因而达不到揭示被定义项内涵的目的。

违反了这条规则，就会犯“不成定义”的逻辑错误。例如，“民法不是刑法”这个定义就只能说明民法不具有刑法的本质属性，而不能说明民法具有什么本质属性，犯了“不成定义”的逻辑错误。

给正概念下定义时，不仅不能用否定联项，也不能用负概念作定义项。因为负概念是反映对象不具有某种属性的概念。给负概念下定义时，定义项一般要用负概念，例如，“无机物就是不含碳的化合物”、“非党员就是没有加入党组织的人。”但是，给负概念下定义仍然不能使用否定联项。

4. 定义的作用

定义在思维过程中起着重要的作用。

第一，定义是总结和巩固认识成果的重要方法。在实践中，人们对事

物及其属性有了具体认识以后，就可以采用定义的形式，总结和概括对这一类事物的认识。例如，当我们对“知识经济”有了较深刻的认识后，就用“知识经济是以高科技产业为支柱产业，以智力资源为首要依托的可持续发展的经济”这样一个定义，来总结和巩固我们对知识经济的认识。

第二，定义是掌握和传播知识的重要方法。一切科学知识都是概念构成的体系，我们学习科学知识，就是要掌握这门科学中的基本概念，就需要给这些基本概念下定义。例如，学习哲学，就要了解物质、意识、运动、时间、空间等概念，通过给这些概念下定义，可以帮助我们了解这些概念的内涵，从而更好地掌握和运用这些概念。在向别人传播知识的时候，在宣传党的理论、路线、方针、政策，在贯彻执行国家法律、法令、条例时，也要通过下定义，以便让人们理解和接受。

第三，定义有检验概念是否明确的作用。在思维过程中，我们使用了许多概念，要检查我们所使用的概念是否明确，一个办法就是做出定义。只有我们能做出一个关于某一概念的明确定义，某一概念才算是明确的，否则就是不明确的。例如考试当中要考名词解释和对基本概念的理解和掌握，这就离不开下定义。辩论当中要弄清问题实质，避免无谓的争论，也要通过定义来明辨是非。

第四，定义有区分事物，指导实践的作用。概念是反映事物本质属性的，通过定义明确概念，也就能抓住事物的本质，帮助我们区分事物，指导实践。例如，什么是社会主义，怎样建设社会主义，过去一直不太清楚，十一届三中全会后，邓小平同志总结实践经验，明确指出：“社会主义的本质，是解放生产力，发展生产力，消灭剥削，消除两极分化，最终达到共同富裕。”[1]这一定义明确揭示了社会主义的本质，回答了什么是社会主义这一重要问题，对于指导社会主义现代化建设起了重要作用。党的“十六大”对“三个代表”重要思想的科学内涵的全面阐释，对于我们在新的历史阶段全面建设小康社会，加快推进社会主义现代化建设事业，也有十分重要的指导作用。

二　划分

1. 什么是划分

划分是根据一定的标准，把一个属概念分为若干种概念，这样来明确

---

①《邓小平文选》第三卷，第 373 页，人民出版社，1993 年。

概念外延的逻辑方法。

划分的作用在于明确概念的外延。单独概念只反映一个对象，其外延是清楚的，只要指出这个对象就行了。某些反映有限对象的普遍概念，可以用列举的方法来明确其外延。如“太阳系的大行星”这一概念，可以一一列举太阳系的九大行星就可以了。对于反映的对象数量很多甚至无限多的普遍概念，无法一一列举，就需要用划分的方法来明确其外延。划分就是把一个概念的外延，根据属性的不同，分成许多小类。小类是大类的种，大类是小类的属，所以，划分也就是把一个属概念分为若干个种概念的逻辑方法。例如：

Ⅰ 哲学基本派别有唯物主义和唯心主义。

Ⅱ 三角形分为直角三角形、钝角三角形、锐角三角形。

Ⅲ 文明分为物质文明、政治文明、精神文明。

以上 3 例都是划分。从这些划分可以看出，划分由 3 个要素构成，即划分的母项、划分的子项和划分的根据。其中划分的母项就是被划分的概念；划分的子项就是从母项中划分出来的概念；划分的根据是作为划分标准的某种属性。以对“三角形”的划分为例，“三角形”是被划分的概念，也就是划分的母项；“直角三角形、钝角三角形、锐角三角形”是从母项中划分出来的概念，是划分的子项；三角形角的大小这一属性是划分的根据。划分的根据可以是事物的一个属性，也可以是多个属性。究竟采用什么属性作为划分根据，要根据实践的需要来决定。

划分与分解不同。分解是在思维中把一个具体事物分成若干部分，反映整体的概念与反映部分的概念不是属种关系，分解后的部分不一定具有整体的属性。划分是把属概念分为种概念，划分后的子项仍具有母项的属性。例如，把一棵树分解为树根、树干、树枝、树叶，分解后的各部分已经不是一棵树了；把“树”划分为“针叶树”和“阔叶树”，针叶树和阔叶树仍然都是树。要正确区分划分与分解，在区分事物上才不至于产生混乱。

2. 划分的种类

根据划分子项层次的不同，分为一次划分和连续划分。

一次划分就是根据一个标准，对母项只划分一次。一次划分的结果只有母项和子项两个层次。前例中，对“哲学基本派别”的划分、对“三角形”的划分和对“文明”的划分，都是一次划分。

连续划分就是将母项划分为子项后，再以子项作为母项继续进行划分，直到满足需要为止。例如，根据对物质和意识的关系的不同回答，把哲

学分为唯物主义和唯心主义两大派别。再以唯物主义和唯心主义为母项，把唯物主义分为古代朴素唯物主义、近代形而上学唯物主义、现代辩证唯物主义；把唯心主义分为主观唯心主义和客观唯心主义。

根据划分所得到的子项的多少，分为二分法和多分法。

二分法是以对象有无某种属性作为划分的根据，把母项分为两个互相矛盾的子项。例如，以是否具有正义性为标准，把“战争”划分为正义战争和非正义战争。二分法的优点是简便易行，不容易出错，便于把注意力集中到主要对象上。缺点是被划分的概念的外延有一部分没有明确地揭示出来。

多分法是将一个母项分为3个或3个以上的子项的划分。如把“社会”分为原始社会、奴隶社会、封建社会、资本主义社会、社会主义和共产主义社会，就是多分法划分。此外，还有采用不同标准对同一概念进行多方面划分的“复分法”，还有将几个标准集合成一个标准来划分的“综合标准划分法”。

分类和列举是划分的两种特殊形式。

分类是根据事物的本质属性或显著特征进行的划分。划分是分类的基础，分类是划分的特殊形式。二者之间有区别。一是分类的标准比划分严格。凡能区分事物的一般属性均可作为划分的标准；而分类的根据必须是事物的本质属性或显著特征。二是分类的作用比划分更加稳定。划分是由日常实践需要决定，实践过程结束，划分也就失去意义；分类则是一种知识化体系，其成果固定在每门科学中，并在科学发展中长期起作用，具有较大的稳定性。三是二者要求不同。一般划分是日常实践中使用的浅层次的划分，只要具有一定实践经验就可进行。分类是科学研究中使用的深层次的划分，需要掌握一定的专业知识。例如要将一筐苹果划分成大、中、小3种，只要辨别苹果大小就行了，而要将世界上的动物从低级到高级进行分类，就需要动物学的专门知识。

列举是明确概念部分外延的逻辑方法。当一个概念不便于进行多分法划分，或没有必要揭示其全部外延时，就列举出其中有代表性的对象，其余的加以省略并用“等”来表示。例如，“多边形包括四边形、五边形、六边形等”；“自然科学包括数学、物理学、化学、生物学等。”这就是两个列举。列举也是划分的一种特殊形式，它与划分的区别是不要求揭示概念的全部外延。由于列举这种方法灵活简便，人们在明确概念外延时经常采用这种方法。

3. 划分的规则

第一，每次划分必须根据同一个标准。

在每次划分中，都必须根据同一标准进行，不能对一部分子项用这个标准，对另一部分子项用那个标准，也不能中途任意改换标准。否则，就会出现“混淆标准”的逻辑错误。例如，把“出席会议的代表”分为工人、农民、青年、妇女。在这一划分中，用了职业、年龄、性别3个标准，犯了混淆标准的逻辑错误，划分出的结果混淆不清。当然，在连续划分中，每次划分的标准可以不同，也可以根据需要，把几个属性综合成一个标准进行划分。

第二，划分的子项外延之和必须和母项外延相等。

划分的目的是为了明确概念外延，如果划分的子项外延和母项不相等，就达不到划分的目的。如果子项外延之和小于母项，说明有属于母项的对象被遗漏，就会犯“划分不全”的逻辑错误。如果子项外延之和大于母项，说明有不属于母项的对象被当作了子项，就会犯“多出子项”的逻辑错误。例如，把“投票人”分为投赞成票的人和投反对票的人。这一划分漏掉了投弃权票的人，犯了“划分不全”的逻辑错误；把“直系亲属”划分为父亲、母亲、兄弟、姐妹、爱人和子女，就多出了“兄弟”和“姐妹”两个子项，犯了“多出子项”的逻辑错误。

第三，划分的子项必须互相排斥。

子项之间是不相容关系。如果子项相容，就会出现外延重叠，一些对象既属于这个子项，又属于那个子项，必然引起混乱。违反这一规则，就会犯“子项相容”的逻辑错误。例如，把“出席会议的代表”划分为工人、农民、青年和妇女，其中妇女和前面几种对象都可能重合，青年也可能和其他几部分重合，这就犯了“子项相容”的逻辑错误。

以上3条规则是互相联系的，遵守这些规则，才能把母项中的每一个对象都划分到相应的子项中去。

4. 划分的作用

第一，划分有明确概念、加深对事物的认识的作用。划分的主要功能是明确概念外延。通过划分，可以使人们条理清晰、层次分明地了解概念的外延，了解一个概念能够适用于哪些对象，从而达到明确概念、正确使用概念的目的。在定义基础上进行划分，使我们对概念所反映的对象的认识从定性分析进入定量分析，认识层层深入，全面具体，是对事物认识的深化和精确化。

第二，划分对科学研究和社会实践有指导作用。划分，特别是科学分

类，是掌握同类事物共同本质和发展规律的基础环节，是任何科学系统中不可缺少的方法，对于理论研究和科学发展有重要的指导意义。化学家门捷列夫的化学元素周期表，将元素横向划分为7个周期，纵向划分为9个类，对化学的发展起了重要的指导作用；生物学家达尔文把动物从低级到高级分为若干大类和小类，并在此基础上提出了进化论，推动了生物科学的发展。在新民主主义革命中，毛泽东同志把我国的不同阶级分为敌人和朋友两类，把资产阶级分为官僚资产阶级和民族资产阶级，又对民族资产阶级的两面性进行分析，并在对各阶级进行层层深入分析基础上提出了正确的路线、方针、政策，指导新民主主义革命取得了胜利。在日常工作中，对于工作对象的区分，工作任务的分配，工作进展的规划等，都离不开划分。

第三，划分在语言表达中有重要的规范作用。在写文章、做报告和讲话论述问题的时候，都少不了运用划分方法，遵守划分规则。例如，在写文章时，要围绕文章主题，分成几个方面进行论证，要做到中心明确，层次清楚，内容全面，各个论点和论证层次有不同内容，彼此不重复混杂，不遗漏重要的论点和论据。所有这些，都要运用划分的方法和遵守划分规则，否则，就会出现内容和结构的混乱，影响表达的效果。

三 限制与概括

限制和概括是依据同一属种系列概念内涵和外延之间的反变关系，来明确概念的两种逻辑方法。

1. 概念的限制

概念的限制是通过增加概念的内涵以缩小概念的外延，由属概念过渡到种概念的逻辑方法。例如：

Ⅰ 现代化→社会主义现代化→有中国特色的社会主义现代化。

Ⅱ 桥→拱桥→石拱桥→中国石拱桥→赵州桥。

以上两例都是限制。拿第一例来说，在“现代化”这一概念前加上“社会主义”，就变为“社会主义现代化”，再加上“有中国特色的”，就变为“有中国特色的社会主义现代化”。这样内涵越来越多，外延越来越少，使外延较大的属概念过渡到外延较小的种概念，这就是概念的限制过程。

在语言表达形式上，限制的具体方法有两种。一种方法是在表达被限制概念的中心词前面加限制词，即在名词前面加定语，在动词和形容词前面加状语，构成新的、更复杂的偏正词组来表达限制后的概念。例如，把

"青年"限制为"先进青年",把"勇敢"限制为"最勇敢"。另一种方法是不加限制词,直接换成表示被限制概念的种概念的词。例如,将"油料作物"限制为"花生",将"工具书"限制为"字典"。需要注意的是,限制必须要增加概念的内涵,减少概念的外延。有的定语、状语对中心词只起修饰作用或强调作用,不起限制作用,这种情况就不是限制。例如,"光芒万丈的太阳","伟大的中国共产党",其中的"光芒万丈的"和"伟大的"都没起限制的作用,所以都不是限制。

概念的限制可分为一次限制和连续限制。增加一次内涵,从而缩小一次外延,称为"一次限制"。根据实践需要,对概念的限制可以连续进行,即将属概念限制为种概念后,对种概念再增加内涵,限制到外延更小的种概念,直到满足需要为止,这就叫"连续限制"。连续限制的极限是单独概念,因为单独概念外延最小,已不能再限制了。

在使用限制时必须注意 3 点:

第一,限制必须在属种概念之间进行,必须是由属概念推演到种概念。违反这条规则,就会犯"限制不当"的逻辑错误。例如,不能将"工厂"限制为"车间";不能将"工人阶级"限制为"某一个工人";也不能将"大学生"限制为"中学生"。这几例中,两个概念之间都不具有属种关系,其内涵和外延之间没有反变关系,所以不能进行限制。

第二,该限制的必须限制,不该限制的不用限制。该限制的不限制,就会出现"失去限制"的逻辑错误。例如,"粮食产量比任何一年都高",这句话中的"任何一年"就应限制为"以往任何一年",否则就是"失去限制"。不该限制的进行限制,就会犯"多余限制"的逻辑错误。例如,"他正在用嘴吃饭"。这里"用嘴"限制"吃"就是多余的。

第三,限制语的使用必须恰当,否则也会出现"限制不当"的逻辑错误。例如,"初次到这里来的人无不感到这个城市变化之大"。既然"初次到这里来",怎么会感到这个城市的变化呢?这里限制的结果出现了前后矛盾,因而不恰当。又如,"他犯了不可饶恕的错误"。用"不可饶恕"限制"错误"也是不恰当的,应改为"不可原谅的错误"。

概念限制的作用主要表现在 3 个方面。

第一,有助于人们对事物的认识从一般过渡到特殊,使认识具体化。当人们对事物的认识不满足一般的认识而需要具体化时,常常用限制的方法。例如,毛泽东同志在《中国革命战争的战略问题》一文中说:"我们不但要研究一般战争的规律,还要研究特殊的革命战争的规律,还要研究更

加特殊的中国革命战争的规律。"[1]在这里，毛泽东同志把"战争的规律"限制为"革命战争的规律"，再限制为"中国革命战争的规律"，这样就使人们对战争规律的认识从一般过渡到特殊，不断地具体和深化。

第二，有助于恰如其分地反映实际情况，严密地表达思想。例如，说"爱迪生发明了灯"就不准确，应把"灯"限制为"电灯"；"我们反对一切战争"这句话对"战争"未加限制，不正确，如果限制为"我们反对一切非正义战争"，这就正确了。

第三，在日常生活和工作中，限制可以帮助我们明确限制事物的范围。例如，在评选先进代表时，如果名额有限，就可以增加评选条件，使符合条件的对象逐渐减少，最后选出适合的人选；公安人员在侦破案件时，根据线索逐渐缩小侦破范围，直到最后抓住罪犯；人们购买商品时逐渐缩小选择范围，最后选中自己满意的商品。总之，限制是人们日常生活和工作中广泛运用的一种逻辑方法。

2. 概念的概括

概念的概括是通过减少概念的内涵，以扩大概念的外延，使种概念过渡到属概念的逻辑方法。例如：

Ⅰ 中国工人→工人→人。

Ⅱ 价值规律→经济规律→社会规律→客观规律。

以上两例都是概括。例如，"中国工人"这个概念，减去"中国"这个内涵，就过渡到"工人"这一属概念，再减去"具有工人身份"这一内涵，就变为"人"这一更大的属概念了。在这一过程中，每一次概括，都使概念的内涵减少，外延扩大，从种概念向属概念过渡。

在语言表达上，概括的具体做法有两种：一种是去掉起限制作用的限制词，如把"中国人"概括为"人"，这样就减少了概念的内涵，扩大了概念的外延；另一种是直接换成表达被概括概念的属概念的语词，如把"动物"概括为"生物"，这样实际上也减少了概念的内涵，扩大了它的外延。

概念的概括也可以分为一次概括和连续概括，概括到什么程度，要根据实际的需要而定。概括也是有限度的，它的极限就是范畴。因为范畴是一定领域中的最高属概念，它的外延最广，不能再进行概括了。

在使用概括时必须注意两点：

第一，概括必须是由种概念推演到属概念。违反这一规则，就会犯"概

---

①《毛泽东选集》第一卷，第155页，人民出版社，1966年。

括不当”的逻辑错误。例如,“她饲养了猪、鸡、鸭、鹅等家禽”。在这句话中把猪概括为“家禽”,就是概括不当。因为“猪”和“家禽”之间没有种属关系。同样,我们也不能把“车间”概括为“工厂”,不能把“美国”概括为“联合国”,不能把“鲸”概括为“鱼”。

第二,概括必须适度。概括要符合实际和实践的需要,否则就会出现“概括失度”的逻辑错误。例如,把“鸡、鸭、鹅”概括为“生物”,把“计算机”概括为“物品”,这种远距离的概括对于明确概念没有多大帮助。概括中还要防止无限上纲,乱扣帽子。例如,把“不遵守作息时间”概括为“组织纪律差”,再概括为“思想觉悟低”,甚至“思想反动”,这种概括就不符合实际了。

概念概括的作用主要表现在3个方面。

第一,有助于人们的认识由特殊上升到一般,更深刻的把握事物的本质。当我们需要把对具体问题的认识提到一般原则的高度,需要深入掌握事物本质和规律时,常常用概括的方法。例如,毛泽东同志在《纪念白求恩》一文中写道:“一个外国人,毫无利己的动机,把中国人民的解放事业当作他自己的事业,这是什么精神?这是国际主义的精神,这是共产主义的精神,每一个中国共产党党员都要学习这种精神。”[①]毛泽东同志把白求恩的精神,连续概括为“国际主义的精神”、“共产主义的精神”,从而使人们对白求恩精神的认识由特殊上升到了一般。

第二,有利于明确概念。当人们对一个对象不了解时,就可以通过概括,扩大概念外延范围,把这个对象放在它所属的大类中来认识,这是人们明确概念常用的一种方法。如要说明“埙”是什么东西,我们就说:“埙是古代的一种吹奏乐器。”将“埙”概括为“吹奏乐器”,就使人们对这一事物有了初步的了解。

第三,有助于准确地表达思想。例如,我们如果规定“驾驶员在外执行任务时不得酗酒”,这一规定就太窄,把“酗酒”概括为“喝酒”就恰当了。如果规定“醉汉犯罪应负刑事责任”,就不恰当,这样醉酒的女人犯罪就可以不负刑事责任了。所以,应像我国《刑法》规定的那样,把“醉汉”概括为“醉酒的人”,这样表达就准确了。

总之,概念的概括和限制是变化方向正好相反的两种思维方法。限制增加概念的内涵,缩小概念的外延,使属概念过渡到种概念;概括减少概

① 《毛泽东选集》第二卷,第620页,人民出版社,1966年。

念的内涵，扩大概念的外延，使种概念过渡到属概念。通过限制和概括，人们根据事物之间的联系和区别来明确概念和认识事物，这是人们认识和实践中广泛使用的逻辑方法。

复习思考题

1. 什么是概念？什么是事物的特有属性和本质属性？

2. 什么是概念的内涵和外延？内涵和外延之间的关系是什么？

3. 如何区分集合概念和非集合概念？

4. 什么是属概念和种概念？什么是属种关系和种属关系？

5. 什么是概念外延间的矛盾关系和反对关系？二者有什么相同点和不同点？

6. 什么是定义？定义的基本方法是什么？定义必须遵守的规则是什么？

7. 什么是划分？划分的规则是什么？

8. 什么是概念的限制和概括？它们各有什么作用？

练习题

一　下列语句哪些是从内涵方面、哪些是从外延方面明确标有横线的概念的？

1. 智力是指人类认识客观事物并做出适当反映的一种心理能力。

2. 森林资源包括林木和林地，以及林区范围内的植物和动物。根据森林的不同效益，将它分为5类：防护林、用材林、经济林、薪炭林、特殊用途林。

3. 社会关系是人们在社会活动过程中结成的各种关系的总称，包括经济、政治、思想、文化以及家庭等各方面的关系。

4. 光合作用是植物在阳光的照射下，利用水和二氧化碳合成以淀粉为主的有机物并放出氧气的生理作用。

5. 附加刑是指罚金、剥夺政治权利和没收财产。

6. 能力是在智力基础上掌握知识、应用知识的本领。人应当培养的能力主要有：自学能力、表达能力、实际操作能力、科学研究能力、组织管理能力等。

7. “文房四宝”指笔、墨、纸、砚4种文具。

8. 地震是由于地球内部的某种动力活动而产生的地壳震动，如火山地震、构造地震、陷落地震等。地下深处岩层断裂错动发出震动的地方叫震源。地面上正对着震源的地方叫震中。

二　指出下列语句中标有横线的概念是单独概念还是普遍概念？是集合概念还是非集合概念？是实体概念还是属性概念？是正概念还是负概念？

1. 地球是太阳系的行星之一。

2. 人是由猿变来的；人贵有自知之明。

3. 在我们国家里，人民享受着广泛的民主和自由。

4. 中国人不是不聪明。

5. 历史上的战争分为两类：一类是正义战争，一类是非正义战争。

6. 概念可以分为正概念和负概念。

三　用欧拉图表示下列概念外延间的关系。

1. A 党员；B 干部；C 党的高级干部

2. A 战争；B 战士；C 战场

3. A 价廉；B 物美；C 高价；D 劣质

4. A 有理想；B 有道德；C 有文化；D 有纪律

5. A 现代化；B 社会主义现代化；C 有中国特色的社会主义现代化

6. A 亚洲；B 国家；C 资本主义国家；D 社会主义国家；E 发达国家；F 不发达国家

四　下列定义是否正确？如不正确，指出违反了哪条规则，犯了什么逻辑错误。

1. 商品是通过货币进行交换的劳动产品，它是不供生产者本人消费的产品。

2. 笑是一个人内心世界在面部表情的反映。

3. 地主是指占有土地，自己不劳动，或只有附带劳动，而靠剥削农民为生的人。

4. 战争就是战争，战争是残酷无情的。

5. 教条主义者就是把经典作家的话当作教条来看待的人。

6. 骆驼是沙漠之舟。

7. 器官是生物体内由多种细胞组织构成的、能担任某种独立的生理机能的结构单位。

8. 数学是研究数量关系的科学。

五 下列划分是否正确？如不正确，指出违反了哪条规则，犯了什么逻辑错误。

1. 地球上的陆地分为亚洲、非洲、南美洲、北美洲、欧洲、大洋洲和南极洲。

2. 一年分为春、夏、秋、冬4季，一季分为3个月，一个月分为上、中、下3旬。

3. 哲学基本派别分为唯物论、唯心论、辩证法、形而上学、可知论和不可知论。

4. 生物分为动物和植物。

5. 句子可分为主语、谓语、宾语、定语、状语、补语。

6. 直系亲属包括祖父母、父母、子女、兄弟、姐妹、叔伯。

7. 商品分为优质商品、劣质商品、畅销商品、滞销商品。

8. 我国的人口分为农业人口和非农业人口。

六 对下列概念各进行两次限制和概括。

1. 教师；2. 小说；3. 糖果；4. 无产阶级；5. 自然科学；6. 农业机械

七 用有关概念的逻辑知识分析并指出下列各题中的错误。

1. 公园里有一种叫仙人掌的东西，它既不像花草，也不像植物，样子长得很特别。

2. 创作的灵感触动了她，第一篇处女作——散文《大理石》就这样诞生了。

3. 青年学生是世界观和人生观形成的重要阶段。

4. 老师带领学生去支援麦收，在分派任务时说："男同学割麦子，女同学把割下来的麦子捆起来，体力强的把麦捆好运到场院去，体力差的在地里拾麦穗。大家按照上面的分工排成4行。"学生们听了以后，不知道自己到底应当站在哪一行。

5. 我经过再三考虑，决定不报考大学，而报考高等农业院校。

6. 甲方状告乙方拖欠货款，证据是乙方写下的字据"还欠×××购货款19 000元。"乙方承认字据，但声辩字据上写的"还"是已经"还清"了欠款，证明跟甲方没有债务关系了，不存在付款给甲方的问题。双方各执一词，互不相让。

第三章 简单判断

第一节 判断的概述

一 判断及其特征

1. 什么是判断

判断是对思维对象有所断定的思维形式。

所谓有所断定，就是人们对思维对象的性质或关系有所肯定或者有所否定。例如：

Ⅰ 创新是一个民族进步的灵魂。

Ⅱ 语言不是生产工具。

Ⅲ 5 大于 3。

Ⅳ 商品不等于劳动产品。

这是 4 个判断。例Ⅰ断定了思维对象“创新”具有“一个民族进步的灵魂”的性质；例Ⅱ断定思维对象“语言”不具有“生产工具”的性质；例Ⅲ断定思维对象“5”对“3”具有“大于”的关系；例Ⅳ断定思维对象“商品”与“劳动产品”不具有“等于”的关系。

2. 判断的特征

判断具有两个基本逻辑特征。

第一，任何判断必定有所断定，即必定有所肯定或者有所否定。

上述例Ⅰ、例Ⅱ分别对思维对象本身的性质有所肯定或有所否定；例Ⅲ、例Ⅳ分别对思维对象之间的关系有所肯定或有所否定。因而，它们都是判断。如果对对象既无所肯定，也无所否定，那就是对对象无所断定，因而就不是判断。例如，“什么是金属？”、“请让开！”、“啊，黄河！”这 3 个语句对思维对象都无所肯定或否定，因而都不是判断。

第二，任何判断必定有真假，即或者是真的或者是假的。

判断既然对对象情况有所断定，就有一个是否符合客观实际的问题。

如果一个判断所断定的事物情况与客观实际相符合，那么，该判断就是真的。如上述例Ⅰ至例Ⅳ都是真的；相反，如果判断所断定的事物情况与客观实际不相符合，那么，该判断就是假的。例如，“鲸是鱼”，“科学技术不是生产力”，“3 大于 5”，这些判断所断定的事物情况都与客观实际不相符合，因而它们都是假的。

判断的“真”、“假”是认识论的重要范畴，也是逻辑学的重要范畴。不同的是，认识论是从主客体关系的角度研究判断的真假，而逻辑学则只研究判断在形式上的真假特征和判断之间在形式上的真假关系。例如，具有哪种形式的判断反映哪种类型的事物情况，在什么样的事物情况下这种判断是真的，在什么样的事物情况下这种判断是假的，这就是判断在形式上的真假特征。又如，如果具有“所有 S 都是 P”这一形式的判断是真的，则具有“有的 S 不是 P”这一形式的判断就一定是假的。这就是判断之间在形式上的真假关系。

3. 判断的作用

判断在人的思维过程中具有重要的作用。

第一，判断是人们认识事物的重要工具。人们认识任何事物，都要通过判断。只有当人们能够做出有关事物的正确判断时，才可以说人们正确地认识了该事物。人们要表达自己的思想，也离不开判断。单个的概念不能明确地表达思想，概念只有组成判断，才能对对象有所断定，表达某种明确的思想。

第二，判断是明确概念的手段。人们的认识成果是用概念的形式固定下来的，但概念的内涵和外延必须通过判断才能揭示出来，才能进行表达和交流。在科学理论中，给概念下定义，阐述基本原理，都离不开判断这个工具。

第三，判断是组成推理的基本要素。概念构成判断，判断构成推理。在进行推理时，也离不开判断，有什么样的判断，就构成什么样的推理；没有判断，就无法推理。因此，正确认识和运用各种判断形式，是正确地进行各种有效推理的必要条件。

二　判断与语句

判断与语句的关系如同概念和语词的关系一样，也是既密切联系，又互相区别。

1. 判断和语句的密切联系

第一，判断是语句的思想内容，语句是判断的语言表达形式。任何判断只有借助一定的语句，才能形成、存在并表达出来；任何语句也只有代表一定的判断才有实在的意义。它们之间是内容和形式的关系，是相互联系的。

第二，判断和语句存在大体对应的关系。单句一般表达简单判断，复句大多表达复合判断，假设句表达假言判断，选择句表达选言判断，否定句表达否定判断等等。

2. 判断和语句的区别

判断和语句的区别主要有以下几个方面：

第一，判断和语句属于不同学科的研究对象，二者有不同的特点。

判断是对思维对象有所断定的思维形式，是属于思维科学，特别是逻辑学研究的范畴；而语句是用以表达人们对思维对象进行断定的语言形式，属于语言科学的研究范畴。判断没有民族性和地域性，任何民族或地域的人们，只要他们对同一对象情况做出了同一、如实的断定，那么，他们的判断都是相同的；而语句却具有民族性和地域性，同一个判断的思想内容，由于民族或地域的不同，语句的表达形式也不同。例如，同一个“我是工人”这个判断，现代汉语表达为“我是工人”，英语则表达为“ I am a worker”。

第二，任何判断都要用语句表达，但并非任何语句都表达判断。

一个语句是否表达判断，取决于该语句是否具备判断的两个逻辑特征。在现代汉语中，陈述句、疑问句中的反诘句都表达判断。例如，“长江是我国最长的河流”，“难道封建迷信也有科学性吗？”在这两句话中，前一句用陈述句肯定地表达了“长江是我国最长的河流”这个判断，并且它是真的。后一句用疑问句中的反诘句表达了“封建迷信没有科学性”这个判断，并且它也是真的。然而，疑问句中的正问句、祈使句和感叹句一般不表达判断。例如，“什么是文学”，“请开门”，“啊，黄河”这几句话分别属于疑问句中的正问句、祈使句和感叹句，它们都没有表达对思维对象的断定，并且也无从检验其真假，因而，它们都不表达判断。

第三，同一个判断可以用不同的语句表达，同一个语句可以表达不同的判断。

同一个判断可以用不同的语句表达。不仅不同的民族或地域对于同一个判断可以用不同的语句表达，而且同一个民族或地域对于同一个判断也可以用不同的语句来表达。例如，“任何事物都是发展变化的”，“难道有什么事物不是发展变化的吗”，“没有什么事物不是发展变化的”，这几个 判断虽然语句形式各不相同，但它们所表达的都是同一个判断，即“所有的事物都是发展变化的”。

同一个语句在不同的语境中可以表达不同的判断。例如，“老王正在看病”，这一判断在一种语境中可以表达“医生正在给老王看病”这个判断；在另一种语境中又可以表达“老王正在给病人看病”这个判断。又如，“小李肩上的担子很重”，这个判断在一种语境中可以表达“小李肩上所挑的东西(实物)很重”这个判断；在另一种语境中又可以表达“小李所担负的工作任务很重”这个判断。但是必须注意，如果一个语句不是在不同的语境，而是在同一个语境中，那么，它就只能表达某一个判断，而不能表达几个不同的判断。否则，就会造成思维混乱。

弄清判断和语句的联系和区别，有助于恰当地运用语句表达判断。

三　判断的种类

判断按照不同的标准，可分为不同的种类。

1. 模态判断和非模态判断

按照判断形式中是否包含模态词(必然、可能、必须、禁止、允许等)分为模态判断和非模态判断。模态判断是包含有模态词的判断；非模态判断是不包含模态词的判断。

2. 简单判断和复合判断

按照判断形式中是否包含其他判断，可将判断分为简单判断和复合判断。

简单判断是不包含其他判断的判断。简单判断由单句表达，但是，单句不一定都表达简单判断。有的单句不表达判断；有的单句如联合短语做主语或做谓语的单句表达复合判断。

复合判断是还包含其他判断的判断。它是由它所包含的其他判断与逻辑联结项构成的判断。按照逻辑联结项的不同，复合判断又可分为联言判断、选言判断、假言判断和负判断。复合判断一般由复句和复句的紧缩式表达，但是，复句并不都表达判断，因果复句就不表达判断而表达推理。

上述两种判断的分类是互相交叉的。模态判断又有简单模态判断与复合模态判断之分，本书将只介绍简单模态判断。这样，我们先按照形式结构把判断分为简单判断和复合判断，再把简单判断分为模态判断和非模态判断。简单非模态判断有的是断定对象具有或不具有某种性质的，称为直言判断或性质判断；有的是断定对象之间关系的，称为关系判断。本书介绍的判断种类如下：

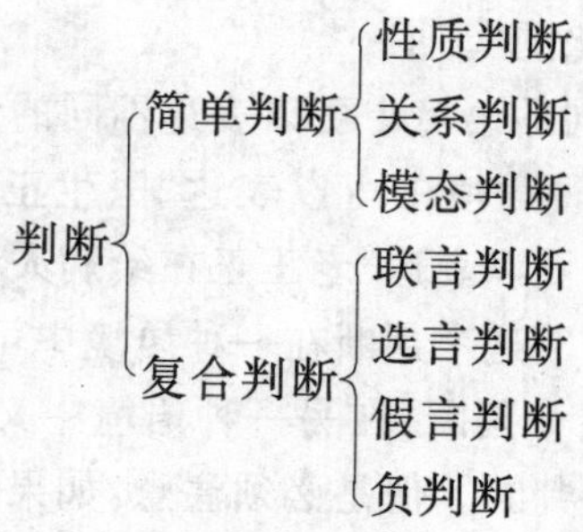

第二节 性质判断

一 什么是性质判断

性质判断是断定思维对象具有或不具有某种性质的简单判断。例如：

Ⅰ所有的教师都是脑力劳动者。

Ⅱ有的人不是教师。

Ⅲ白求恩是加拿大共产党员。

这是3个性质判断。例Ⅰ断定了所有的"教师"具有"脑力劳动者"的性质；例Ⅱ断定了有的"人"不具有"教师"的性质；例Ⅲ断定了"白求恩"具有"加拿大共产党员"的性质。由于性质判断对事物的断定是不依赖其他条件的，是直接做出的断定，所以又叫直言判断。

性质判断由主项、谓项、联项和量项4个部分组成。

主项是表示判断中所断定的对象的概念。如例Ⅰ中的"教师"、例Ⅱ中的"人"和例Ⅲ中的"白求恩"都是性质判断的主项。它通常用"S"表示。

谓项是表示判断中断定的对象所具有或不具有的性质的概念。如例Ⅰ中的"脑力劳动者"、例Ⅱ中的"教师"和例Ⅲ中的"加拿大共产党员"都是性质判断的谓项。它通常用"P"表示。

联项是表示性质判断中主项和谓项之间的联系的概念。联项决定判断的质，分为肯定联项和否定联项两种。如例Ⅰ中的"是"，例Ⅱ中的"不是"都是联项。前者是肯定联项，后者是否定联项。

量项是表示性质判断中主项所反映的对象的数量或范围的概念。在一般情况下，它置于性质判断的主项之前。量项决定判断的量，通常分为全称量项、特称量项和单称量项3种：

全称量项表示性质判断对主项的全部外延做了断定。表达全称量项通常用“所有”、“任何”、“一切”、“凡”、“每一”等量词表示。

特称量项表示性质判断对主项外延中的至少一个对象做了断定。特称量项通常有 3 种情况。一是表示一类事物中不确定的量，通常用“有”、“有的”、“有些”等量词表示。这些量词只表示“存在”的意思，具体数量不确定，可以是一个，可以是多个，也可以是全部。二是表示定量性的部分，如“二分之一”、“百分之三十”、“极少数”、“大多数”、“绝大多数”等。三是表示确定的部分数量，如“5 个人”、“10 辆车”、“20 本书”等。在以上几种特称量项中，后两种情况表示的数量范围比第一种中的“有”、“有的”、“有些”要确定得多，在实际中有较大的实用价值。而“有”、“有的”、“有些”的含义是不确定的，它是各种特称量词的抽象和概括，由它构成的特称判断具有更大的认识意义。因此，逻辑上通常以“有”、“有的”、“有些”作为特称量项的代表。

单称量项表示性质判断对主项的某一单个外延做了断定。单称量项可以用表达单独概念的专有名词和摹状词表达，也可以在表达普遍概念的语词前面加上“这个”或“那个”等来表达。

在日常语言中，性质判断用单句中的主谓句来表达，判断的量项和主项用主语部分来表达，联项和谓项用谓语部分来表达。在表达判断的句子中，离开一定语境，主项、谓项一般不能省略。特称量项和否定联项在任何情况下都不能省略；全称量项和肯定联项可以省略；其主项是单独概念的量项一般要省略；其主项是普遍概念的单称量项“这个”，“那个”则不能省略。省去的量项和联项，在逻辑分析中可以补充上，恢复成完整的形式。

性质判断的逻辑形式可用公式表示为：

　　所有的(或有的、某个)S 是(或不是)P

二　性质判断的种类

性质判断根据不同的标准，可以划分为不同的种类。

1. 肯定判断和否定判断

按照质(联项)的不同，性质判断可分为肯定判断和否定判断。

肯定判断是断定对象具有某种性质的判断。例如，“中国人民是勤劳勇敢的”。肯定判断的逻辑形式是：

　　S 是 P

否定判断是断定对象不具有某种性质的判断。例如，“地球不是太阳系最大的行星”。否定判断的逻辑形式是：

S不是P

区分一个判断是肯定判断还是否定判断，标准只有一个，就是看联项。肯定判断的联项为肯定联项，否定判断的联项为否定联项。

2. 单称判断、特称判断和全称判断

按照量（量项）的不同，性质判断分为单称判断、特称判断和全称判断。

单称判断是断定某一单个对象具有（或不具有）某种性质的判断。例如，“李白是我国唐代的大诗人”；“月亮不是自己发光的”。单称判断的逻辑形式是：

某个S是（或不是）P

单称判断的主项是单独概念时，量项要省略。因为单独概念所指的对象只有一个，不需要进行量的限制。例如，我们不能说“所有李白是我国唐代的大诗人”，也不能说“有的李白是我国唐代的大诗人”，因为李白只有一个。单称判断的主项是普遍概念时，要加单称量项的限制，以表示对某类对象中的某一个对象做断定。表达单称量项的语词通常用“这个”、“那个”、“某一个”等等。

特称判断是断定某类对象中至少有一个对象具有（或不具有）某种性质的判断。例如，“有的人是记者”；“有的哺乳动物不是胎生的”。特称判断的逻辑形式是：

有的S是（或不是）P

必须注意的是，在特称判断中，其量项“有”、“有的”、“有些”等语词表达的逻辑含义同日常语言中使用的含义是有所不同的。在日常语言中，“有”、“有的”、“有些”的含义是“仅仅有的”、“仅仅有些”，而不是全部的意思，即在日常语言中，当人们讲到“有的S是P”时，就同时意味着“有的S不是P。”当判断“有的S不是P”时，又同时意味着“有的S是P”。然而，作为表达特称量项语词的“有”、“有的”、“有些”，其逻辑含义却仅仅是表示“存在”的意思，具体有多少是不确定的，可以是“至少有一个”，也可能是全部的意思。在逻辑上，特称判断也不管被断定部分以外的部分的是还是不是。当人们断定“有的S是P”时，并不同时意味着断定“有的S不是P”。当断定“有的S不是P”时，并不同时意味着断定“有的S是P”。明确这一点非常重要，否则，就会对特称量项做出错误的理解，从而会影响对性质判断间的关系的正确理解。

全称判断是断定某类事物中的全部对象都具有（或不具有）某种性质的判断。例如，“所有的金属是导电体”；“所有的金属不是绝缘体”。全称判断的逻辑形式是：

所有S是(或不是)P

表达全称量项的语词很多，常用的有“一切”、“任何”、“每个”、“全部”、“凡”、“无论哪个”等等，有时还用单音节名词重叠的形式表达全称量项，如“人人”、“个个”等。但是，上述语词在意义和修辞上存在着细微差别，应用时有时不能任意替换。如“开水都喝光了”这句话加“每个、任何、一切”等量词限制就不恰当，因为这几个词只适用于分举的事物，而开水是不能分举的，加“全部、所有”限制才恰当。在表达全称量项的语词中，“所有”能够替换上述所有的语词，而且比较准确自然。因此，我们就用“所有”作为表达全称量项的代表。

3. 性质判断的基本形式

按照质和量的结合，性质判断可分为6种基本形式。

(1)全称肯定判断

全称肯定判断就是断定一类事物中的全部对象都具有某种性质的判断。例如，“所有干部都是人民的勤务员”。

全称肯定判断的逻辑形式是：

所有S是P

(2)全称否定判断

全称否定判断就是断定一类事物中的全部对象都不具有某种性质的判断。例如，“我们的干部不是骑在人民头上的老爷”。

全称否定判断的逻辑形式是：

所有S不是P

(3)特称肯定判断

特称肯定判断就是断定某类事物中至少有一个对象具有某种性质的判断。例如，“有的学生是用功学习的”。

特称肯定判断的逻辑形式是：

有的S是P

(4)特称否定判断

特称否定判断就是断定某类事物中至少有一个对象不具有某种性质的判断。例如，“有的学生不是用功学习的”。

特称否定判断的逻辑形式是：

有的S不是P

(5)单称肯定判断

单称肯定判断就是断定某一个别对象具有某种性质的判断。例如，“北京是中华人民共和国的首都”。

单称肯定判断的逻辑形式是：

某个S是P

(6)单称否定判断

单称否定判断就是断定某一个别对象不具有某种性质的判断。例如，“这本书不是现代汉语”。

单称否定判断的逻辑形式是：

某个S不是P

以上是性质判断的6种基本形式。其中，由于单称判断是对某一单个对象的断定，它虽然没有全称量项，但实际上是与全称判断一样，都是断定了主项的全部对象具有或不具有某种性质。在这一点上，它和全称判断具有相同的逻辑性质。因此，除非特别说明，在一般情况下，我们把单称判断当作全称判断来看待。这样，性质判断就可以归结为4种最基本的形式：全称肯定判断，全称否定判断，特称肯定判断，特称否定判断。它们的标准形式和简化形式可用表3-1表示：

表3-1

判断类别	判断形式	简化形式	简称
全称肯定判断	所有S是P	SAP	A
全称否定判断	所有S不是P	SEP	E
特称肯定判断	有的S是P	SIP	I
特称否定判断	有的S不是P	SOP	O

三 性质判断主、谓项的周延性

词项的周延性，指的是在性质判断中对主项、谓项外延数量的断定情况。

如果在一个性质判断中断定了其主项或谓项的全部外延，那么这个判断的主项或谓项就是周延的；如果在一个性质判断中没有断定主项或谓项的全部外延，那么这个判断的主项或谓项就是不周延的。

例如，“一切社会主义国家都是国家”。在这个性质判断中，主项“社会主义国家”被全部断定了，所以主项是周延的；谓项“国家”则并没有断定是所有国家，而只是断定了社会主义国家这一部分，所以不周延。在“有的大学不是面向全国招生的”这个判断中，主项并未断定全部大学，只是“有的大学”，所以主项是不周延的；谓项“面向全国招生”的全部外延都是与

主项“有的大学”相排斥的，所以谓项是周延的。

理解周延性问题必须明确3点：

第一，周延性问题是就判断而言的。只有当一个概念作为主项或谓项出现在判断中，从而它的外延受到断定的时候，才有周延或不周延的问题。离开判断单独存在的概念总是指称其全部外延的，不存在周延与不周延的问题。

第二，周延性问题是就判断对主、谓项外延的断定情况而言的，与事物客观上有什么关系是两个不同的问题。例如，“等边三角形”与“等角三角形”这两个概念的外延客观上是全同关系，但在“等边三角形都是等角三角形”这一判断中，主项“等边三角形”是周延的，等角三角形是否都是等边三角形则看不出来，因而谓项“等角三角形”是不周延的。而在“有的等边三角形是等角三角形”这一判断中，主项和谓项都不周延。因此，不能因为“等边三角形”与“等角三角形”在客观上是全同关系，就认为它们在判断中都是周延的，也就是说，不能用主、谓项的外延在客观上的关系，来代替判断对主、谓项外延的断定情况的分析。

第三，周延性问题是就判断的形式结构而言的，它与判断的内容和判断的真假无关。例如，在“所有金属不是导电体”和“有的金属不是导电体”这两个假判断中，主项“金属”在前者中周延，在后者中不周延。周延性问题同判断的内容和真假无关。

了解了周延性的基本含义，我们就可以具体分析判断中主、谓项的周延性情况。现对A、E、I、O 4种性质判断的主、谓项的周延性情况进行具体分析。

一是全称判断的主项都周延。全称肯定判断“所有S都是P”，断定了主项S的全部分子都是P类的分子，主项S被全部断定，所以S是周延的。例如，“所有老虎都是动物”，这个判断断定了“老虎”的全部外延都是动物，所以主项“老虎”是周延的。同理，在全称否定判断“所有S都不是P”中，主项S也是周延的。

二是特称判断的主项都不周延。特称肯定判断“有的S是P”只断定了部分S是P，没有断定全部S是P，所以主项S是不周延的。例如，“有的动物是老虎”，这个判断只断定了部分动物是老虎，所以主项“动物”是不周延的。同理，在特称否定判断“有的S不是P”中，主项S也是不周延的。

三是肯定判断的谓项都不周延。全称肯定判断“所有S都是P”中，断定了主项S的分子全部是谓项P类的分子，但并未断定P类的分子全部是S类的分子，所以谓项“P”是不周延的。例如，“所有老虎都是动物”这一判断中,谓项"动物"是不周延的。同理,在特称肯定判断"有的S是P"中,谓项"P"也是不周延的。

四是否定判断的谓项都周延。全称否定判断"所有S不是P"中,断定了主项S类的全部分子都不是谓项P类的分子,也就是说,P类的全部分子与S类相排斥,所以谓项"P"是周延的。例如,"所有老虎都不是猫",这一判断断定了老虎不是所有的猫,因此谓项"猫"是周延的。同理,在特称否定判断"有的S不是P"中,谓项P也是周延的。

从以上分析可以看出:区分主项是否周延,是看量项是全称还是特称。量项是全称则主项周延,量项是特称则主项不周延;区分谓项是否周延,是看联项是肯定还是否定的。联项是肯定的则谓项不周延,联项是否定的则谓项周延。

综上所述,我们可把A、E、I、O 4种性质判断的主、谓项的周延性情况用下表(表3-2)表示:

表 3-2

判断的类别	主项	谓项
A	周延	不周延
E	周延	周延
I	不周延	不周延
O	不周延	周延

四 性质判断的真假及其对当关系

1. 性质判断的真假情况

性质判断主项所反映的对象是事物中的一个类,谓项所反映的对象的性质也是事物中的一个类。所以,在性质判断中,主项S与谓项P实质上反映了类与类的关系。在客观世界中,类与类之间的关系如同第二章所介绍的,不外有如下5种关系:全同关系、真包含于关系、真包含关系、交叉关系和全异关系。因而,性质判断的主项S和谓项P之间在外延上也就相应的反映类与类之间的这5种关系。性质判断的真假,取决于其主、谓项所反映的两类事物在客观世界中具有什么样的关系。如果判断断定的主项和谓项的关系与该两类事物客观上的关系相符合,那么,这个判断就是真的。否则,这个判断就是假的。根据主、谓项所反映的类与类之间的5种不同关系,我们可以确定A、E、I、O 4种性质判断本身的真假。

(1)全称肯定判断的真假

全称肯定判断断定的是主、谓项之间的全同关系和真包含于关系。所

以，当其主、谓项所反映的两类事物在客观上具有全同关系或真包含于关系时，它是真的；当其主、谓项所反映的两类事物之间在客观上是真包含关系、交叉关系、全异关系时，该判断是假的。

(2)全称否定判断的真假

全称否定判断断定了主、谓项之间的全异关系。所以，当其主、谓项所反映的两类事物在客观上具有全异关系时，它是真的；当其主、谓项所反映的两类事物在客观上具有全同关系、真包含于关系、真包含关系、交叉关系时，该判断均是假的。

(3)特称肯定判断的真假

特称肯定判断断定了主、谓项之间的全同关系、真包含于关系、真包含关系和交叉关系。所以，当其主、谓项所反映的事物在客观上具有以上4种关系之一时，它是真的；当其主、谓项所反映的两类事物在客观上具有全异关系时，该判断是假的。

(4)特称否定判断的真假

特称否定判断断定的是其主、谓项之间的真包含关系、交叉关系和全异关系。所以，当其主、谓项所反映的事物在客观上具有以上3种关系之一时，它是真的；当其主、谓项所反映的事物在客观上具有全同关系或真包含于关系时，该判断是假的。

上述A、E、I、O 4种判断真假情况可用表3-3表示：

表3-3

S与P的关系 / 判断的真假 / 判断的种类	S P	S P	S P	S P	S P
SAP	真	真	假	假	假
SEP	假	假	假	假	真
SIP	真	真	真	真	假
SOP	假	假	真	真	真

2. 同一素材的性质判断之间的真假关系

同一素材的性质判断之间的真假关系，指的是具有相同的主项和谓项的 A、E、I、O 4 种性质判断之间存在的一种真假制约关系。例如：

A　所有的困难都是可以克服的。

E　所有的困难都不是可以克服的。

I　有的困难是可以克服的。

O　有的困难不是可以克服的。

这 4 个判断的主、谓项是相同的，是同一素材的 A、E、I、O 4 种判断。这 4 种判断之间之所以存在真假制约关系，是因为这 4 种判断主、谓项相同，说明断定对象的属性相同，只是对象的数量与属性间的联系性质不同。在一定条件下，一定量的事物与属性的关系是确定的，所以反映在不同质和量的判断中就有真假关系。一种判断的真或假，会决定着其他判断的真或假。根据 A、E、I、O 的真假情况，就可以确定在同一主项和谓项的情况下，A、E、I、O 之间的真假关系。

同一素材性质判断之间的真假关系，称为对当关系。对当关系可以用一个方形图来表示，这个方形图叫“逻辑方阵”，如图 3-1。

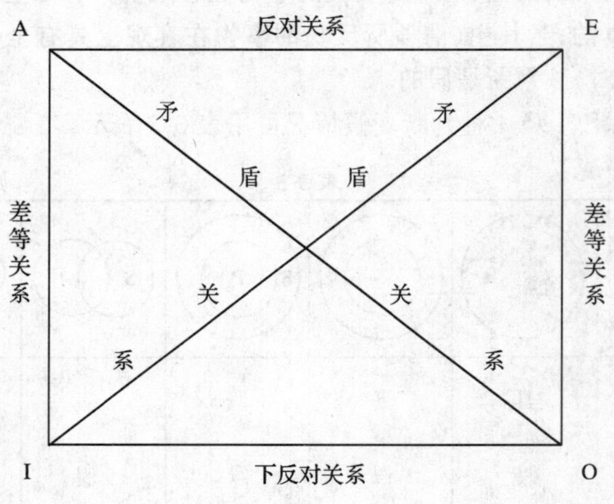

图 3-1

根据逻辑方阵，具有同一素材的 A、E、I、O 4 种性质判断之间存在着 4 种关系：矛盾关系、反对关系、下反对关系、差等关系。

(1)矛盾关系

矛盾关系是指 A 与 O、E 与 I 之间的关系。

矛盾关系的特点是：不能同真，不能同假，即一个真，则另一个必假；一个假，则另一个必真。例如：

A　甲班所有的学生都是共青团员。

O　甲班有的学生不是共青团员。

在这两个判断之间，如果A真，则O必假；如果A假，则O必真。反之，如果O真，则A必假；如果O假，则A必真。

同理，在E与I两个判断之间，如果E真，则I必假；如果E假，则I必真。反之，如果I真，则E必假；如果I假，则E必真。

(2)反对关系

反对关系是指A与E之间的关系。

反对关系的特点是：不能同真，可以同假，即一个真，则另一个必假；一个假，则另一个真假不定；特称判断真，则全称判断真假不定；特称判断假，则全称判断必假。例如：

A　甲班所有学生都是共青团员。

E　甲班所有学生都不是共青团员。

在这两个判断之间，如果A真，则E必假；如果A假，则E真假不定。反之，如果E真，则A必假；如果E假，则A真假不定。

(3)下反对关系

下反对关系是指I与O之间的关系。

下反对关系的特点是：不能同假，可以同真，即一个假，则另一个必真；一个真，则另一个真假不定。例如：

I　甲班有的学生是共青团员。

O　甲班有的学生不是共青团员。

在这两个判断之间，如果I假，则O必真；如果I真，则O真假不定。反之，如果O假，则I必真；如果O真，则I真假不定。

(4)差等关系

差等关系是指A与I、E与O之间的关系。

差等关系的特点是：可以同真，可以同假。具体来说就是：全称判断真，则特称判断必真；全称判断假，则特称判断真假不定；特称判断真，则全称判断真假不定；特称判断假，则全称判断必假。例如：

A　甲班所有学生是共青团员。

I　甲班有的学生是共青团员。

在这两个判断之间，如果A真，则I必真；如果A假，则I真假不定；

如果 I 假，则 A 必假；如果 I 真，则 A 真假不定。

同理，在 E 与 O 两个判断之间，如果 E 真，则 O 必真；如果 E 假，则 O 真假不定；如果 O 假，则 E 必假；如果 O 真，则 E 真假不定。

根据 A、E、I、O 4 种性质判断之间的对当关系，我们可以由已知的一种判断的真假推知其他 3 种判断的真假。

例如，从已知 A 判断"所有的国家都是阶级统治的工具"为真，可以推知，E 判断"所有的国家都不是阶级统治的工具"为假，I 判断"有的国家是阶级统治的工具"为真，O 判断"有的国家不是阶级统治的工具"为假。又如，由 I 判断"有的国家是没有阶级性的"为假，可以推知 A 判断"所有国家都是没有阶级性的"为假，E 判断"所有国家都不是没有阶级性的"为真，O 判断"有的国家不是没有阶级性的"为真。

由已知的一种判断的真假推知其他 3 种判断的真假的具体情况，可用表 3-4 表示：

表 3-4

推知 / 已知真	A	E	I	O	推知 / 已知假
A	真	假	真	假	O
E	假	真	假	真	I
I	不定	假	真	不定	E
O	假	不定	不定	真	A

根据此表，由已知真推未知：先在左边第一列，找到已知为真的那个判断，再在上面第一行找到要推知的那个判断，然后在两行交叉处就可以找到答案。根据此表，由已知假推未知：先在右边第一列找到已知为假的那个判断，再在上面第一行找到要推知的那个判断，然后在两行交叉处就可以找到答案。表中有 4 处为"不定"，那是"可真可假"的，遇到这种情况，就推不出来。

性质判断之间的对当关系，也为我们正确地进行反驳提供了理论依据。从对当关系上讲，反驳就是由一个判断的真，推出另一判断的假。

具有矛盾关系的两个判断，由于它们不能同真，也不能同假，如果我们要反驳其中一个判断，只要找出与之相矛盾的另一个判断就可以了。例如，要反驳"所有战争都是正义战争"，只要指出"有的战争不是正义战争"就可以了。具有反对关系的两个判断，由于它们不能同真，可以同假，因此，如果被反驳判断是假在量上，就不能用一个去反驳另一个，否则就会

出现以错对错。例如，我们不能用“所有的战争都不是正义战争”去反驳“所有的战争都是正义战争”。如果被反驳判断错在质上，可以用一个去反驳另一个。例如，可以用“所有老虎都是动物”去反驳“所有老虎都不是动物”。下反对关系是可以同真的，因此，任何情况下都不能以一个去反对另一个。至于差等关系，由于判断的质相同，不能互相进行反驳。

关于性质判断之间的对当关系，最后还有几点需要说明：第一，对当关系是指主、谓项相同的 A、E、I、O 4 种判断之间的真假制约关系，主、谓项不同的 A、E、I、O 4 种判断之间并不存在这种关系；第二，在对当关系问题上，不能把单称判断当作全称判断看待，因为全称肯定判断和全称否定判断之间是反对关系，而单称肯定判断和单称否定判断之间是矛盾关系，二者不能等同；第三，逻辑学所讲的对当关系，是以假定判断主项“S”所表示的事物存在为前提。如果主项“S”反映的是外延为零的虚概念，上述 A、E、I、O 之间的真假关系就不能成立。例如，“所有的鬼都是善良的”和“所有的鬼都不是善良的”这两个判断，由于其主项“S”所表示的事物“鬼”不存在，它们无所谓真假，因此，这两个判断之间就不存在相应的对当关系。

五　正确运用性质判断应注意的问题

A、E、I、O 4 种判断形式是对 S 类与 P 类对象之间关系的科学抽象与概括的反映。正确使用这些判断形式是有效进行性质判断推理的必要条件。

1. 判断的质要清楚、正确

性质判断是断定对象具有或不具有某种性质的判断，因此，在使用时，要注意联项的性质，真实地、准确地反映客观事物之间的联系。

第一，肯定否定要分清，特别要注意正确运用多重否定。

除非对事物的认识上有错误，人们一般不至于把应该用肯定判断表达的思想用否定判断表达，或该用否定判断表达的思想用肯定判断表达。但是，有时人们为了突出断定的语气，不恰当地使用双重否定或多重否定，或不恰当地使用带有否定意义的概念，会造成错用判断联项，导致判断失误。例如，“科学发展到今天，谁也不会否认地球不是围绕着太阳运行的。”这句话误用了三重否定，表达了“谁都承认地球不是围绕太阳运行的”思想，判断虚假，违背原意。又如，“难道能够否认我们的工作没有取得很大的成绩吗？”这句话也是误用三重否定，造成含义颠倒。再如，“能否坚持实践第一的观点是贯彻实事求是思想路线的前提。”这句话的主项中包含“能否”(肯定和否定)两个方面,而谓项只有一个方面,这也是误用否定造成的判断失误,导致自相矛盾。

第二,要做出正确的联项限定,准确地反映对象与性质间的联系程度。

在日常使用性质判断时,一般并不是简单地说“是”或“不是”。为了判断准确,往往还加上某些限定。断定程度强的用“完全”、“总”、“一直”等加以限定;断定程度弱的用“基本上”、“根本上”、“大体上”、“尤其”、“多半”、“至少”、“起码”等加以限定;或者对事物情况加时间、地点、条件、范围的限定。例如,“这种指责完全是没有根据的”,“这个班的同学基本上是团结的”,“在一定条件下,坏事可以变成好事”。这样限定的结果,就使判断更准确地反映了客观事物情况。

2. 判断的量要准确

性质判断有单称、特称和全称的区别,使用时,该用单称或特称的不要用全称,该用全称的不要用特称或单称,可以用更精确地表达数量范围的语词时不要用表达数量范围不确定的语词。

第一,该全称的用全称,该特称的用特称。

例如,“有些违背四项基本原则的观点是错误的”这一判断从逻辑上讲是对的,但从实践意义上讲是不恰当的;为了使判断更加准确,就应用全称判断,改为“所有违背四项基本原则的观点都是错误的”。又如,“所有到北京的人,无不到长城一游”,这句话就误用了全称判断,不符合实际,应改为“许多到北京的人,要到长城一游”。

第二,特称判断要尽量精确。特称量项的量词是非常丰富的,有时为了精确,还要用“个别的”、“极少数”、“半数左右”、“几分之几”等量词。

3. 判断的主、谓项不可残缺,搭配要恰当

肯定判断是断定主、谓项外延之间有相容关系,否定判断是断定主、谓项外延之间的不相容关系。所以,在肯定或否定时,一定要注意主、谓项不能残缺,主、谓项的搭配要恰当,否则,也会导致判断失误。

第一,判断的主、谓项不能残缺。

主、谓项残缺,就会出现判断的对象不明或断定不清的逻辑错误。在特定的语言环境中,表达判断的主项或谓项的语词可以省略。例如,“一切都要从实际出发”,在这句话中,主项“工作”比较清楚,表达时省略了。又如,问“你是不是哲学教师”,回答“是”。这里把主项和谓项都省略了。实

际运用中省略了主谓项不算主谓项残缺，但省略部分在一定语境中应是清楚的。

第二，主、谓搭配要恰当。

主、谓搭配不恰当，仍不能正确地表达判断。例如，“他各科成绩优异的原因，是他长期勤奋学习的结果”这句话实际上是说“原因是结果”，而“原因”和“结果”是不相容关系，应将前半句中“的原因”去掉。又如，“增产的产量是历年来较多的一年”，在这句话中，“产量”不能是“一年”，这样搭配不当，应改为“增产的产量是历年来较多的”。还有像“天气渐渐黑了”，“雷锋的共产主义精神是我们学习的榜样”，这两个判断也是搭配不当的，因为“天气”不是颜色，不能和“黑”搭配，榜样是指人，不能指精神。

此外，还要注意判断的语言表达。表达判断的语句要结构完整，合乎语法，对主要成分不能残缺；主要句子成分要注意加正确的修饰和限制，避免意思模糊；长的句子要注意前后照应，避免出现前后自相矛盾。

第三节 关系判断

一 什么是关系判断

关系判断是断定事物与事物之间的关系的判断。

对象的属性包括对象自身具有的性质和对象之间的关系。因此，单有性质判断来进行思维是不够的，还必须有关系判断。例如：

Ⅰ 长春位于哈尔滨和沈阳之间。

Ⅱ 资本家剥削工人。

Ⅲ 小张和小李是好朋友。

例Ⅰ断定了长春与哈尔滨和沈阳之间有“位于……之间”的关系；例Ⅱ断定了资本家与工人之间有“剥削”关系；例Ⅲ断定了小张和小李之间有“好朋友”关系。这3个判断都断定了事物之间的关系，因而都是关系判断。

关系判断由3部分组成：主项、关系项、量项。

1. 主项

主项是表示一定关系的承担者的概念，也称关系者项。上例中的“长春”、“哈尔滨”、“沈阳”，“资本家”、“工人”，“小张”、“小李”都是主项。主项至少有两个，也可以有3个或3个以上。有两个主项的关系判断，在前面的主项可以叫前主项，在后面的可以叫后主项；有3个以上主项的关系判断，其主项可以按次序分别叫做第一主项、第二主项、第三主项……。如例Ⅰ中的“长春”是第一主项，“哈尔滨”是第二主项，“沈阳”是第三主项。其他多项关系可类推。

2. 关系项

关系项是表示主项之间所存在的关系的概念，也称关系判断谓项。如上例的“位于……之间”、“剥削”、“朋友”都是关系项。关系有不同类型。存在于两个对象之间的关系称为二元关系，存在于3个对象之间的关系称为三元关系，以此类推，存在于几个对象之间的关系就叫几元关系。

3. 量项

量项是表示主项的数量的概念，有单称、特称和全称的区别。如果主项是单独概念，一般就省略量项，如例Ⅰ中的“长春”、“哈尔滨”、“沈阳”都是表达单个对象的单独概念，因而都省略了量项。

按照关系判断的形式结构，以二元关系判断作代表，关系判断可用公式表示为：

aRb 或 R(a、b)

公式中的a、b表示主项，R表示关系项，量项省略。

类似地，三元关系判断可写作aRbRc或R(a、b、c)。

关系判断和性质判断一样，也是简单判断。但它和性质判断是有区别的。其区别在于：二者反映的事物属性不同，性质判断反映的是事物的性质，关系判断反映事物的关系；二者反映的事物数量多少不同，性质判断只有一个主项，关系判断至少有两个主项或两个以上；二者构成的要素也不同，性质判断有主项、谓项、联项、量项4个要素，关系判断只有主项、谓项、量项3个要素。二者最重要的区别在于：性质判断谓项反映的性质，为主项反映的对象分别具有，而关系判断反映的关系只能由关系项共同具有。例如，“小张和小李都是医生”。这是一个性质判断，它可以分成两个性质判断：“小张是医生”、“小李是医生”。“小张和小李是朋友”。这是一个关系判断，它不能分解成两个判断，因为“朋友”是表达两个以上对象之间关系的概念；硬把它分成“小张是朋友”和“小李是朋友”则不成为判断。

二 关系的性质

关系判断的性质是由关系的逻辑性质决定的。研究关系判断，最重要的是要弄清关系的性质。客观事物之间的关系是复杂的，逻辑学不研究复

杂的具体关系，只研究关系的一般性质。关系的两种重要性质是：对称性和传递性。

1. 关系的对称性

关系的对称性研究的是：在a、b两个或两类事物中，当a与b有R关系时，b与a是否也有R关系。其具体情况有3种：对称关系、反对称关系和非对称关系。

(1)对称关系

对称关系是指：在特定论域里，对于任意对象a和b，当a与b有R关系时，b与a必然有R关系。aRb真，则bRa必真。这样，R是对称关系。例如，当“小李和小张是朋友”真时，那么“小张和小李是朋友”也真。在这里，“朋友”是对称关系。其他如“邻居”、“相同”、“相等”、“相似”、“同时”、“同地”等等以及概念间的“同一关系”、“交叉关系”、“反对关系”、“矛盾关系”等都是对称关系。

(2)反对称关系

反对称关系是指：在特定论域里，对于任意对象a和b，当a与b有R关系时，b与a必然没有R关系。aRb真，则bRa必假。这样，R是反对称关系。例如，当“资本家剥削工人”真时，那么，“工人剥削资本家”必假。在这里，“剥削”是反对称关系。其他如“先于”、“后于”、“大于”、“小于”、“侵略”等等以及概念间的“真包含于关系”、“真包含关系”等都是反对称关系。

(3)非对称关系

非对称关系是指：在特定论域里，对于任意对象a和b，当a与b有R关系时，b与a可能有R关系，也可能没有R关系。aRb真，则bRa可能真，也可能假。这样，R是非对称关系。例如，当“张三认识李四”真时，“李四认识张三”可能真，也可能假。在这里，“认识”是非对称关系。其他如“佩服”、“喜欢”、“尊敬”、“信任”、“帮助”等等都是非对称关系。

2. 关系的传递性

关系的传递性研究的是：当a与b有R关系，b与c有R关系时，a与c是否也有R关系。这里涉及的是3个或3个以上因素的关系。具体也有3种情况：传递关系、反传递关系和非传递关系。

(1)传递关系

传递关系是指：在特定论域的a、b、c 3个对象之间，如果a对b有R关系，并且b对c也有R关系，则a对c必定有R关系，即aRb真，并且bRc真，则aRc必定真，那么，关系R就是传递关系。例如，“大于”就是一种

传递关系。5 大于 4，并且 4 大于 3，则 5 必然大于 3。此外，"相等"、"平行"、"包含"、"在前"、"在后"、"多于"、"……在……以南"等都是传递关系；概念之间的全同关系、真包含于关系和真包含关系，也都是传递关系。

(2)反传递关系

反传递关系是指：在特定论域的 a、b、c 3 个对象之间，如果 a 对 b 有 R 关系，并且 b 对 c 也有 R 关系，则 a 对 c 必定没有 R 关系，即 aRb 真，并且 bRc 真，则 aRc 必定假。这样，关系 R 就是反传递关系。例如，"母女"关系就是一种反传递关系。刘梅与孙娟是母女关系，并且孙娟与王秀是母女关系，则刘梅与王秀必定不是母女关系。此外，"父子"、"垂直"、"大一倍"、"相距十里"、"……比……少三分之一"等都是反传递关系；概念间的矛盾关系也是反传递关系。

(3)非传递关系

非传递关系是指：在特定论域的 a、b、c 3 个对象之间，如果 a 对 b 有 R 关系，并且 b 对 c 也有 R 关系，则 a 对 c 可能有也可能没有 R 关系，即 aRb 真，并且 bRc 真，则 aRc 可能真也可能假。这样，关系 R 就是非传递关系。例如，"批评"就是一种非传递关系。当小王批评小张，并且小张批评小李，则小王可能批评也可能不批评小李，即小王批评小李可能真也可能假。此外，"认识"、"表扬"、"支援"、"反对"等都是非传递关系；概念之间的交叉关系及反对关系也都是非传递关系。

关系的逻辑性质是关系判断和关系推理的理论基础，只有正确掌握关系的逻辑性质，才能做出恰当的关系判断，进行有效而正确的关系推理。

第四节 模态判断

一 什么是模态判断

模态判断是断定事物情况的可能性或必然性的判断。"必然"、"可能"在逻辑上称为模态词。因此，模态判断也就是指一切包含有"可能"、"必然"等模态词的判断。例如：

Ⅰ 今年农业可能获得丰收。

Ⅱ 正义的事业必然胜利。

例Ⅰ断定了"今年农业获得丰收"的可能性；例Ⅱ断定了"正义的事

业”要“胜利”的必然性。它们都是模态判断。

模态判断最明显的标志是判断中包含着模态词。“可能”这个模态词反映事物之间的联系是或然性的，有一定的随机性，可以这样也可以那样，不是确定不移的。“必然”这个模态词反映事物之间的联系是必然的，确定不移的。现代逻辑常用符号“□”表示“必然”及其同义语，用“◇”表示“可能”及其同义语。

模态判断由模态词和基础判断两个部分组成。基础判断是模态判断中除模态词以外的判断部分，现代逻辑通常用“p”表示基础判断。模态词在基础判断中的位置是不固定的，它可以出现在判断的前面，如“可能地球以外的天体存在生物”；也可以出现在基础判断的结尾，如“地球以外的天体存在生物是可能的”；还可以出现在基础判断的联项前面，如“地球以外的天体可能是存在生物的”。

二 模态判断的种类

根据断定的是事物情况的可能性还是必然性，模态判断分为可能模态判断和必然模态判断两大类。

1. 可能模态判断

可能模态判断是断定事物情况的可能性的模态判断，也叫或然模态判断。它又可分为可能肯定判断和可能否定判断。

可能肯定判断是断定事物情况可能存在的判断。例如，“张丽可能是学生干部，”这个判断断定了“张丽是学生干部”的可能性。

可能肯定判断的逻辑形式是：

可能 p

数理逻辑用符号表示为：

$\Diamond p$

可能否定判断是断定事物情况可能不存在的判断。例如，“明天可能不下雨”，这个判断断定了“明天下雨”的情况可能不存在。

可能否定判断的逻辑形式是：

可能非 p

用数理逻辑符号表示为：

$\Diamond \overline{p}$

在现代汉语中，表达“可能”的语词还有“大概”、“大约”、“也许”、“或许”等。

2. 必然模态判断

必然模态判断是断定事物情况的必然性的模态判断,通常简称必然判断。它又可分为必然肯定判断和必然否定判断。

必然肯定判断是断定事物情况必然存在的判断。例如,“真理必然战胜谬误”,这个判断断定了“真理战胜谬误”的情况必然存在。

必然肯定判断的逻辑形式是:

必然 p

用数理逻辑符号表示为:

$\Box p$

必然否定判断是断定事物情况必然不存在的判断。例如,“扎实的基本功必然不是一天练就的,”这个判断断定“扎实的基本功是一天练就的”这一情况必然不存在。

必然否定判断的逻辑形式是:

必然非 p

用数理逻辑符号表示为:

$\Box \overline{p}$

在现代汉语中,表达“必然”的语词还有“一定”、“必定”、“难免”、“总是”、“只能”、“终究”等等。

确定一个判断是否是模态判断,是可能判断还是必然判断,要根据判断中有无“可能”或“必然”等模态概念。所以,在语言形式中,表达模态概念的模态词不能省略。如果省略了模态词,它就不表达模态判断,而表达非模态判断了。例如:“事物必然都是包含矛盾的”是个模态判断,如果省去“必然”,“事物都是包含矛盾的”就成了非模态判断中的性质判断了。

三 模态判断之间的真假关系

模态判断之间的真假关系与同素材的 A、E、I、O 4 种性质判断之间的真假关系相类似,同素材的“必然 p”、“必然非 p”、“可能 p”、“可能非 p”之间也具有一种对当关系,可以用一个方形图来表示。这个方形图称为“模态方阵”,如图 3-2。

根据模态方阵,具有同一素材的 4 种模态判断$\Box p$、$\Box \overline{p}$、$\Diamond p$、$\Diamond \overline{p}$之间,有 4 种关系。

1. 矛盾关系

矛盾关系就是$\Box p$ 与$\Diamond \overline{p}$、$\Box \overline{p}$与$\Diamond p$ 之间的真假关系。它们之间的真

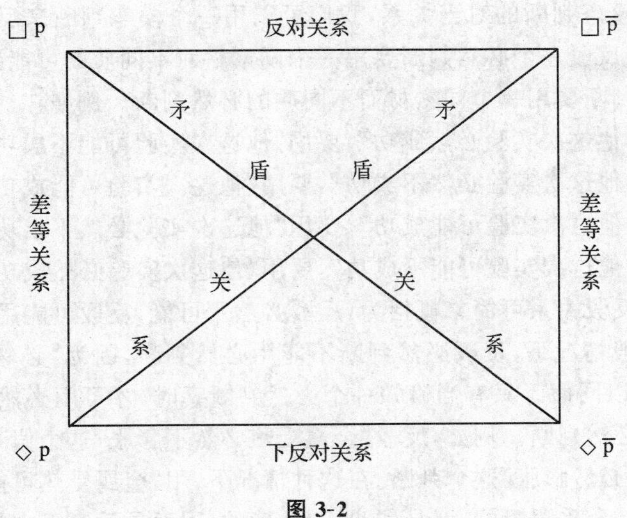

图 3-2

假关系是：不能同真，不能同假。□p 真，则◇$\overline{p}$假；□p 假，则◇$\overline{p}$真；◇$\overline{p}$真，则□p 假；◇$\overline{p}$假，则□p 真。□$\overline{p}$与◇p 之间的关系也是如此。

2. 反对关系

反对关系就是□p 与□$\overline{p}$之间的真假关系。它们之间的真假关系是：不能同真，可以同假。□p 真，则□$\overline{p}$假；□p 假，则□$\overline{p}$真假不定。□$\overline{p}$真，则□p 假；□$\overline{p}$假，则□p 真假不定。

3. 下反对关系

下反对关系就是◇p 与◇$\overline{p}$之间的真假关系。它们之间的真假关系是：可以同真，不能同假。◇p 真，则◇$\overline{p}$真假不定；◇p 假，则◇$\overline{p}$真；◇$\overline{p}$真，则◇p 真假不定；◇$\overline{p}$假，则◇p 真。

4. 差等关系

差等关系就是□p 与◇p、□$\overline{p}$与◇$\overline{p}$之间的真假关系。它们之间的真假关系是：可以同真，可以同假。具体来说就是：□p 真，则◇p 真；□p 假，则◇p 真假不定；◇p 真，则□p 真假不定；◇p 假，则□p 必假。□$\overline{p}$与◇$\overline{p}$之间的关系也是如此。

根据模态判断之间的对当关系，我们可以进行模态判断的推理。我们可以由一个模态判断的真或假，推知其他 3 个模态判断的真假情况；我们也可以由一个模态判断的负判断的真假，来确定与其等值的模态判断的真假；我们还可以把模态判断和非模态判断联系起来进行推理。

根据模态判断的对当关系，我们可以用一个模态判断来反驳另一个模态判断。反驳一个必然判断要用一个同素材而不同质的可能判断，反驳一个可能判断要用一个同素材而不同质的必然判断。例如：

反驳“他这次实验必然成功”，要用“他这次实验可能不成功”。

反驳“他这次实验必然不成功”，要用“他这次实验可能成功”。

反驳“他这次实验可能成功”，要用“他这次实验必然不成功”。

反驳“他这次实验可能不成功”，要用“他这次实验必然成功”。

上述反驳关系可简单概括为：反驳必然用可能，反驳可能用必然。

在一般情况下，反驳必然判断不能用必然判断，因为“必然 p”与“必然非 p”可以同假。只有当确知一个必然判断真时，才可用必然判断来反驳另一个必然判断。例如，反驳“金属受热必然不膨胀”这个假判断，要用“金属受热必然膨胀”这个判断。在这种情况下，用“金属受热可能膨胀”来反驳虽然是合乎逻辑的，但是，却是不准确的，因而是反驳无力的。

模态判断是断定事物情况的可能性或必然性的判断。如果我们确切把握了事物情况的必然性，就应当用必然判断来反映。例如，我们确知“事物必然是发展变化的”，就不要用可能判断“事物可能是发展变化的”来反映。相反，如果事物情况本身只具有某种可能性，我们就只能用可能判断来反映，而不能用必然判断来反映。例如，我们只能说“张三到过现场，他可能是凶手”，却不能说“张三到过现场，他必然是凶手”。否则，便不准确。判断的准确问题涉及思维内容，不是逻辑形式问题。但是，在判断使用中却是必须注意的。

复习思考题

1. 什么是判断？判断的基本特征是什么？

2. 判断和语句的联系和区别是什么？

3. 什么是性质判断？性质判断有哪些种类？

4. 怎样正确理解特称量项的含义？

5. 什么是性质判断项的周延性？A、E、I、O 4 种判断主谓项的周延性情况怎样？

6. 简述 A、E、I、O 4 种判断的真假情况以及它们之间的真假关系。

7. 什么是关系判断？怎样理解关系的不同性质？

8. 什么是模态判断？模态判断有哪些种类？

练习题

一 下列语句是否表达判断？为什么？

1. 请把那本书递给我。

2. 全面建设小康社会的奋斗目标是一定能够实现的。

3. 难道我们不应当向雷锋同志学习吗？

4. 没有耕耘，哪来收获？

5. 这个事怎么办？

6. 鱼目岂能混珠！

二 下列判断是哪种性质判断？请指出其主项、谓项、联项和量项。

1. 共产党员是无产阶级的先进分子。

2. 任何困难都不是不可克服的。

3. 有神论者都不是唯物主义者。

4.《女神》是郭沫若的诗集。

5. 有些学生学习不刻苦。

6. 占世界人口 1/4 的中国人是勤劳勇敢的。

7. 有的鱼不是用腮呼吸的。

三 指出下列判断主、谓项的周延性情况。

1. 参加这次晚会的有些人不会跳舞。

2. 李清照是我国古代著名的女词人。

3. 占我国人口总数 8%的少数民族人民是热爱祖国的。

4. 我班有的学生是党员。

5. 人的正确思想不是头脑里固有的。

四 根据判断的对当关系，由已知下列判断的真假，断定同素材的其他 3 种判断的真假。

1. 已知“某单位职工都买了电冰箱”为假。

2. 已知“某班学生都不是会打桥牌的”为真。

3. 已知“有的科学家是自学成才的”为真。

4. 已知“有的教授不是懂外语的”为假。

五 根据判断的对当关系，选择相应的正确判断来驳斥下列错误判断。

1. 所有商品都是价廉物美的。

2. 有的理论是检验真理的标准。

3. 所有偶数都不能被 2 整除。

4. 火星上必然有生物。

5. 有的事物不是可以认识的。

6. 人的正确思想可能是从天上掉下来的。

7. 有些犯罪行为不是违法行为。

六　指出下列关系判断的主项和关系项,并说明其关系项各表示了何种关系。

1. 他喜欢他弟弟。

2,小张和小李是同乡。

3. 司马懿是司马昭的父亲,司马昭是司马炎的父亲。

4. 甲队战胜了乙队。

5. A 概念与 B 概念交叉,B 概念与 C 概念交叉。

6. 甲概念真包含乙概念,乙概念真包含丙概念。

七　根据模态判断的对当关系填空。

1. 如果$\Box p$ 真,那么$\Box \bar{p}$____,$\Diamond p$ ____,$\Diamond \bar{p}$____。

2. 如果$\Box p$ 假,那么$\Box \bar{p}$____,$\Diamond p$ ____,$\Diamond \bar{p}$____。

3. 如果$\Box \bar{p}$真,那么$\Box p$ ____,$\Diamond p$ ____,$\Diamond \bar{p}$____。

4. 如果$\Box \bar{p}$假,那么$\Box p$____,$\Diamond p$ ____,$\Diamond \bar{p}$____。

5. 如果$\Diamond p$ 真,那么$\Box p$ ____,$\Box \bar{p}$____,$\Diamond \bar{p}$____。

6. 如果$\Diamond p$ 假,那么$\Box p$____,$\Box \bar{p}$____,$\Diamond \bar{p}$____。

7. 如果$\Diamond \bar{p}$真,那么$\Box p$____,$\Box \bar{p}$____,$\Diamond p$ ____。

8. 如果$\Diamond \bar{p}$假,那么$\Box p$ ____,$\Box \bar{p}$____,$\Diamond p$____。

第四章 复合判断

判断分为简单判断和复合判断。简单判断是不包含其他判断的判断。它的语言表达形式一般是单句。前一章介绍的判断都是简单判断。

复合判断是本身包含有其他判断的判断。它通常由几个简单判断通过一定的逻辑联结项结合而成,其语言表达形式一般是复句。

组成复合判断的简单判断叫支判断,用来联结支判断的部分叫联结项。任何复合判断都是由支判断和联结项两大部分构成。其中,不同的联结项决定着复合判断的不同逻辑性质,支判断的真假决定着复合判断的真假。

根据联结项的不同,可以把复合判断分为联言判断、选言判断、假言判断、负判断。本章将依次介绍这几种复合判断。

第一节 联言判断

一 什么是联言判断

联言判断是断定几种事物情况同时存在的复合判断。例如:

Ⅰ 泰山既雄伟又壮丽。

Ⅱ 和平的力量,正义的力量,进步的力量,终究是不可战胜的。

例Ⅰ断定“泰山雄伟”和“泰山壮丽”两种思维对象情况同时存在;例Ⅱ断定“和平的力量终究是不可战胜的”、“正义的力量终究是不可战胜的”和“进步的力量终究是不可战胜的”3种思维对象情况同时存在。

联言判断是由联言支和联言联结项两部分组成的。

联言判断中所包含的支判断叫联言支。如上述例Ⅰ中的“泰山雄伟”、“泰山壮丽”,例Ⅱ中的“和平的力量终究是不可战胜的”、“正义的力量终究是不可战胜的”、“进步的力量终究是不可战胜的”等都是联言支。联言支通常用“p”、“q”、“r”等表示,它们是联言判断中的变项,表示的是一个简单判断。联言判断中的联言支至少要有两个,也可以是3个或更多。

联言判断中把两个或两个以上的联言支联结起来的项，叫做联言联结项，如例Ⅰ中的“既……又……”。联言联结项通常用“并且”表示，它是联言判断中的逻辑常项。除“并且”外，常用“也”、“不但……，而且……”、“一方面……，另一方面……”、“虽然……，但是……”等关联词表示联言判断的联结项，但这些联结项共同都具有“并且”的逻辑含义，所以逻辑上用“并且”作联言联结项的代表。

联言判断的逻辑形式是：

p 并且 q

在数理逻辑中，联言判断的联结项用符号“∧”（读作“合取”）表示。这样，联言判断的逻辑形式也可表示为：

$p \wedge q$

在现代汉语中，联言判断的语言表达一般是用并列复句、递进复句、连贯复句和转折复句。例如，“得道多助，失道寡助”，这是并列句；“读书是学习，使用也是学习，而且是更重要的学习”，这是递进句；“我们要承认矛盾、分析矛盾、解决矛盾”，这是连贯句；“他虽然有专业知识，但缺乏实践经验”，这是转折句。

从以上语言表达中我们可以看到，联结项常常可以省略或部分省略。省略了联结项的联言判断，还可以对偶句或排比句的形式出现。例如，“敌人一天天烂下去，我们一天天好起来”，这是以对偶句出现的联言判断；“坚冰已经打破，航道已经开通，道路已经指明”，这是以排比句出现的联言判断。

二 联言判断的真值

所谓“真值”指的是判断变项所取的值是真的，还是假的，也叫做判断的“逻辑值”。任何判断都有真值，复合判断也不例外。

联言判断是断定几种事物情况都存在的判断。所以，一个联言判断的真假，取决于组成它的各个联言支的真假。当且仅当联言判断的各个联言支都真时，该联言判断才是真的；只要有一个联言支是假的，那么，该联言判断就是假的。例如，“地球上有高等动物，月球上也有高等动物”，这个判断中有一个支判断假，所以该判断假；“地球上没有高等动物，月球上有高等动物”，这个判断的两个支判断都假，所以该判断假；“地球上有高等动物，月球上没有高等动物”，这个判断的两个支判断都真，所以该判断真。

联言判断的真假与其联言支的真假之间的关系可用表4-1来表示：

表4-1

p	q	p∧q
真	真	真
真	假	假
假	真	假
假	假	假

上表称作联言判断的"真值表"。其他复合判断也用类似的表来表示其真假情况。一个复合判断的真值表，显示了其支判断的真假与其本身真假之间的关系，揭示了一种复合判断的逻辑特征。

根据联言判断真值表可以看出：一个联言判断真，必须所有联言支都真；一个联言判断假，只要有一个联言支假。

三　使用联言判断要注意的几个问题

1. 联言联结词的使用要恰当

联言判断是对各种共同存在的事物情况的概括反映，而共同存在的事物情况之间的关系是有区别的。这种区别表现为并列关系、连贯关系（承接关系）、递进关系、转折关系。其语言形式则是并列复句、连贯复句、递进复句、转折复句。所以，在语言运用中，要根据联言支之间的实际关系选择恰当的关联词语来表达。例如，"他年纪很大，精神矍铄。"这句话是表示转折关系的，应该用"虽然……但是"这一联结词，表达为"他虽然年纪很大，但是精神矍铄"，这样就恰当了。如果关联词语用得不对，有时虽然不至于导致判断虚假，但影响判断的恰当性。

2. 注意联言支之间的联系和排列顺序

逻辑学中的联言判断和日常语言中的联言判断有不同的要求。逻辑学要求只要联言支都真，联言判断就真；而日常中，还要求联言支与联言支之间要有一定的联系。例如，"2＋2＝4，并且雪是白的。"这个判断在逻辑上是真的，但在实际语言中是没有意义的。另外还要注意联言支之间的先后顺序，在逻辑上，联言判断的联言支可以互换位置而不失其真，这是联言判断的逻辑性质决定的。但是，在使用中，由于联言支之间存在着不同的具体关系，其位置常常是不能互换的。在表达联言判断的4种句式中，除并列关系的位置可以互换外，其他3种关系的位置均不可以互换。例如，"她结了婚，而且生了孩子"是个递进关系的复句，如果改成"她生了孩子，而且结了婚”，就不合情理了。在转折句中，如果改换转折关系的位置，其思维重点就发生了变化。例如，“虽然他失败了，但是他不服输”，强调的是“他不服输”的顽强精神。如果改成“虽然他不服输，但是他失败了”，强调的是“他失败了”。其意义是不同的。

3. 联言支不能重叠

联言判断的各个联言支应各自独立，其断定内容不能重复，否则，就会造成“联言支多余”。例如：“有的人擅离职守，随便不上班，……有的人利用职务之便，收受贿赂，接受行贿人的财物；有的人涂改单据，制造假账，伪造账目，进行贪污……”很显然，这段话表达一个多支联言判断。但是，其中有的联言支重叠：“收受贿赂”与“接受行贿人的财物”、“擅离职守”与“随便不上班”、“制造假账”与“伪造账目”重叠，应将多余的删除。

4. 要正确区分和使用联言判断的省略形式

联言判断在语言表达中经常使用省略形式，有省去联结词的形式，有省去支判断的主项或谓项的某一部分的形式。例如，“满招损，谦受益”这一判断中省去了联结词“并且”；“中国的石拱桥结构坚固，并且形式优美”这一判断省去了一个联言支的主项，可补充为：“中国的石拱桥结构坚固，并且中国的石拱桥形式优美。”又如，“现代教育和现代科技是物质文明建设和精神文明建设的支柱”，就是一个4支联言判断的省略表达式。它的完整形式是：现代教育是物质文明建设的支柱，并且现代教育是精神文明建设的支柱；现代科技是物质文明建设的支柱，并且现代科技是精神文明建设的支柱。

总之，联言判断的省略形式是多种多样的，要善于根据语境识别省略的部分并加以补充。在语言表达中，要正确使用省略形式，该省略的要省略，不该省略的不能省略。

第二节　选言判断

一　什么是选言判断

选言判断是断定几种可能的事物情况至少或只能有一种情况存在的复合判断。例如：

Ⅰ 她或者是教师，或者是党员。

Ⅱ 这个三角形要么是锐角三角形，要么是直角三角形，要么是钝角三角形。

这两个判断就是选言判断。它们分别断定了几种事物情况至少或只能有一种情况存在。

选言判断由选言支和选言联结项两部分构成。

构成选言判断的支判断叫选言支,它是表示事物可能情况的简单判断。一个选言判断至少包括两个选言支,也可以是多个。如例Ⅰ中就包括“她是教师”和“她是党员”两个选言支;例Ⅱ包括“这个三角形是锐角三角形”、“这个三角形是直角三角形”和“这个三角形是钝角三角形”3个选言支。

选言联结项是把若干个选言支联结起来,并表示它们之间具有选择关系的概念,如例Ⅰ中的“或者……或者......”;例Ⅱ中的“要么……要么……要么……”都是联结项。

选言判断一般由选择复句来表达。选择复句表达选言判断往往采用省略形式。上述例Ⅰ和例Ⅱ就省略了选言支的部分主项。除了个别情况外,选言联结项不能省略。

选言判断的逻辑特性取决于选言支之间是否具有并存关系。所谓选言支之间具有并存关系,是指一个选言判断的选言支断定的事物情况不互相排斥,彼此相容,可以同时存在;所谓选言支之间不具有并存关系,是指一个选言判断的选言支断定的事物情况是互相排斥的,彼此不相容,不能同时存在。如果一个选言判断的选言支所反映的事物情况可以同时存在,即选言支可以同真,那么,选言支之间是相容关系,如例Ⅰ。如果一个选言判断的选言支所反映的事物情况只能有一个存在,不能有两个以上存在,那么,选言支之间是不相容关系,如例Ⅱ。

二 选言判断的种类

根据选言支之间相容还是不相容,选言判断可分为相容选言判断和不相容选言判断两种。

1. 相容选言判断

相容选言判断是断定几种事物情况中至少有一种情况为真的选言判断。也可以说,相容选言判断就是包含具有并存关系的选言支的选言判断。例如:

Ⅰ 某案办错,或者由于事实认定失实,或者由于适用法律不当。

Ⅱ 今天或者刮风或者下雨。

这两个判断都是相容选言判断。每个选言判断的选言支所断定的事物情况都是可以并存的。

相容选言判断的逻辑形式为：

p 或者 q

其中“p”和“q”表示选言支，“或者”是联结项。在数理逻辑中，相容选言判断的联结项“或者”用符号“∨”(读作“相容析取”)来表示。这样，相容选言判断的逻辑形式也可表示为：

$p \vee q$

在现代汉语中，表达相容选言判断的关联词语除了“或者”以外，还有“是……还是……”、“也许……也许……”、“不是……就是……”等等。

相容选言判断的真假取决于组成它的各个选言支的真假。由于相容选言判断断定的是几种事物情况可以并存，所以在相容选言判断中，只要有一个选言支真，它就是真的；选言支都真，它更是真的；只有当选言支都假时，它才是假的。例如，“某种商品滞销或者因为质量差，或者因为价格太贵。”这个选言判断的两个选言支有一个是真的，它就是真的；两个支都真，它更是真的；只有当“质量差”和“价格太贵”这两个支都假时，它才是假的。

相容选言判断的真假值与选言支的真假值之间的制约关系，可用真值表(表4-2)来表示：

表 4-2

p	q	$p \vee q$
真	真	真
真	假	真
假	真	真
假	假	假

由相容选言判断的真值表可见：一个相容选言判断真，只要有一个选言支真；一个相容选言判断假，必须所有选言支都假。

2. 不相容选言判断

不相容选言判断是断定几种事物情况中有而且只有一个选言支为真的选言判断。也可以说，不相容选言判断就是包含不具有并存关系的选言支的选言判断。例如：

Ⅰ 检验真理的标准，要么是实践，要么是理论。

Ⅱ 他或者投赞成票，或者投反对票，或者投弃权票。

这两个判断都是不相容选言判断。每个选言判断的选言支所断定的事物情况是不能并存的，即其各自包含的选言支之间都是不相容关系。

不相容选言判断的逻辑形式为：

要么p，要么q

其中“p”和“q”表示选言支；“要么……要么……”表示联结项。不相容选言判断的联结项也可用符号“$\dot{\vee}$”（读作“不相容析取”）来表示。这样，不相容选言判断的逻辑形式也可表示为：

$p \dot{\vee} q$

在现代汉语中，表达不相容选言判断联结项的关联词语除了“要么……要么……”以外，也可用“或者……或者……”、“不是……就是……”等。需要注意的是，有的关联词语，如“或者”、“不是……就是……”，有时表达相容选言判断，有时表达不相容选言判断。在语言表达中，为了区分相容与不相容，往往在后面加上“或者兼而有之”表示相容，加上“二者不可兼得”、“二者只居其一”等字样表示不相容。当然，究竟表达哪种选言判断，往往要根据选言支的实际内容来确定，这不是形式逻辑所能解决的。

由于不相容选言判断断定的事物情况不能并存，因此，只有当一个不相容选言判断有而且只有一个选言支是真的时，它才是真的；选言支全假或有两个以上选言支真，它是假的。例如，“这本书要么是甲借去了，要么是乙借去了，要么是丙借去了。”这个选言判断的选言支有一个真，并且只有一个真时，它是真的；它的选言支不能有两个以上同真，也不能几个选言支都假，否则，就是假的。

不相容选言判断的真假值与选言支的真假之间的关系，可用表4-3来表示：

表4-3

p	q	$p \dot{\vee} q$
真	真	假
真	假	真
假	真	真
假	假	假

从不相容选言判断的真值表可见:一个不相容选言判断真,只能有一个选言支真;一个不相容选言判断假,必须不止一个选言支真或所有选言支都假。

三 正确使用选言判断应注意的几个问题

1. 选言支当穷尽的必须穷尽

一个选言判断真,就是它的选言支中包括了真支,否则,它就是假的。所以,要使一个选言判断真,其选言支一定要把真的选言支包括进来而不能遗漏。而要不遗漏真支,就有个选言支穷尽的问题。所谓选言支穷尽,是指在特定范围内,选言判断的选言支把所有可能的事物情况都列举出来而没有遗漏,否则,就是不穷尽。如果一个选言判断的选言支不穷尽,就有可能遗漏真支,做出假的选言判断。例如,“某人死亡的原因或者是自杀,或者是他杀,或者是因病死亡。”这个选言判断就不穷尽,它漏掉了“意外事故死亡”这种可能;补充上遗漏的选言支,这个选言判断才是穷尽的,是真判断。在科学研究中,选言判断的选言支必须穷尽,否则无法严格判明选言判断的真假,推理中也就无法得到必然性的结论。日常生活中,无法穷尽选言支时,也应尽量不遗漏可能性较大的情况,力争做到相对穷尽,以使判断尽量准确。

2. 选言支的谓项一般应当并列

选言判断的选言支是表示若干种并列的可能情况的,因而选言支的谓项一般应是并列概念,它们之间不应是相容的,否则会导致选言支互相重叠、包含,造成选言支多余。例如,“暑假里,我或者参加点劳动,或者干点农活,或者看点书。”这个判断的第一个选言支就包含了第二个,“参加点劳动”和“干点农活”是属种关系,因而第二个选言支多余,应去掉。

3. 注意区分相容选言判断和不相容选言判断

相容选言判断和不相容选言判断有相同之处,也有不同之处。相同之处是:有而且只有一个选言支真时,二者都真;当所有选言支假时,二者都假。不同之处是:当有两个以上选言支真时,相容选言判断仍然真,不相容选言判断却是假的。所以,在使用时必须区别这两种选言判断,不能混淆。在语言表达中,也要选择恰当的选言联结词来表达选言判断。

4. 注意区分相容选言判断和联言判断

选言判断和联言判断是两种不同性质的判断,前者是选择关系,后者是联合关系。在实践中,有时候容易将这两种判断混淆,特别是把相容选

言判断和联言判断混淆，导致判断失误。所以，在使用这两种判断时，要注意它们的区别：该用联言判断时不要用选言判断，该用选言判断时不要用联言判断。例如："高等学校要多出人才，或者多出成果。"这一判断的两个支判断应是联合关系，用选言判断就不恰当；"出入校门的师生，必须向门卫出示工作证和学生证。"这一判断中的两个支判断"出示工作证"和"出示学生证"对每个教师和学生来说是选择关系，该用选言判断而误用了联言判断，导致判断失误，应改"和"为"或"。

第三节 假言判断

一 什么是假言判断

假言判断是断定一事物情况存在是另一事物情况存在的条件的复合判断。因为假言判断是有条件地断定某个事物情况的存在，所以又称它为条件判断。例如：

Ⅰ 如果谁无视事物发展的规律，那么谁就要受到规律的惩罚；

Ⅱ 只有一个人认识了错误，他才能改正错误。

这是两个假言判断。判断Ⅰ断定了"谁无视事物发展的规律"是"谁就要受到规律的惩罚"的条件；判断Ⅱ断定了"一个人认识了错误"是"他改正错误"的条件。

假言判断由前件、后件和假言联结项三部分构成。其中表示条件的支判断，位置一般在前边，称为前件，如例Ⅰ中的"谁无视事物发展的规律"；另一个是表示结果的支判断，位置在后边，称为后件，如例Ⅰ中的"谁就要受到规律的惩罚"；联结前件和后件的概念称为联结项，如例Ⅰ中的"如果……就……"和例Ⅱ中的"只有……才……"。

一个假言判断的真假取决于它的前后件的真假。但是，假言判断与联言判断或选言判断不同，它断定的是事物情况之间的条件关系，而不是事物本身的情况，因此，只要其支判断之间的条件关系成立，即使前后件都是假的，它也可以是真判断。例如，"如果南极的冰全部融化，那么，世界洋面就会上升几十米。"这个假言判断的前后件所断定的事物情况都不存在，或者说，前后件都是假的，但它所断定的条件关系存在，因而是真的假言判断。

日常思维中所使用的假言判断除了要求前后件有条件关系之外，还要求前后件的具体内容相关，而逻辑学只从真假关系方面来研究假言判断的逻辑性质，不管其前后件的内容是否相关。这种区别在学习中是必须注意的。例如，"如果1＋1≠2，那么，2 十 2≠4"，"如果1 十 1≠2，那么，雪是黑的"，这两个假言判断，按照日常思维来看，前一个判断是真的，后一个判断是不可理解的；但从逻辑性质来看，二者都是真的假言判断，虽然后一个判断的前后件之间没有内容上的联系，但判断所断定的真假关系是正确的。

在语言表达中，假言判断一般由假设复句和条件复句及其紧缩式来表达。

二 假言判断的种类

根据假言判断前后件之间条件关系的不同，可以将假言判断分为3种：充分条件假言判断、必要条件假言判断、充分必要条件假言判断。

1. 充分条件假言判断

充分条件假言判断是断定一事物情况存在为另一事物情况存在的充分条件的假言判断。

要了解什么是充分条件假言判断，必须首先弄清什么是充分条件。充分条件：设有两个事物情况"p"和"q"，如果有p，就必然有q；而没有p，是否有q 不能确定；这样，p 就是q 的充分条件。也就是说，所谓充分条件，就是有这个条件，就必然产生这个结果；没有这个条件，不一定不产生这个结果，即可能产生这个结果，也可能不产生这个结果。这就是《墨经》上讲的："有之则必然，无之未必不然"。例如，"如果一个人贪污，他就犯法。"在这个假言判断中，"一个人贪污"是"他犯法"的一个充分条件。因为，如果"一个人贪污"，则必然"他犯法"；但如果"一个人没有贪污"，则可能"他犯法"，也可能"他不犯法"，即某人是否犯法，不能确定。

反映对象情况之间这种充分条件关系的判断就是充分条件假言判断。充分条件假言判断的逻辑形式可表示为：

如果p，那么q

其中"p"和"q"分别表示前件和后件，它是变项。"如果……那么……"表示充分条件假言判断的逻辑联结项，是逻辑常项。充分条件假言判断的逻辑联结项还可以用符号"→"（读作"蕴涵"）表示。这样，充分条件假言判断也可表示为：

$p \to q$

在现代汉语中，表达充分条件假言判断的关联词语还有“假使……就……”、“倘若……则……”、“只要……就……”、“当……便……”等等。

充分条件假言判断的真假，取决于前件反映的事物情况是否是后件反映的事物情况的充分条件。如果是，该判断是真的；如果不是，该判断是假的。从充分条件假言判断前后件的真假关系来看：一个充分条件假言判断，当前件真后件也真时，它是真的，因为它说明前件是后件的充分条件；如果当前件真，后件却假时，它一定是假的，因为这说明前件不是后件的充分条件；而当前件假时，后件不论是真是假，该充分条件假言判断都是真的，因为，充分条件假言判断并未断定：前件假，后件怎么样。例如，“如果甲考上大学，那么，乙也考上大学。”在这个充分条件假言判断中，如果前件断定的情况存在，后件断定的情况却不存在，即前件真，后件却假，这说明“甲考上大学”不是“乙考上大学”的充分条件，该充分条件假言判断是个假判断。在其他 3 种情况下：前件真，后件真；前件假，后件假；前件假，后件真，该判断都是真的。

充分条件假言判断的真假值与前后件的真假值之间的关系可用下面的真值表(表 4-4)来表示：

表 4-4

p	q	$p \to q$
真	真	真
真	假	假
假	真	真
假	假	真

从充分条件假言判断的真值表可以看出：一个充分条件假言判断，只有当其前件真而后件假时，该判断才是假的；在其余情况下，它都是真的。

2. 必要条件假言判断

必要条件假言判断是断定一种事物情况存在是另一事物情况存在的必要条件的假言判断。

必要条件是指：设有两个事物情况“p”和“q”，如果没有 p，就必然没有q；而有p，则是否有q，并不确定；这样，p 就是q 的必要条件。也就是说，没有这个条件，一定不会产生这个结果；有了这个条件，不一定产生这个结果，即也可能产生，也可能不产生。这就是《墨经》上讲的：“无之必不然，有之未必然。”例如,“只有破除迷信,才能解放思想。”在这个判断中,“破除迷信”是“解放思想”的一个必要条件。因为,如果“不破除迷信”,则必然不能“解放思想”,但如果“破除迷信”,则可能“解放思想”,也可能不“解放思想”,即是否解放思想不能确定。

反映对象之间这种必要条件关系的判断就是必要条件假言判断。必要条件假言判断的逻辑形式可表示为:

只有p,才q

其中,“p”和“q”分别表示必要条件假言判断的前件和后件,“只有……才……”表示必要条件假言判断的逻辑联结项,是逻辑常项。必要条件假言判断的联结项还可用符号“←”(读作“反蕴涵”)来表示。这样,必要条件假言判断也可表示为:

p←q

在现代汉语中,表达必要条件假言判断的关联词语除了“只有……才……”以外,还有“必须……才……”、“除非……不……”、“没有……没有……”、“不……不……”等等。

必要条件假言判断的真假,取决于前件反映的事物情况是否是后件所反映的事物情况的必要条件。如果是,则该判断是真的,如果不是,则该判断是假的。从必要条件假言判断前后件的真假关系来看:一个必要条件假言判断,当前件假,后件也假时,它是真的,因为它表明了前件是后件的必要条件;如果当前件假,后件却真时,它一定是假的,因为,这说明前件不是后件的必要条件;而当前件真时,后件无论是真是假,它都是真的,因为必要条件假言判断并未断定:前件真,后件怎么样。例如,“只有天气好,客人才上山。”在这个必要条件假言判断中,如果前件断定的情况不存在,而后件断定的情况却存在,即前件假后件却真,这说明“天气好”不是“客人上山”的必要条件,该必要条件假言判断是假的。在其他3种情况下:前件假,后件假;前件真,后件真;前件真,后件假,该判断都是真的。

必要条件假言判断的真假值与前后件的真假值之间的关系可用真值表(表4-5)来表示:

从必要条件假言判断的真值表可以看出:一个必要条件假言判断,只有当其前件假而后件真时,该判断才是假的;在其余情况下,它们都是真的。

表 4-5

p	q	p←q
真	真	真
真	假	真
假	真	假
假	假	真

3. 充分必要条件假言判断

充分必要条件假言判断是断定一种事物情况存在是另一种事物情况存在的既充分又必要的条件的假言判断。即前件既是后件的充分条件，又是必要条件，简称充要条件。

充分必要条件是指：设有两个事物情况“p”和“q”，如果有p，就必然有q；如果没有p，就必然没有q。这样，p就是q的充分必要条件。也就是说，有这个条件，就必然产生这个结果；没有这个条件，就必然不会产生这个结果。某一条件对其结果而言，不仅是足够的，而且是必不可少的。用《墨经》的话来说，叫“有之则必然，无之必不然。”例如“当且仅当阶级存在，国家才存在。”在这个判断中，“阶级存在”对于“国家存在”来说，就是一个充分必要条件。因为，只要“阶级存在”，则必然“国家存在”；如果“阶级不存在”，则必然“国家不存在”。

反映对象情况之间这种充分必要条件关系的判断就是充分必要条件假言判断。充分必要条件假言判断的逻辑形式可表示为：

当且仅当p，才q

其中，“p”和“q”分别表示前件和后件，“当且仅当”表示联结项。在数理逻辑中，“当且仅当”用符号“↔”（读作“等值”）来表示。这样，上述公式也可表示为：

$p \leftrightarrow q$

在现代汉语中，表达充分必要条件假言判断的关联词语还有“有并且只有……才……”、“有……就有……，没有……就没有……”、“如果……就……并且如果不……就不……”等等。

充分必要条件假言判断的真假取决于前件所反映的事物情况是否是后件所反映的事物情况的充分必要条件。如果是，则该判断是真的；如果不是，则该判断是假的。

从充分必要条件假言判断前后件的关系来看：一个充分必要条件假言判断，当前件真后件也真，或前件假后件也假时，它是真的；而当前件真而后件假，或前件假而后件真时，它是假的。例如，“当且仅当天气好，才上山。”这个充分必要条件假言判断，当“天气好”时“上山”了，或“天气不好”时“没上山”，它都是真的；而当“天气好”时却“没上山”，或“天气不好”时却“上山”了，它都是假的。

充分必要条件假言判断的真假值与前后件真假值之间的关系可用真值表（表4-6）来表示：

表4-6

p	q	$p \leftrightarrow q$
真	真	真
真	假	假
假	真	假
假	假	真

从充分必要条件假言判断的真值表可见：一个充分必要条件假言判断，当其前后件等值时，它就是真的；当其前后件不等值时，它就是假的。

三　关于正确运用假言判断应注意的问题

假言判断所反映的往往是事物情况之间的必然联系，提供的是关于客观事物的规律性知识，具有重大的认识意义。正确运用假言判断必须注意4个方面的问题：

第一，对于不具有必然联系的事物情况，不能强加条件关系。

假言判断是对事物情况之间关系的反映，不具有必然联系的事物，不能用假言判断去反映，否则会造成判断虚假，犯强加条件的逻辑错误。例如，“如果强调质量，就会忽略数量”；“学习马克思主义理论课，必然影响学习专业课”。在这两个判断中，“强调质量”与“忽略数量”之间，“学习马克思主义理论课”与“影响学习专业课”之间都没有必然联系。用充分条件假言判断去反映它们之间的关系，就造成了判断的虚假，犯了强加条件的逻辑错误。

在人类缺乏科学常识的情况下形成的某些俗语、谚语，如“喜鹊叫，客来到”、“眼皮跳，祸事到”，也是把无必然联系的现象拉在一起拼凑成的假言判断，是虚假的。如果我们根据专业知识确知其假，就要抛弃这类说法。

第二，要注意充分条件、必要条件、充分必要条件假言判断的区别，准确使用假言判断的不同联结项。

不同的假言判断反映的条件关系是不同的。要分清不同的假言判断，关键是分清不同的条件关系。假言判断一般是表达因果关系的，充分条件假言判断和必要条件假言判断表达的是多因一果关系。其中又分为两种情况：一种是许多原因中任何一个原因单独起作用引起某种结果，即各种原因中只要有一个原因就足够了，但并非非它不行。这一原因对于它引起的结果来说就是充分条件；一种是由许多原因共同起作用引起某种结果，即缺少其中某一个原因不行，但只有这个原因也不行，这个原因对于它引起的结果而言就是必要条件。充分必要条件表示的则是引起结果的惟一原因，有这个原因就有这个结果，没有这个原因就没有这个结果，即这个原因对于它引起的结果而言是既足够又不可缺少的条件。

由于不同的假言判断断定的条件关系不同，决定了它们的真假值不同，所使用的联结项也不同。因此，在使用中要注意区分，不能混淆，否则，就会犯混淆条件关系的逻辑错误。例如，“如果从小认真学习，长大了就能当科学家。”这个判断把必要条件当成了充分条件，应改为“只有从小认真学习，长大了才能当科学家”。又如，“只有缺乏水分，花才会死亡。”这个判断把充分条件当成了必要条件，应改为“只要缺乏水分，花就会死亡”。

还需说明的是，我们在判定一个具体的假言判断是何种假言判断时，不能根据两个事物之间客观上具有什么条件关系，而只能根据人们主观上对它的条件关系的断定，即根据判断本身的联结项来加以识别，该判断主观上断定了什么条件关系，就是什么种类的假言判断。例如，“如果一个三角形是等角的，那么它是等边的”。本来三角形“等角”是其“等边”的充分必要条件，但这个判断只断定了二者之间的充分条件关系，所以它是一个充分条件假言判断。

第三，正确进行假言判断之间的等值转换。

在充分条件假言判断和必要条件假言判断之间，存在一条普遍的规律：如果p是q的充分条件，则q就是p的必要条件；如果q是p的必要条件，则p是q的充分条件。这就是说，在一个假言判断中，如果前件是后件的充分条件，那么后件就是前件的必要条件；如果前件是后件的必要条件，那么后件就是前件的充分条件。之所以有这种关系，是由充分条件假言判断和必要条件假言判断的特征决定的。因为，既然充分条件假言判断断定的是有此条件，必有此结果，那么反过来说，无此结果当然就无此条件；既然必要条件假言判断断定的是无此条件就无此结果，那么反过来说，有此结果当然就有此条件。

根据这一规律，可以进行充分条件假言判断和必要条件假言判断之间的等值转换。

"如果p，那么q"可以转换为"只有q，才p"。

"只有p，才q"可以转换为"如果q，那么p"。

"如果p，那么q"还可以转换为"如果非q，那么非p"。

"只有p，才q"也可以转换为"如果非p，那么非q"。

第四，掌握假言判断的语言表达形式，准确地表达假言判断。

假言判断是由假设句、条件句及其紧缩式表达的。完整的假设句或条件句表达的判断，其形式结构与假言判断是对应的，在运用时，什么句式表达什么判断是容易分辨的。但是，它们的紧缩式表达的判断，因为省略了关联词语或省略了它们前后件的某些部分，甚至颠倒了前后件的位置，这样就给我们分辨它们前后件的条件联系造成了困难。例如，"不劳动不得食"是"如果不劳动，那么不得食"的省略。它表达了"不劳动"是"不得食"的充分条件，"劳动"是"得食"的必要条件。又如，"我们可以战胜任何困难，只要我们坚持党的群众路线。"这个判断用的是一个倒装句，将后件前置，表示强调。一个假言判断究竟属于什么种类，主要根据其联结项，联结项如果在语言表达中省略了，我们可以根据前后件所反映的事物情况之间的实际关系加以确定。

第四节 负 判 断

一 什么是负判断

负判断是否定某个判断而构成的复合判断，也叫判断的否定。例如：

Ⅰ 并不是人都是自私的。

Ⅱ 并非所有战争都是正义战争。

这两个判断是负判断。例Ⅰ是否定"人都是自私的"这个全称肯定判断得出的一个负判断。例Ⅱ是否定"所有战争都是正义战争"这个判断得出的一个负判断。负判断是在日常生活和工作中对某一判断表示否定或不同意时经常使用的。

负判断由支判断和联结项两部分构成。支判断是被否定的原判断。支

判断可以是个简单判断，也可以是个复合判断。负判断中表示否定的那个概念是联结项。上例中的“并不是”、“并非”就是联结项。

负判断的逻辑形式可表示为：

并非p

其中“p”是支判断，“并非”是联结项。“并非”也可以用符号“—”（读作“非”或“并非”）来表示。这样，上述形式也可写作：

$\overline{p}$

负判断是特殊的复合判断。说它是复合判断，因为它是包含其他判断的判断，在负判断“并非p”中，包含着原判断“p”。说它特殊，是因为它和一般复合判断不同。一般复合判断有两个或两个以上的支判断，而负判断只有一个支判断。负判断的联结项是一个表示否定的逻辑概念，整个判断是对原判断的否定。负判断也不同于性质判断中的否定判断。否定判断是否定事物的某种性质，是简单判断，其否定表现在否定联项上，是对谓项的否定。而负判断是对整个原判断的否定。

负判断是对原判断的否定，所以它的真假情况和原判断正好相反，即原判断真，则负判断假；原判断假，则负判断真。

负判断的真假可用真值表（表4-7）来表示：

表4-7

p	$\overline{p}$
真	假
假	真

二　负判断的种类及其等值判断

任何一个判断都可以对其进行否定而得到一个相应的负判断。由于判断分为简单判断和复合判断，所以，负判断也有负简单判断和负复合判断。无论哪一种负判断，都能推演出一个与它等值的判断。

1. 负简单判断及其等值判断

负简单判断是指原判断为简单判断的负判断，它包括负性质判断、负简单模态判断和负关系判断。这里只介绍负性质判断及其等值判断。

（1）负全称肯定判断及其等值判断

负全称肯定判断是原判断为全称肯定判断的负判断。其等值判断是一个相应的特称否定判断。例如,“并非所有会飞的动物都是鸟”,等值于“有的会飞的动物不是鸟”。用公式表示为:

并非所有S都是P↔有的S不是P

也可表示为:

$\overline{A} \leftrightarrow O$

(2)负全称否定判断及其等值判断

负全称否定判断是原判断为全称否定判断的负判断。它的等值判断是一个相应的特称肯定判断。例如,“并非所有科学家都不是自学成才的”,等值于“有的科学家是自学成才的”。用公式表示为:

并非所有S不是P↔有的S是P

也可表示为:

$\overline{E} \leftrightarrow I$

(3)负特称肯定判断及其等值判断

负特称肯定判断是原判断为特称肯定判断的负判断。它的等值判断是一个相应的全称否定判断。例如,“并非有的人是生而知之的”等值于“所有的人都不是生而知之的”。用公式表示为:

并非有的S是P↔所有S不是P

也可表示为:

$\overline{I} \leftrightarrow E$

(4)负特称否定判断及其等值判断

负特称否定判断是原判断为特称否定判断的负判断。它的等值判断是一个相应的全称肯定判断。例如,“并非有的共青团员不是青年”等值于“所有共青团员都是青年”。用公式表示为:

并非有的S不是P↔所有S都是P

也可表示为:

$\overline{O} \leftrightarrow A$

单称判断的负判断有其特殊性。负单称肯定判断的等值判断是单称

否定判断；负单称否定判断的等值判断是单称肯定判断。例如，“并非台湾是一个国家”等值于“台湾不是一个国家”；“并非台湾不是中国的领土”等值于“台湾是中国的领土”。用公式表示为：

并非这个S是P↔这个S不是P；

并非这个S不是P↔这个S是P。

2. 负复合判断及其等值判断

负复合判断是原判断为复合判断的负判断。由于复合判断分为4种，相应地，负复合判断也有4种。下面分别介绍4种负复合判断及其等值判断。

(1)负联言判断及其等值判断

负联言判断就是原判断是一个联言判断的负判断，就是断定一个联言判断是假的。断定联言判断假就是断定它的联言支至少有一个是假的。所以，负联言判断等值于一个相容选言判断。例如，“并非某干部既有德又有才”等值于“某干部或者无德，或者无才”。用公式表示为：

并非(p并且q)↔非p或者非q

或表示为：

$$\overline{p \land q} \leftrightarrow \overline{p} \lor \overline{q}$$

(2)负选言判断及其等值判断

负相容选言判断就是原判断是一个相容选言判断的负判断，就是断定一个相容选言判断是假的。断定一个相容选言判断假就是断定它的选言支都是假的。所以，负相容选言判断等值于一个联言判断。例如，“并非某人气色不好或者是由于过度疲劳，或者是由于患了感冒”等值于“某人气色不好既不是由于过度疲劳，也不是由于患了感冒”。用公式表示即：

并非(p或者q)↔非p并且非q

或表示为：

$$\overline{p \lor q} \leftrightarrow \overline{p} \land \overline{q}$$

负不相容选言判断就是原判断是一个不相容选言判断的负判断，就是断定一个不相容选言判断是假的。断定一个不相容选言判断假，就是断定其选言支同真或同假。所以，负不相容选言判断等值于一个多重选言判

断(其选言支是联言判断)。例如:"并非他要么有高血压,要么有心脏病"等值于"他或者既有高血压又有心脏病,或者既没有高血压,又没有心脏病"。用公式表示为:

并非(要么p,要么q)↔(p并且q)或者(非p并且非q)

或表示为:

$\overline{p \dot{\vee} q} \leftrightarrow (p \wedge q) \vee (\bar{p} \wedge \bar{q})$

(3)负假言判断及其等值判断

负充分条件假言判断就是原判断是一个充分条件假言判断的负判断,就是断定一个充分条件假言判断是假的。而断定一个充分条件假言判断假就是断定它的前件真而后件假。所以,负充分条件假言判断等值于一个联言判断。例如,"并非天下雨,就不上课"等值于"天下雨照常上课"。用公式表示为:

并非(如果p,那么q)↔p并且非q

或表示为:

$\overline{p \rightarrow q} \leftrightarrow p \wedge \bar{q}$

负必要条件假言判断就是原判断是一个必要条件假言判断的负判断,就是断定一个必要条件假言判断为假。断定必要条件假言判断假就是断定它的前件假而后件真。所以,负必要条件假言判断也等值于一个联言判断。例如,"并非我们只有向人乞讨,才能活下去"等值于"我们不向人乞讨,也能活下去"。用公式表示为:

并非(只有p,才q)↔非p并且q

或表示为:

$\overline{p \leftarrow q} \leftrightarrow \bar{p} \wedge q$

负充分必要条件假言判断就是原判断是一个充分必要条件假言判断的负判断,就是断定一个充分必要条件假言判断假。断定一个充分必要条件假言判断假就是断定它的前后件不同真或者不同假,即断定它的前件真而后件假,或者它的前件假而后件真。负充分必要条件假言判断等值于一个多重选言判断(其选言支为联言判断)。例如,"并非只要而且只有你

去，他才去”等值于“或者你去而他不去，或者你不去而他去”。用公式表示为：

并非（当且仅当p，才q）↔（p并且非q）或者（非p并且q）

或表示为：

$\overline{p\leftrightarrow q}\leftrightarrow(p\wedge\overline{q})\vee(\overline{p}\wedge q)$

(4)负负判断及其等值判断

负负判断是原判断为负判断的负判断，就是断定一个负判断是假的。断定一个负判断假，就是断定负判断的原判断是真的，也就是双重否定。所以负负判断等值于负判断的原判断。例如，“在这次英语考试中并非没有人不及格”等值于“在这次英语考试中，有人不及格”。用公式表示为：

并非并非p↔p

或表示为：

$\overline{\overline{p}}\leftrightarrow p$

通过以上分析，我们可以把用负判断的等值判断来否定一个判断的一般原则归纳为两条。

第一，否定A、E、I、O 4种性质判断必须用它的矛盾判断。否定全称用特称，否定特称用全称。就是说，否定A判断要用O判断；否定E判断要用I判断；否定O判断要用A判断；否定I判断要用E判断。一般不要用全称判断否定全称判断，或用特称判断否定特称判断。否则，达不到否定的目的。

第二，否定一个联言判断要用一个相应的相容选言判断，否定一个相容选言判断要用一个相应的联言判断，而不能用联言判断否定联言判断，也不能用相容选言判断否定相容选言判断；否定一个假言判断要用相应的联言判断，而一般不能用选言判断或假言判断。

第五节 真值表方法及其作用

真值表是能显示任何复合判断在它的支判断的各种真值组合下所取的真值情况的一种数理逻辑图表。真值表方法就是运用这种图表来计算和显示复合判断的真值，确定复合判断间的真值关系和判定复合判断的

推理形式是否为有效式的一种方法。

下面，简单介绍真值表的几种判定作用和判定方法。

一 利用真值表判定复合判断的真值

前面我们已经介绍了联言判断、选言判断、假言判断和负判断的真值表，我们可以利用它们作为逻辑工具，来判定各种复合判断的真值情况。特别是较复杂的复合判断，当使用直观的方法不易判别它的真值时，就可借助于真值表这个逻辑工具来进行判定。用真值表判定复合判断的真值分为3个步骤。

第一步，用表示判断变项的符号来替换复合判断的支判断。相同的支判断代之以相同的判断变项符号，不同的支判断代之以不同的判断变项符号。

第二步，用与各个层次逻辑联结项相对应的逻辑联结词符号把各个层次判断变项联结起来。这样，就构成了一个数理逻辑的逻辑表达形式。

第三步，画出真值表并用真值表的方法判定该复合判断的判断表达形式的真值。例如，我们要判定较复杂的复合判断(即多重复合判断)"$(p \wedge q) \rightarrow (p \vee q)$"的真值，便可用真值表(表4-8)判定如下：

表4-8

p	q	$(p \wedge q)$	$\rightarrow$	$(p \vee q)$
真	真	真	真	真
真	假	假	真	真
假	真	假	真	真
假	假	假	真	假

由表可见，"$(p \wedge q) \rightarrow (p \vee q)$"这个多重复合判断，对其中各变项在每一行无论取什么样的值，该真值形式(或真值函数)所取的值都是真的，由此可见，这个复合判断是永真的，数理逻辑称为永真式(或重言式)。如果该真值形式所取的值至少有一个是假的，则它就不是永真式或重言式。

二 利用真值表判定两个复合判断是否等值

真值表还可以用来判定复合判断形式之间是否具有等值关系。

例如，我们要判定"$\overline{p \wedge q}$"与"$\bar{p} \vee \bar{q}$"是否等值，可以利用真值表(表4-9)判定如下：

表 4-9

p	q	$\overline{p}$	$\overline{q}$	$\overline{p \land q}$	$\overline{p} \lor \overline{q}$
真	真	假	假	假	假
真	假	假	真	真	真
假	真	真	假	真	真
假	假	真	真	真	真

由表4-9可见,“$\overline{p \land q}$”与“$\overline{p} \lor \overline{q}$”在每一行p与q真值组合不同的情况下,二者真值完全相同,这样,就可判定二者是等值判断,二者的关系是等值关系。

又如,我们要判定“$\overline{p \lor q}$”与“$\overline{p} \lor \overline{q}$”是否等值,可以利用真值表(表4-10)判定如下:

表 4-10

p	q	$\overline{p}$	$\overline{q}$	$\overline{p \lor q}$	$\overline{p} \lor \overline{q}$
真	真	假	假	假	假
真	假	假	真	假	真
假	真	真	假	假	真
假	假	真	真	真	真

由表4-10可见,“$\overline{p \lor q}$”与“$\overline{p} \lor \overline{q}$”在每一行p与q真值组合不同的情况下,二者的真值不完全相同,这样,就可以判定二者不是等值判断,二者的关系不是等值关系。

三 利用真值表判定两个复合判断是否为矛盾判断

真值表还可以用来判定两个复合判断是否为矛盾判断。在复合判断中,复合判断的负判断与原复合判断是一对矛盾判断,这可以用真值表加以判定。

例如,我们要判定$\overline{p \lor q}$与$p \lor q$是否为矛盾判断,可以用真值表(表4-11)判定如下:

表 4-11

p	q	$\overline{p \lor q}$	$p \lor q$
真	真	假	真
真	假	假	真
假	真	假	真
假	假	真	假

由表 4-11 可见，“$\overline{p \vee q}$”与“$p \vee q$”在每一行 p 与 q 真值组合不同的情况下，二者的真值是完全相反的，既不同真也不同假。因此，这两个复合判断是一对矛盾判断。

又如，我们要判定“$p \wedge q$”与“$\bar{p} \wedge \bar{q}$”是否为一对矛盾判断，可以用真值表(表 4-12)判定如下：

表 4-12

p	q	$\bar{p}$	$\bar{q}$	$p \wedge q$	$\bar{p} \wedge \bar{q}$
真	真	假	假	真	假
真	假	假	真	假	假
假	真	真	假	假	假
假	假	真	真	假	真

由表 4-12 可见，“$p \wedge q$”与“$\bar{p} \wedge \bar{q}$”在每一行 p 与 q 真值组合不同的情况下，二者的真值是不能同真，但可以同假。因此，这两个复合判断不是一对矛盾判断，而是一对反对判断。

复习思考题

1. 什么是复合判断？复合判断分哪几种？

2. 什么是联言判断？它的逻辑形式和真假情况怎样？

3. 什么是选言判断？相容选言判断与不相容选言判断的区别是什么？

4. 什么是假言判断？假言判断有哪几种？它们有什么联系和区别？

5. 什么是负判断？各种负判断的等值判断是什么？

6. 简要说明真值表方法及其作用。

练习题

一　下列判断是什么复合判断？请写出其逻辑形式。

1. 虚心使人进步，骄傲使人落后。

2. 欲穷千里目，更上一层楼。

3. 没有一个人是用心脏思维的。

4. 对待古代文化的态度，或是全盘肯定，或是全盘否定，或是批判地继承。

5. 青春是美好的，但也充满了艰苦的磨炼。

6. 只有发展外向型经济，才能打入国际市场。

7. 这场争斗，不是鱼死，就是网破。

8. 如果钨丝断了，电灯就不亮。

二　下列语句是否表达选言判断？如表达选言判断，各表达什么选言判断？请写出逻辑形式。

1. 身体不好，或者是由于有病，或者是由于锻炼差，或者是由于营养不良。

2. 液体沸腾的原因或是温度增高，或是压力下降。

3. 他毫无长进，或者说比过去更自私更庸俗了。

4. 检验真理的标准要么是实践，要么是理论。

5. 雇用的女工多数非馋即懒，或者馋而且懒。

6. 这次交通事故的主要责任人是甲，还是乙？

三　下列语句是否表达假言判断？如表达假言判断，各表达什么假言判断？请写出它们的逻辑形式。

1. 一人抽烟，大家受害。

2. 人不犯我，我不犯人；人若犯我，我必犯人。

3. 如果说这张脸上曾有过一些美的东西的话，今天却已经荡然无存了。

4. 没有共产党，就没有新中国。

5. 只要你说得对，我们就改正。

6. 没有革命的理论，就没有革命的运动。

四　指出下列负判断的种类及其等值判断（一个或两个），并写出它们的逻辑形式。

1. 并非所有劳动产品都是商品。

2. 并非只有体力劳动才创造社会财富。

3. 并非科学技术是生产力这种说法不对。

4. 并不是光打雷不下雨。

5. 不能你来他就不来，你不来他就来。

6. 并不是天不变，道亦不变。

五　用真值表方法，判定下列各组判断是否等值。

1. {某人或者数学考试及格，或者外语考试及格。
某人或者数学考试不及格，并且外语考试不及格。

2. 或者甲队是冠军，或者乙队是冠军。
如果甲队不是冠军，那么乙队就是冠军。

3. 并非如果p，那么q。
非p并且非q。

4. 某人既有知识，又有能力。
如果一个人有能力，他就有知识。

5. 某人或者有知识，或者有能力。
只有一个人没有能力，他才没有知识。

6. 如果有寒流，气温就下降。
只有有寒流，气温才下降。

六　回答下列问题。

1. 设A为一支判断，对任何支判断B而言，要使“A并且B”为假，那么，A应当取真值还是假值？

2. 设A为一支判断，对任何支判断B而言，要使“A或者B”为真，那么，A应取真值还是假值？

3. 设A为一支判断，对于任何支判断B而言，要使“如果A，那么B”为真，那么，A应取真值还是假值？

4. 设A为一支判断，对于任何支判断B而言，要使“只有A，才B”为真，那么，A应取真值还是假值？

第五章　简单判断的演绎推理

第一节　推理的概述

一　什么是推理

推理是根据一个或几个已知判断得出另一个新判断的思维过程。例如：

Ⅰ 所有的农业大学都是高等院校；
————————————
所以，有的高等院校是农业大学。

Ⅱ 所有违法者都要承担法律后果；
某甲是违法者；
————————————
所以，某甲要承担法律后果。

Ⅲ 如果天下雨，那么地会湿；
天下雨；
————————————
所以，地会湿。

Ⅳ 太平洋产石油；
印度洋产石油；
大西洋产石油；
北冰洋产石油；
太平洋、印度洋、大西洋、北冰洋是世界上大洋的全部；
————————————
所以，世界上所有的大洋都产石油。

以上4个例子都是推理。“所以”前面的判断是已知的判断，“所以”后面的判断，是由已知判断得出的新判断。

任何推理都由前提和结论两部分构成。前提是已知的判断，是推理的根据或理由。结论是从前提中得出的判断，是推理的目的或结果。不同类型的推理，其前提判断的形式、性质和数量是不同的，其结论判断的形式也是不同的。

推理是和概念、判断紧密联系的。概念和判断是推理的组成部分和要素；推理是概念和判断等要素按一定的内在联系组织起来的整体思维过程。所以，推理是在结构上比概念和判断更为复杂的思维形式。前面的4个例子中，如果抽掉推理的具体内容，就可以得出以下4个推理的形式结构：

例Ⅰ的推理形式结构：

所有的S都是P；
———————————
所以，有的P是S。

例Ⅱ的推理形式结构：

所有的M都是P；
所有的S都是M；
———————————
所以，所有的S都是P。

例Ⅲ的推理形式结构：

如果p，那么q；
p；
———————————
所以，q。

例Ⅳ的推理形式结构：

S_1是P；
S_2是P；
S_3是P；
S_4是P；
S_1、S_2、S_3、S_4是S类的全部；
———————————
所以，所有的S都是P。

推理的语言表达形式是复句或句群，但并不是所有的复句或句群都表达推理，只有那些具有前提和结论的推断关系的复句或句群才表达推理。一般说来，在表达推理的复句或句群中，常常用一些关联词来联结前提和结论。如"因为……所以……"、"由于……因此……"、"既然……就……"等等。或者在前提前冠以"因为"、"由于"、"基于"等语言标志，在结论前冠以"所以"、"因此"、"于是"、"由此可见"等语言标志。在自然语言中，推理的表达形式是灵活多样的，而且为了简洁有力，常常采用省略式。因此，通过语言形式分析推理时，既要注意语言标志，又不能只看语言标志。凡是不表达前提和结论的推断关系的判断的组合，都不表达推理，如“白日依山尽，黄河入海流”两个判断是并列复句，“某甲是农学系的学生，但他准备报考法学硕士”两个判断是转折复句，它们都不表达推理。

推理是一种重要的思维形式，也是人们认识事物的一种重要的手段。这种认识手段在工作、学习、日常生活中，尤其是在科学研究中广泛使用着。例如，司法工作者运用推理分析案情，科学工作者通过推理发现新知识，医生根据病人的一些症状推断所患的疾病等等。具体讲，推理的认识作用主要表现在两个方面：

第一，推理是从已知进入未知的一种逻辑方法。这种逻辑方法是根据已有的某些知识和条件为前提，推断出某些尚不知道的新知识。具体包括：从一般性的认识深入到对个别事物的认识；从对个别事物的认识，概括、总结出一般性的认识；从对个别事物的认识达到对个别事物的认识。这是3种不同的认识方法，分别构成了演绎推理、归纳推理和类比推理。

第二，推理是论证和反驳的一种主要手段。论证是为了确立某种思想、观点的正确性，反驳是要推翻某种思想、观点的正确性，它们都是借助推理进行的。只要把推理的前提和结论的次序颠倒过来，就可以把其所包含的表述论证的作用显示出来。

二　推理的逻辑性

一个正确的、能够保证其结论真实的推理必须具备两个条件：第一，前提真实，即前提判断的内容符合实际；第二，推理形式正确，即推理的形式结构符合思维规律和规则。满足了这两个条件，推理所得出的结论就一定是真实的。可是，前提的真实与否，是属于实践和各门具体科学解决的问题。就逻辑学而言，重点解决的是推理形式是否正确的问题，这就是推理的逻辑性问题。一个推理，只有形式上正确，即合乎思维规律和规则，才是有效的。所以说，推理形式的正确性、逻辑性和有效性是一致的。

前提的真实性和推理的逻辑性是通过推理获得真实结论的两个必要条件。这两个条件缺一不可，例如：

Ⅰ　所有的人都是要死的，
苏格拉底是人，
———————————
所以，苏格拉底是要死的。

Ⅱ　所有的人都是要死的，
所有的猴都不是人，
———————————

所以,所有的猴都不是要死的。

Ⅲ 所有的人都是不死的,

苏格拉底是人,

所以,苏格拉底是不死的。

Ⅳ 所有的人都是有思想的,

所有的猴都不是人,

所以,所有的猴都不是有思想的。

在以上4个例子中,例Ⅰ前提真实,推理形式正确,结论真实;例Ⅱ前提真实,推理形式不正确,结论不真实;例Ⅲ前提不真实,推理形式正确,结论不真实;例Ⅳ前提真实,推理形式不正确,结论真实。

由此看出,前提真实,推理形式正确,其推理的结论必然是真实的、有效的;前提不真实,即使推理形式正确,结论也不会真实;前提真实,推理形式不正确,不能确定结论是否真实。

根据以上分析,可以说,凡是推理形式正确的就叫推理有逻辑性,如例Ⅰ、例Ⅲ;凡是推理形式不正确的就叫推理没有逻辑性,如例Ⅱ、例Ⅳ。推理有逻辑性,其结论不一定真实,推理没有逻辑性,其结论不一定不真实。

总之,演绎推理要获得必然而真实的结论,必须具备前提真实和推理形式正确两个条件。

三 推理的种类

推理可以依据不同的标准,分为不同的种类。

第一,依据从前提到结论推导的方向不同,把推理分为演绎推理、归纳推理和类比推理。演绎推理是从一般性知识的前提推出个别性知识的结论的推理。归纳推理是从个别性知识的前提推出一般性知识的结论的推理。类比推理是从特殊性知识的前提推出特殊性知识的结论的推理。

第二,依据推理的前提和结论之间是否有蕴涵关系,把推理分为必然性推理和或然性推理。前提和结论之间有蕴涵关系的推理叫必然性推理。前提和结论之间没有蕴涵关系的推理叫或然性推理。

第三,依据前提判断的多少,把推理分为直接推理和间接推理。直接推理是以一个判断为前提的推理。间接推理是以两个以上的判断为前提的推理。

第四,依据前提是简单判断还是复合判断,把推理分为简单判断推理

和复合判断推理。以简单判断为前提的推理叫简单判断推理。以复合判断为前提的推理叫复合判断推理。

此外还有依据推理本身是否含有其他推理形式,把推理分为简单推理和复合推理。依据前提中是否包含模态判断,把推理分为模态推理和非模态推理等等。

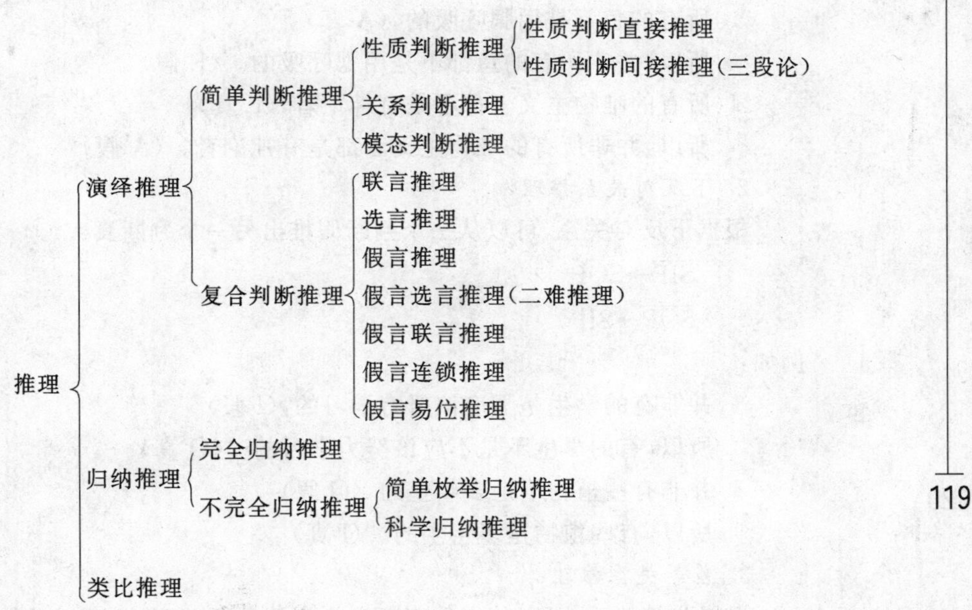

第二节　直接推理

直接推理是由一个已知判断为前提推出结论的推理。这种推理仅包含两个判断:一个是前提,一个是结论。直接推理可以分为许多种,这里我们只介绍性质判断直接推理的两种形式:一种是对当关系直接推理,一种是判断变形的直接推理。

一　对当关系直接推理

对当关系直接推理是根据由相同的主、谓项组成的A、E、I、O 4 种性质判断之间的真假关系所进行的直接推理,也就是根据对当关系由一个判断的真或假直接推出其他 3 个判断的真或假的推理形式。其中,“真假不定”的情况除外。这种推理又可以分为 4 种情况。

1. 反对关系推理

根据反对关系,可以从一个判断真推出另一个判断假:

$SAP \to \overline{SEP}$

$SEP \to \overline{SAP}$

例如:

Ⅰ 所有的鱼都是用腮呼吸的,(A真)
所以,并非所有的鱼都不是用腮呼吸的。(E假)

Ⅱ 所有的唯物主义者都不是有神论者,(E真)
所以,并非所有的唯物主义者都是有神论者。(A假)

2. 下反对关系推理

根据下反对关系,可以从一个判断假推出另一个判断真:

$\overline{SIP} \to SOP$

$\overline{SOP} \to SIP$

例如:

Ⅰ 并非有的学生是不应该努力学习的,(I假)
所以,有的学生不是不应该努力学习的。(O真)

Ⅱ 并非有些植物不是多年生的,(O假)
所以,有些植物是多年生的。(I真)

3. 差等关系推理

根据差等关系,可以从全称判断真推出特称判断真,也可以从特称判断假推出全称判断假。

从全称判断真推出特称判断真:

$SAP \to SIP$

$SEP \to SOP$

例如:

Ⅰ 所有的月季花都是植物,(A真)
所以,有的月季花是植物。(I真)

Ⅱ 所有的草本植物都不是常年生长的,(E真)
所以,有的草本植物不是常年生长的。(O真)

从特称判断假推出全称判断假:

$\overline{SIP} \to \overline{SAP}$

$\overline{SOP} \to \overline{SEP}$

例如:

Ⅰ 并非有的鱼是不用腮呼吸的，(I 假)

所以，并非所有的鱼都是不用腮呼吸的。(A 假)

Ⅱ 并非有些学生不是应该努力学习的，(O 假)

所以，并非所有的学生都不是应该努力学习的。(E 假)

4. 矛盾关系推理

根据矛盾关系，可以从一个判断真推出另一个判断假，也可以从一个判断假推出另一个判断真。

从一个判断真推出另一个判断假：

$SAP \rightarrow \overline{SOP}$

$SOP \rightarrow \overline{SAP}$

$SEP \rightarrow \overline{SIP}$

$SIP \rightarrow \overline{SEP}$

例如：

Ⅰ 所有的月季花都是植物，(A 真)

所以，并非有的月季花不是植物。(O 假)

Ⅱ 有的天鹅不是白的，(O 真)

所以，并非所有的天鹅都是白的。(A 假)

Ⅲ 所有的唯物论者都不是有神论者，(E 真)

所以，并非有的唯物论者是有神论者。(I 假)

Ⅳ 有些水生动物是用腮呼吸的，(I 真)

所以，并非所有的水生动物都不是用腮呼吸的。(E 假)

从一个判断假推出另一个判断真：

$\overline{SAP} \rightarrow SOP$

$\overline{SOP} \rightarrow SAP$

$\overline{SEP} \rightarrow SIP$

$\overline{SIP} \rightarrow SEP$

例如：

Ⅰ 并非所有的人都是讲道德的，(A 假)

所以，有的人不是讲道德的。(O 真)

Ⅱ 并非有的鱼不是生活在水中的，(O 假)

所以，所有的鱼都是生活在水中的。(A 真)

Ⅲ 并非所有的干部都不是称职的，(E 假)

所以，有的干部是称职的。(I 真)

Ⅳ 并非有的鱼是不生活在水中的，(I假)

所以，所有的鱼都不是不生活在水中的。(E真)

在讲性质判断的种类时我们提到，在传统逻辑中，通常把单称判断视为全称判断，然而单称肯定判断与单称否定判断之间的真假关系是矛盾关系，而全称肯定判断与全称否定判断之间的真假关系则是反对关系，也就是说，它们在真假关系上的性质是不同的。因此，在根据对当关系进行的直接推理中，由于根据不同，二者的推理也不完全相同。

二 性质判断变形的直接推理

性质判断变形的直接推理是通过改变一个性质判断的形式，从而得出一个新判断的直接推理。对于这种推理，我们依次介绍换质法、换位法、换质位法和换位质法4种。

1. 换质法

换质法是通过改变前提性质判断的质从而得出一个新判断的直接推理，也就是把肯定判断变为否定判断，或把否定判断变为肯定判断，而改变后的判断的意义不变。

正确应用换质法，必须遵守以下规则：

第一，改变前提判断的质，即将肯定的联项变为否定的联项，或将否定的联项变为肯定的联项；

第二，用前提判断谓项的矛盾概念去代替原来的谓项；

第三，前提判断的主项和量项不变。

依据以上规则，A、E、I、O 4种判断的换质推理结构式如下：

$SAP \rightarrow SE\overline{P}$

例如：

原判断　所有革命战争都是正义战争。

换质　所有革命战争都不是非正义战争。

$SEP \rightarrow SA\overline{P}$

例如：

原判断　所有侵略战争都不是正义战争。

换质　所有侵略战争都是非正义战争。

$SIP \rightarrow SO\overline{P}$

例如：

原判断　我们班有的同学是学日语的。

换质　我们班有的同学不是不学日语的。

$SOP \rightarrow SI\overline{P}$

例如：

原判断　有些干部不是称职的。

换质　有些干部是不称职的。

换质法直接推理有着重要的认识和表达意义。由于换质后的判断同换质前的判断的意义相同，只不过是用不同的方式表述同一思想内容，因此，人们可以运用换质法这种推理形式，从不同的角度揭示事物的本质，使我们对它的认识更加明确、更加全面。

同时，由于改变了原判断的质，使前后两个判断表达的侧重点不同，因而在语言表达上也就有了轻重强弱的区别，人们运用换质法也可以增强思想内容的表达效果。

2. 换位法

换位法就是通过改变前提判断主项与谓项的位置从而得出一个新判断的直接推理。

正确应用换位法，必须遵守以下规则：

第一，改变前提判断主项与谓项的位置，不得改变前提判断的质。

第二，前提中不周延的词项，在结论中不得周延。

依据以上规则，A、E、I、O 4 种判断的换位推理结构式如下：

SAP→PIS

例如：

原判断　所有的金属都是导电体。

换位　有些导电体是金属。

从SAP 经换位不能得到PAS，因为P 在前提中是不周延的，到结论中也不得周延。

SEP→PES

例如：

原判断　所有的侵略战争都不是正义战争。

换位　所有的正义战争都不是侵略战争。

SIP→PIS

例如：

原判断　有些学生是团员。

换位　有些团员是学生。

SOP 不能换位。

因为S 在前提中是不周延的，如果换位，S 在结论中作为否定判断的谓项就是周延的了，这违反了换位规则。

由以上可以看出：A、E、I、O 4 种性质判断的换位情况是不同的。A、E、I 3 种判断可以换位，而O 判断不能换位。其中E、I 两种判断的换位为简单换位，即换位前是什么判断，换位后仍是什么判断，只要将主项与谓项的位置调换就可以了；而A 判断属于限制换位，即A 判断换位后，为了不违反换位规则，只能得I 判断。

换位法直接推理也有其认识意义。换位前后的两个判断的主项不同，即二者所断定的对象不同，然而却是从不同方面对同一事物的认识，这样可以加深我们对这一事物的认识。如"所有的马克思主义者都不是唯心主义者"，换位后得出"所有的唯心主义者都不是马克思主义者"。

3. 换质位法

换质位法是换质法和换位法相继使用的直接推理，即先将原判断进行一次换质，然后将换质后得出的判断再换位。换质位法实质上是换质和换位的结合，因此，应用换质位法时必须要分别遵守换质法和换位法的规则。

A、E、I、O 4 种判断换质位推理结构式如下：

$SAP \rightarrow SE\overline{P} \rightarrow \overline{P}ES$

例如：

原判断　所有犯罪行为都是违法行为。(SAP)

换质　所有犯罪行为都不是非违法行为。($SE\overline{P}$)

换位　所有非违法行为都不是犯罪行为。($\overline{P}ES$)

$SEP \rightarrow SA\overline{P} \rightarrow \overline{P}IS$

例如：

原判断　所有的蛇都不是恒温动物。(SEP)

换质　所有的蛇都是非恒温动物。($SA\overline{P}$)

换位　有些非恒温动物是蛇。($\overline{P}IS$)

$SOP \rightarrow SI\overline{P} \rightarrow \overline{P}IS$

例如：

原判断　有些干部不是称职的。(SOP)

换质　有些干部是不称职的。($SI\overline{P}$)

换位　有些不称职的是干部。($\overline{P}IS$)

SIP 不能换质位。

因为I判断换质后得O判断，而O判断不能换位。

4. 换位质法

换位质法是换位法与换质法相继使用的直接推理，即先将原判断进行一次换位，然后将换位后得出的判断再换质。换位质法实质上是换位和换质的结合，因此，应用换位质法时必须分别遵守换位法和换质法的规则。

A、E、I、O 4种判断换位质推理的结构式如下：

$SAP \to PIS \to PO\overline{S}$

$SEP \to PES \to PA\overline{S}$

$SIP \to PIS \to PO\overline{S}$

SOP不能换位质。因为O判断不能换位，这样，换位质这个过程不能进行下去。

此外，根据需要和可能，我们有时还可以对某个性质判断进行多次换质位或换位质，直到不能换下去或已达到我们的目的为止。例如：

$$SAP \xrightarrow{\text{换质}} SE\overline{P} \xrightarrow{\text{换位}} \overline{P}ES \xrightarrow{\text{换质}} \overline{P}A\overline{S} \xrightarrow{\text{换位}} \overline{S}I\overline{P} \xrightarrow{\text{换质}} \overline{S}OP$$

$$SEP \xrightarrow{\text{换位}} PES \xrightarrow{\text{换质}} PA\overline{S} \xrightarrow{\text{换位}} \overline{S}IP \xrightarrow{\text{换质}} \overline{S}O\overline{P}$$

当我们掌握了这些公式之后，就可以用来判定某个判断变形直接推理的结论是否正确了。

第三节　三段论推理

三段论是传统形式逻辑的主要内容，也是其体系中最完善、最严密的部分。

一　三段论及其结构

三段论也叫直言三段论，是由性质判断组成的间接推理，是一种最常见的演绎推理。

三段论是由两个含有一个共同词项的性质判断作前提，推出一个新的性质判断结论的演绎推理。例如：

所有的灵长类动物都是哺乳动物，

猴子是灵长类动物，

所以，猴子是哺乳动物。

这就是一个三段论。前面两个性质判断包含着一个共同的词项"灵长类动物",以这个词项为中介,将两个前提判断联结起来,从而推出一个新的性质判断。

三段论的结构可以从两个方面分析。

从词项的角度看,三段论由中项、大项、小项3个词项构成。中项是在前提中出现两次而在结论中不出现的词项,如上例中的"灵长类动物",通常用"M"表示。中项是联结其余两个词项的纽带。大项是在结论中作为谓项的词项,如上例中的"哺乳动物",通常用"P"表示。小项是在结论中作为主项的词项,如上例中的"猴子",通常用"S"表示。

从判断的角度看,三段论由3个判断构成,其中两个性质判断是前提,一个性质判断是结论。在两个前提中,包含大项"P"的前提是大前提,如上例中的"所有的灵长类动物都是哺乳动物";包含小项"S"的前提是小前提,如上例中的"猴子是灵长类动物"。这样,上例三段论的结构式可以表示为:

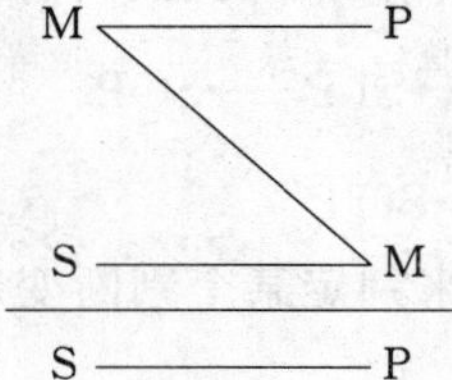

二 三段论的公理

一个正确的三段论的前提和结论之间具有蕴涵关系,即结论是必然的。三段论之所以能够由两个前提得出必然结论,是由三段论公理决定的。

三段论的公理是:如果对一类事物的全部对象有所断定,那么对这类事物的部分对象也就有所断定。三段论的公理可以用下面的图5-1和图5-2表示:

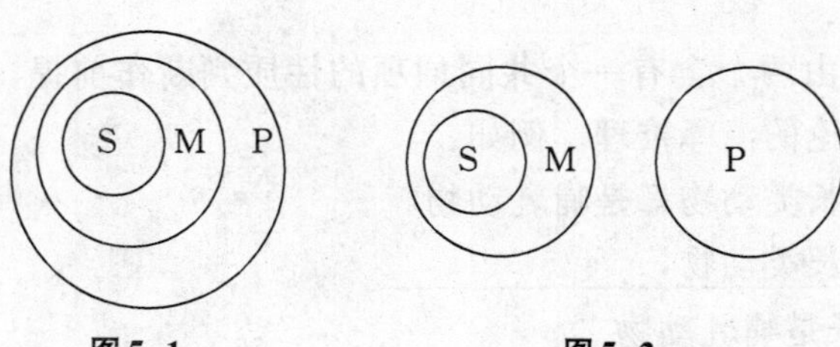

图5-1　　图5-2

在图5-1中，M类真包含于P类中(M类的全部都是P)，则M类中的一部分S类也必然真包含于P类中(S是P)。在图5-2中，M类和P类是互相排斥的(M类的全部不是P)，则M类中的一部分S类也必然和P类排斥(S不是P)。

三段论就是根据这个公理进行推理的。例如：

Ⅰ 所有的大学都是高等学校；

所有的农业大学都是大学；

所以，所有的农业大学都是高等学校。

Ⅱ 凡是侵略战争都不是正义战争；

日本帝国主义的对华战争是侵略战争；

所以，日本帝国主义的对华战争不是正义战争。

在例Ⅰ中，大前提指出"大学"这一类的全部都属于高等学校，小前提指出"农业大学"是"大学"这一类中的一部分，根据三段论公理，就可以推出"农业大学"这一类也是高等学校。在例Ⅱ中，大前提指出"侵略战争"这一类的全部都不是正义战争，即全部的"侵略战争"都和"正义战争"相排斥，小前提指出"日本帝国主义的对华战争"是"侵略战争"的一部分，根据三段论公理，就可以推出"日本帝国主义的对华战争"也不是正义战争，即"日本帝国主义的对华战争"也和"正义战争"相排斥。

三段论的形式可以是复杂的，但是它们都是基于三段论公理所揭示的上述简单的关系之上的。

三 三段论的规则

三段论公理是三段论赖以成立的基本依据，但依据三段论公理难以直接断定一个三段论是否有效。三段论的规则是三段论公理的具体化。一个正确的三段论必须遵守三段论的规则。

规则1，一个正确的三段论有且只有3个词项。

这是由三段论的结构所决定的。一个正确的三段论，有且只有3个不同的词项，不能多，也不能少。如果少于3个词项，那么两个词项只能构成一个性质判断，或在性质判断基础上的直接推理(如换位法等)，而不能构成作为间接推理的三段论。如果是4个词项，则可能大项与一个项发生关系，小项与另一个项发生关系，这样就会因为缺乏共同的中项而不能确定大、小项之间的关系。违反这一规则，通常出现的逻辑错误叫"四词项"错误，主要表现为同一语词前后表达不同的概念，表面看是3个词项，实际上是4个词项。例如：

群众是真正的英雄；

我是群众；

所以，我是真正的英雄。

这个三段论是无效的，因为大、小前提中的“群众”表达的是两个不同的概念。大前提中的“群众”是一个集合概念，指群众的整体；小前提中的“群众”是一个非集合概念，指群众这一类中的分子；因而犯了“四词项”的逻辑错误。

规则2，中项在前提中至少要周延一次。

这是由中项的媒介作用决定的。由于中项是联系大、小项的媒介，这就要求中项在前提中至少有一次断定了它的全部外延，才能与大项或小项发生某种确定的联系，进而才能使三段论从前提得出必然的结论。如果中项在两个前提中一次也不周延，那么就有这样的可能：大项与中项的一部分外延发生关系，而小项与中项的另一部分外延发生关系，这样，大项和小项的关系就无法确定，三段论就不能得出一个确定的结论。这一点通过下面的图5-3至图5-7可以清楚地显示出来。

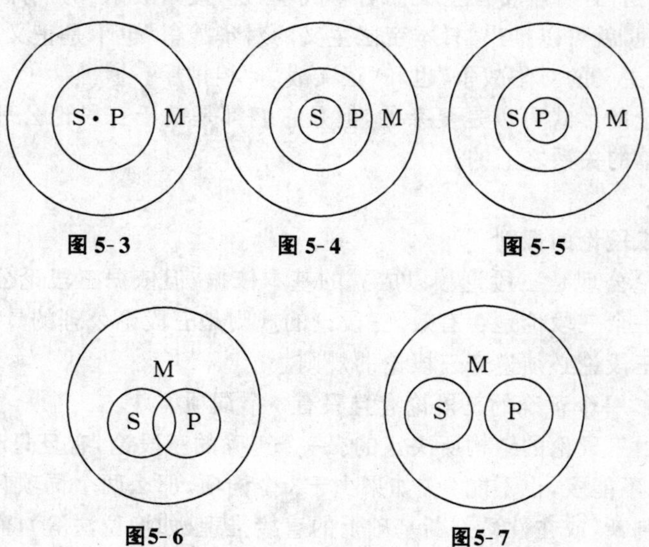

图5-3　图5-4　图5-5

图5-6　图5-7

在图5-3至图5-7中，S、P都是仅与M的一部分外延发生联系，而S和P在全同关系、真包含于关系、真包含关系、交叉关系和全异关系等情况下都可以满足这一要求，因此，M不周延，不能确定S和P的关系。例如：

律师是学习法律的；

所有法律系的学生都是学习法律的；

所以，所有法律系的学生都是律师。

这个三段论是无效的，因为中项“学习法律的”在两个前提中一次也不周延；所犯逻辑错误叫“中项不周延”。

规则3，前提中不周延的词项，在结论中也不得周延。

一个有效的三段论，结论中大项或小项被断定的范围，都不得超出前提中大项或小项被断定的范围。如果在前提中大项或小项是不周延的，则说明在前提中只是断定了它的部分外延，而如果它到了结论中变成周延的，说明它的全部外延都被断定了。这样，它在结论中所反映的事物范围就超出了它在前提中所反映的事物范围，因此结论不是必然的。违反此规则所犯的逻辑错误叫“大项或小项不当周延”。例如：

Ⅰ　翻译都要学习外语；

我不是翻译；

所以，我不要学习外语。

Ⅱ　金子是闪光的；

金子是金属；

所以，凡金属都是闪光的。

这两个三段论都是无效的。在例Ⅰ中，大项“学习外语”在前提中作为肯定判断的谓项，是不周延的，但到结论中它是否定判断的谓项，变成周延的了，犯了“大项不当周延”的逻辑错误。在例Ⅱ中，小项“金属”在前提中作为肯定判断的谓项，是不周延的，但到结论中它是全称判断的主项，变成周延的了，犯了“小项不当周延”的逻辑错误。

规则4，两个否定前提不能得出结论。

否定判断的主项和谓项是互相排斥的。如果三段论的两个前提都是否定的，那就意味着大项、小项都与中项相排斥。这样，中项不能在大项和小项之间起到媒介作用，从而无法确定大项和小项的关系。因此，两个否定前提不能得出必然结论。如图5-8至图5-12：

从图中可以看出，如果中项与大项、小项都排斥，那么大项(P)和小项(S)的关系就无法通过中项(M)来确定，二者可以是相容关系，也可以是不相容关系，因而不能得出必然结论。例如；

农学系的学生不是法学系的学生，

某甲不是农学系的学生，

?

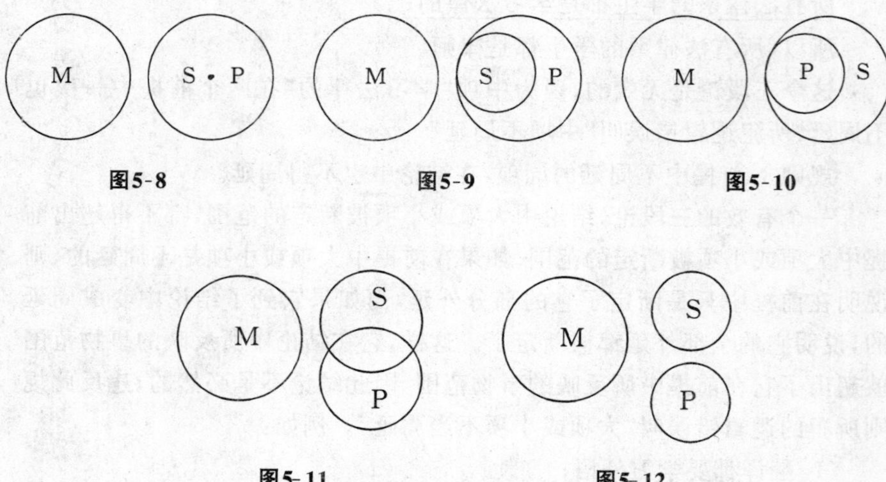

图5-8 图5-9 图5-10

图5-11 图5-12

由于两个前提中的主项都和谓项排斥，中项“农学系的学生”起不到联结大项“法学系的学生”和小项“某甲”的作用，因此不能确定大项和小项之间的关系，所以不能得出必然的结论。

规则5，如果前提中有一个是否定的，则结论是否定的；如果结论是否定的，则前提中必有一个是否定的。

如果两个前提中有一个是否定的，则另一个必是肯定的，因为两个否定前提不能得出结论。如果大前提否定，那么大项与中项被断定的外延不相容，而小项与中项被断定的外延相容。大项和小项中被断定的外延，与中项被断定的那部分外延一个不相容，一个相容，因此它们之间也是不相容的，所以结论是否定的。同理，如果小前提是否定的，则结论是否定的。如果结论是否定的，则大项与小项在外延上不是全部就是部分是互相排斥的，说明前提中不是大项就是小项与中项在外延上是排斥的，所以，两个前提中必有一个是否定的。例如：

Ⅰ 任何事物都不是固定不变的；

人类社会是事物；

所以，人类社会不是固定不变的。

Ⅱ 犯贪污罪的都是公务人员；

某甲不是公务人员；

所以，某甲不会犯贪污罪。

在例Ⅰ中，大前提否定，大项“固定不变的”与中项“事物”是不相容

的，而小项"人类社会"与中项"事物"是相容的，所以，"人类社会"必然与"固定不变的"不相容，结论是否定的。在例Ⅱ中，小前提否定，大项"犯贪污罪的"与中项"公务人员"是相容的，小项"某甲"与中项"公务人员"是不相容的，所以，"某甲"必然与"犯贪污罪"不相容，结论是否定的。

以上5条规则属于三段论的基本规则，下面两条属于导出规则。导出规则可以由基本规则证明。

规则6，两个特称前提不能得出必然结论。

如果两个前提都是特称判断，那么两个前提的组合可以有3种情况。

其一，两个前提都是特称否定判断(OO)，根据规则4不能得出必然结论。

其二，两个前提都是特称肯定判断(II)，则由于两个前提中没有一个词项是周延的，不能满足规则2中项至少要周延一次的要求，因此不能得出必然结论。

其三，两个前提中一个是特称肯定判断，一个是特称否定判断(I O或O I)，这样，前提中只有一个词项是周延的，即O判断的谓项。根据规则2，中项至少要周延一次，那么这个惟一周延的词项必须是中项，否则就会犯"中项不周延"的逻辑错误。这样一来，大项、小项在前提中都不周延。又根据规则5，前提中有一个是否定的，结论也是否定的。如果结论是否定的，那么作为否定判断的谓项即大项P是周延的，这样就犯了"大项不当周延"的逻辑错误。为了避免这一错误，就要把前提中惟一周延的词项确定为大项，但如果这样，中项又会一次也不周延，还是不能得出结论。

规则7，前提中有一个特称的，结论也是特称的。

如果两个前提中有一个判断是特称，那么两个前提的组合无非有以下4种情况：AI、AO、EI、EO。

第一，AI。两个前提中一个是全称肯定判断(A)，一个是特称肯定判断(I)。这种情况下，只有一个词项是周延的，即全称判断的主项是周延的。根据规则2，这个惟一周延的词项只能充当中项，那么大项、小项在前提中就是不周延的，又根据规则3，前提中不周延的词项在结论中不得周延，小项在结论中不周延，所以结论一定是特称的。

第二，AO。两个前提中，一个是全称肯定判断(A)，一个是特称否定判断(O)。这种情况下，有两个词项是周延的，即A判断的主项和O判断的谓项。根据规则2，中项在前提中至少要周延一次，那么，两个周延的词项之一必须充当中项。根据规则5，前提中有一个否定，结论也是否定的。

结论是否定的，则作为结论谓项的大项是周延的。大项在结论中周延，那么它在前提中也必是周延的，否则违反规则3。这样，两个周延的词项，一个充当中项，一个充当大项，剩下的小项在前提中就是不周延的。根据规则3，小项在前提中不周延，到结论中也不得周延，而小项又是结论的主项，所以，结论必然是特称。

第三，EI。两个前提中，一个是全称否定判断(E)，一个是特称肯定判断(I)。这样，有两个词项周延，而且根据规则5，结论应当是否定的。与以AO做前提的情况一样，两个周延的词项，一个充当中项，一个充当大项，小项不周延。所以结论必然是特称。

第四，EO。两个前提都是否定判断，明显违反了规则4的要求，是无效的。

以上是三段论的一般规则，是三段论进行有效推理必须遵守的，又是检验三段论正误的标准。如果违反了这些规则，哪怕只违反其中的一条，也不能正确地进行三段论推理。

四　三段论的格

1. 什么是三段论的格

三段论的格就是由中项在前提中的不同位置所构成的三段论的不同形式。在一个三段论的两个前提中，中项可以有4种不同的位置，因此，三段论共有4个格。

第一格：中项分别是大前提的主项和小前提的谓项。其结构式是：

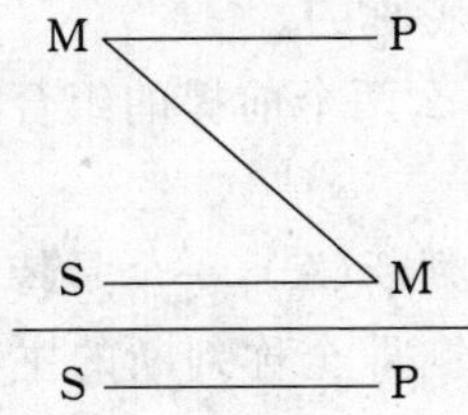

例如：

月季花是植物；

红月季花是月季花；

所以，红月季花是植物。

第二格：中项分别是大、小前提的谓项。其结构式是：

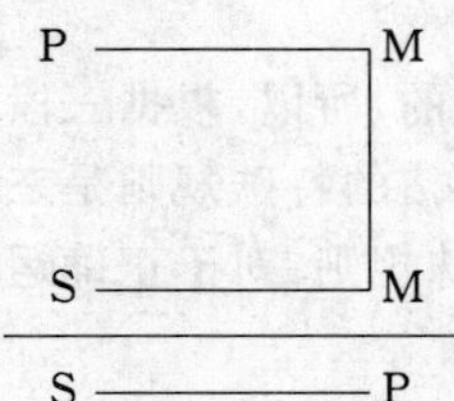

例如：

所有的好干部都是真正为人民服务的；

所有的官僚主义者都不是真正为人民服务的；

所以，所有的官僚主义者都不是好干部。

第三格：中项分别是大、小前提的主项。其结构式是：

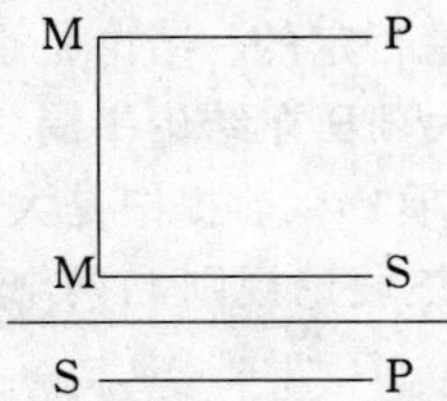

例如：

黄铜不是金子；

黄铜是闪光的；

所以，有些闪光的不是金子。

第四格：中项分别是大前提的谓项和小前提的主项。其结构式是：

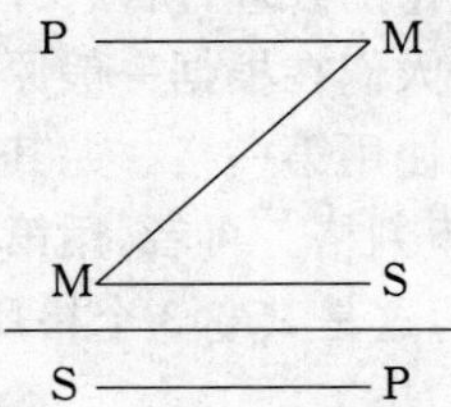

例如：

有些水生动物是海豚；

海豚是哺乳动物；

所以，有些哺乳动物是水生动物。

2. 三段论各个格的规则

由于各个格中的三个词项的位置是确定的，所以，根据三段论的一般规则，又可以推导出各个格的特殊规则。各个格的特殊规则是三段论的一般规则在各个格的具体化。掌握各个格的特殊规则，对于正确运用三段论是很有帮助的。

(1)第一格的规则

规则Ⅰ，大前提必须全称。

规则Ⅱ，小前提必须肯定。

规则Ⅰ证明　假设大前提是特称的，那么作为大前提主项的M就是不周延的。根据三段论规则2，中项在前提中至少要周延一次。既然M在大前提中不周延，那么它在小前提中就必须周延。M在小前提中是谓项，如果M周延，则小前提必须是否定的。如果小前提是否定的，根据三段论规则5，如果前提中有一个否定判断，则结论是否定的。结论是否定的，那么作为结论谓项的大项P就应当是周延的。大项P在结论中周延，根据三段论规则3，说明它在前提中也是周延的。大项P在前提中是大前提的谓项，谓项周延，说明大前提是否定判断。根据三段论规则4，两个否定前提无法得出结论，所以，大前提必须是全称的。

规则Ⅱ证明　假设小前提是否定的，那么结论也应当是否定的。结论是否定的，作为结论谓项的大项P就应当是周延的。大项P在结论中周延，那么它在前提中也应当是周延的，否则违反规则3。在前提中大项P又是大前提的谓项，所以大前提就应该是否定判断。这样又出现了两个否定判断做前提的情况，而两个否定前提不能得出结论。所以，小前提必须是肯定的。

第一格在三段论推理中是用得最多的一格，它是演绎推理这种思维形式最典型的一格。它最充分地体现了三段论的公理，所以又叫公理格。它表现了从一般中推出个别的必然性，因此，人们在根据一般原理说明特殊问题，或把特殊问题归于一般原理时，就是使用第一格。尤其在司法工作中，更是常常使用第一格，所以，又被称为审判格。再者，用第一格进行推理，得出的结论可以是A、E、I、O 4种形式，这是其它3个格所不能的，所以又把它称为完善格。

(2)第二格的规则

规则Ⅰ，两个前提中必须有一个是否定的。

规则Ⅱ，大前提必须全称。

规则Ⅰ证明　如果两个前提都是否定的，根据规则4，两个否定前提

不能得出结论。如果两个前提都是肯定的，因为中项M在两个前提中都是谓项，所以都是不周延的。根据三段论规则2，中项一次也不周延，不能得出结论。所以，两个前提中必须有一个为否定。

规则Ⅱ证明　由于两个前提中有一个否定的(已证)，根据三段论规则5，结论也是否定的。结论是否定的，那么作为结论谓项的大项P就是周延的。作为大前提主项的大项P也必须是周延的，否则违反三段论规则3。大前提的主项周延，那么，大前提必须是全称判断。

由于第二格的结论只能是否定的，所以，人们常常在需要把某一个或某一类对象与其他对象区别开来时使用第二格。所以第二格又被称为区别格。

(3)第三格的规则

规则Ⅰ，小前提是肯定的。

规则Ⅱ，结论是特称的。

规则Ⅰ证明　如果小前提是否定的，根据三段论规则5，结论也必须是否定的。结论是否定的，那么作为结论谓项的大项P就是周延的。大项P在大前提中也应当是周延的，否则违反三段论规则3。大项P在大前提中是谓项，谓项周延，所以，大前提必须是否定的。根据三段论规则4，两个否定前提不能得出结论。所以，小前提不能是否定的，必须是肯定的。

规则Ⅱ证明　既然小前提是肯定的(已证)，那么作为小前提谓项的小项S在前提中就是不周延的。根据规则3，前提中不周延的词项，在结论中不得周延，而小项在结论中是主项，所以结论必须是特称判断。

由于第三格的结论是特称的，所以人们常常在需要用某种特殊情况来反驳与之相矛盾的一般性结论或全称判断时，使用第三格。所以第三格又被称为反驳格。

(4)第四格的规则

规则Ⅰ，如果大前提肯定，那么小前提必须全称。

规则Ⅱ，如果前提中有一个否定，那么大前提必须全称。

规则Ⅲ，如果小前提肯定，那么结论必须特称。

规则Ⅰ证明　如果大前提是肯定的，则作为大前提谓项的中项M在大前提中就是不周延的。根据三段论规则2，中项在前提中至少要周延一次，因此就要求中项M在小前提中必须是周延的。中项M在小前提中是主项，所以，小前提必须是全称的。

规则Ⅱ证明　如果前提中有一个是否定的，根据三段论规则5，则结论是否定的，所以作为结论谓项的大项P在结论中是周延的。大项P在结论中周延，就要求其在前提中也是周延的，否则违反三段论规则3。大项P

在前提中是大前提的主项，主项周延，所以大前提必须是全称的。

规则Ⅲ证明　如果小前提是肯定的，则作为小前提谓项的小项S在前提中就是不周延的。根据三段论规则3，前提中不周延的词项，在结论中不得周延，则小项S在结论中也是不周延的。而小项S在结论中是主项，主项不周延，所以，结论必须是特称的。

第四格虽然在人们的认识过程中有一定的作用，但使用第四格推理限制较多，所以，第四格实践意义不大，用得也最少。

五　三段论的式

三段论的式就是A、E、I、O 4种判断在前提和结论中各种不同组合所构成的三段论的形式，即由于三段论前提和结论质和量的不同所构成的不同形式。例如：

所有的植物都含有碳水化合物，(A)

所有的杨树都是植物；(A)

所以，所有的杨树都含有碳水化合物。(A)

组成这个三段论推理的大、小前提和结论都是A判断，所以称之为AAA式。又如：

所有的绝缘体都不是导电的，(E)

所有的橡胶品都是绝缘体，(A)

所以，所有的橡胶品都不是导电的。(E)

组成这个三段论推理的大前提是E判断，小前提是A判断，结论是E判断，所以称之为EAE式。

由于每一个直言三段论都是由3个直言判断组成，而每一个直言判断又都可以代入A、E、I、O 4种不同的判断，因此，把三段论的3个判断按质和量的不同排列组合，在理论上可以有4×4×4=64个组合式。

但是在这64式中，并非都是有效式，其中绝大多数是违反三段论规则的无效式。

其一，违反三段论规则4，“两个否定前提无法得出结论”的有16式，即两个前提分别是EE、EO、OE、OO的四大组。

其二，违反三段论规则6，“两个特称前提不能得出结论”的有12式，即两个前提分别是II、IO、OI的三大组。

其三，违反三段论规则5，前提中有一个否定，却得出肯定结论的有12式，即AEA、AEI、AOA、AOI、EAA、EAI、EIA、EII、IEA、IEI、OAA、

OAI。

其四，违反三段论规则7，前提中有一个特称，却得出全称结论的有8式，即AIA、AIE、AOE、EIE、IAA、IAE、IEE、OAE。

其五，违反三段论规则5，结论是否定的，前提却都是肯定的有4式，即AAE、AAO、AIO、IAO。

其六，违反三段论规则3，犯了“大项不当周延”错误的有IEO式。

如果把这53个无效式去掉，有效式仅有11个。它们是：AAA、AAI、AEE、AEO、AII、AOO、EAE、EAO、EIO、IAI、OAO。

即使是这11个有效式，也并不是在每个格中都是有效的。按照三段论各个格的特征和规则，把这11个有效式分配到4个格中，共有24个式：

第一格　AAA、(AAI)、AII、EAE、(EAO)、EIO。

第二格　AEE、(AEO)、AOO、EAE、(EAO)、EIO。

第三格　AAI、AII、EAO、EIO、IAI、OAO。

第四格　AAI、AEE、(AEO)、EAO、EIO、IAI。

其中5个带括号的式叫做弱式。所谓弱式就是指根据前提条件，本来可以得出全称结论却得出特称结论的式。如第一格中的AAI式，结论本来可以得A判断，可是得出的却是I判断，这就是弱式。弱式本身并不错，但就推理而言，它没有将应该推出的东西全部显示出来，因此弱式是一个不完全的推理。如果不计这五个弱式，那么分配到4个格中的有效式共有19个。

六　三段论的省略式

三段论是由3个性质判断分别作为大前提、小前提和结论组成的推理，但在人们的语言活动中，有时将其中众所周知、不言而喻的某一组成部分省略，这就是三段论的省略式，又叫简略三段论或简略推理。

应当指出的是，任何一个三段论，在逻辑结构上都必须具备大前提、小前提和结论三部分，缺少任何一部分都无法构成三段论推理。这里讲的省略式，只是在语言形式上的省略，即在语言表达形式上没有明确地表达出来，而绝不能理解为三段论在结构上的省略。

三段论的省略式有3种形式：

其一，省略大前提。例如：

逻辑学是有用的，因为逻辑学是科学。

这一推理省略了大前提“科学是有用的”。之所以省略大前提，是因为这个大前提是不言自明、众所周知的。

其二，省略小前提。例如：

所有公民都要遵纪守法，所以，我们要遵纪守法。

这一推理省略了小前提“我们是公民”，因为小前提是不言而喻的。

其三，省略结论。例如：

真理是不怕批评的，马克思主义是真理。

这一推理省略了结论“马克思主义是不怕批评的”，因为结论已经很明确，不说出来，在语言表述上反而更有力。

在思想交流活动中，正确而熟练地运用省略三段论，有助于简洁地表达思想，同时也是思维敏捷的表现。甚至在一些特殊的语言环境中，有时还可以省略三段论的两部分。比如有人问你：“农学系的学生是不是应该学习法律？”你回答：“所有的学生都应该学习法律。”这个回答实际上是一个三段论推理，只不过把小前提“农学系的学生是学生”和结论“农学系的学生也应该学习法律”都省略了。这里需要注意的是，必须是在特定的语言环境中才能这样省略，否则，你的回答只表达一个判断。

省略三段论的优点在于使所要表达的思想简明有力。但是，由于省略三段论中有一部分内容没有被明显地表示出来，所以容易掩盖错误。为了检查省略三段论中可能包含的错误，就必须对省略三段论进行恢复还原，然后再根据三段论的一般规则或各个格的特殊规则，辨别其是否正确。

省略三段论的恢复方法多种多样，但是有一种最简便的方法是“舍同取异法”。这就是找出省略式的两个性质判断所包含的4个词项，把其中相同的词项舍弃掉，用剩下的两个不同的词项组成判断，恢复出省略掉的部分。例如，“他发烧，所以，他感冒。”这句话表达的就是一个省略了大前提的三段论推理。在恢复过程中，我们可以恢复出以下几种：

Ⅰ 凡发烧的都是感冒；
他发烧；
所以，他感冒。

Ⅱ 有些发烧的是感冒；
他发烧；
所以，他感冒。

Ⅲ 凡感冒的都发烧；
他发烧；
所以，他感冒。

Ⅳ 有些感冒的发烧；

他发烧；

所以，他感冒。

从恢复的三段论看，Ⅰ和Ⅲ两个三段论大前提不真实，Ⅱ和Ⅳ两个三段论犯了“中项不周延”的逻辑错误，Ⅲ同时还犯了“中项不周延”的逻辑错误。可见，这个省略三段论，无论将省略掉的两个词项“发烧”和“感冒”怎样结合，恢复的三段论不是前提不真实，就是推理形式不正确，因此，这个省略式是错误的。

将省略三段论恢复为完整的三段论，可按以下步骤进行。

首先，确定省略的部分是前提还是结论。三段论的前提与结论之间，一般用“因为……所以……”一类的语词来表示推断关系，“所以”后面的判断是结论，“因为”后面的判断是前提。如果没有“因为……所以……”之类的语言标志，则可以根据具体的语境加以确定。

其次，如果省略的是前提部分，确定省略的是大前提还是小前提。对于有结论的省略三段论，需要进一步根据结论的主项是小项，结论的谓项是大项，含有小项的是小前提，含有大项的是大前提的规定，来确定省略的是大前提还是小前提。如果未被省略的前提中含有小项，则被省略的就是大前提；如果未被省略的前提中含有大项，则被省略的就是小前提。

再次，补足被省略的部分。确定了被省略部分后，根据三段论有关规则，把被省略的部分恢复出来，还原为一个完整的三段论。如果被省略的部分是结论，则可根据三段论规则推出结论，如果推不出，则说明省略式不能成立。如果被省略的部分是大前提，就把作为结论谓项的大项与小前提中的中项构成判断做大前提；如果被省略的部分是小前提，就把作为结论主项的小项与大前提中的中项构成判断做小前提。然后，根据三段论有关规则和实践要求，检查其是否正确。

这里需要指出的是，用“舍同取异法”找出的两个词项（如a和b），理论上总共可以组成8个性质判断，即词项a做主项、词项b做谓项的A、E、I、O 4个判断以及词项b做主项、词项a做谓项的A、E、I、O 4个判断。但是我们根据已有的前提或结论的情况，可以明显地判断出其中4个判断不符合三段论规则。在省略前提的情况下，如果未被省略的结论是肯定的，那么只应该恢复出肯定判断做前提；如果未被省略的结论是否定的，而未被省略的前提是肯定的，那么只应该恢复出否定判断做前提；如果未被省略的结论是否定的，而未被省略的前提也是否定的，那么只应该恢复出肯定判断做前提。在省略结论的情况下,如果未被省略的两个前提都是肯定的,那么只应该恢复出肯定判断做结论;如果未被省略的两个前提中有一个是否定的,那么只应该恢复出否定判断做结论。这样,我们去除掉4种明显不符合规则的三段论形式,就能恢复出4种三段论形式。之后再检查其是否正确。注意:切不可因为恢复中出现错误而断定省略三段论错误,即我们在恢复省略三段论时,要注意恢复出的前提判断是否真实以及推理形式是否正确。只有同时满足前提真实和推理形式正确两个条件,省略三段论才是正确的。

此外,只有在恢复出的各种可能情况都存在或者前提不真实,或者违反推理规则的错误时,才能断定这个省略三段论是错误的。如果存在一种可能情况是前提真实,推理形式也正确,那么就不能说这个省略三段论错误。

第四节 关系推理

关系推理就是前提中至少有一个关系判断的推理,它是根据关系的逻辑性质进行的推理。关系推理一般分为纯关系推理和混合关系推理。

一 纯关系推理

纯关系推理是前提和结论都是关系判断的推理。按照推理所依据的关系不同,纯关系推理有4种。

1. 对称关系推理

对称关系推理是根据对称关系的性质进行推演的关系推理。例如:

中国和俄罗斯是近邻,

所以,俄罗斯和中国是近邻。

这里的"近邻"是对称关系,结论是根据这种对称关系的性质推出来的。如以R表示对称关系,对称关系推理的逻辑结构式为:

$$\frac{aRb}{\therefore bRa}$$

2. 反对称关系推理

反对称关系推理是根据反对称关系的性质进行推演的关系推理。例如:

唐朝早于宋朝，

所以，宋朝不早于唐朝。

这里的“早于”是反对称关系，结论是根据这种反对称关系的性质推出来的。如用R表示反对称关系，反对称关系推理的逻辑结构式为：

$$\frac{aRb}{\therefore b\overline{R}a}$$

以非对称关系判断做前提不能得出必然结论。所以，在进行关系推理时，要注意不能把非对称关系混同为对称关系或反对称关系来进行推理。

3. 传递关系推理

传递关系推理是根据传递关系的性质进行推演的关系推理。例如：

唐朝早于宋朝，

宋朝早于明朝，

所以，唐朝早于明朝。

这里的“早于”是传递关系，结论是根据这种传递关系的性质推出来的。如用R表示传递关系，传递关系推理的逻辑结构式为：

$$\frac{\begin{array}{c}aRb\\bRc\end{array}}{\therefore aRc}$$

4. 反传递关系推理

反传递关系推理是根据反传递关系的性质进行推演的关系推理。例如：

小张比小李大两岁，

小李比小刘大两岁，

所以，小张比小刘不大两岁。

这里的“比……大两岁”是反传递关系，结论是根据这种反传递关系的性质推出来的。如用R表示反传递关系，反传递关系推理的逻辑结构式为：

$$\frac{\begin{array}{c}aRb\\bRc\end{array}}{\therefore a\overline{R}c}$$

以非传递关系判断做前提不能得出必然结论。所以，在进行关系推理时，要注意不能把非传递关系混同为传递关系或反传递关系来进行推理。

二　混合关系推理

混合关系推理就是前提中含有性质判断的间接关系推理，即一个前提是关系判断，一个前提是性质判断，结论是关系判断的推理。例如：

所有甲班同学比所有乙班同学的成绩好；

所有A组同学都是甲班同学；

所以，所有A组同学都比所有乙班同学的成绩好。

这就是一个混合关系推理，其结构式为：

$$\frac{\begin{array}{c} aRb \\ c\text{ 是 }a \end{array}}{\therefore cRb}$$

由于这种推理也是由3个判断和3个不同的词项组成，而且有一个词项在两个前提中都出现（这个词项叫做媒介词项或媒介概念），其特征与三段论相类似，所以又叫混合关系三段论。

混合关系推理的规则有5条。

第一条规则，前提中的性质判断必须是肯定判断。

第二条规则，媒介概念在前提中至少周延一次。

第三条规则，前提中不周延的词项在结论中不得周延。

第四条规则，如果前提中的关系判断是肯定的，则结论也必须是肯定的；如果前提中的关系判断是否定的，则结论也必须是否定的。

第五条规则，如果关系R不是对称的，则在前提中作为关系前项（或后项）的那个词项，在结论中也相应地作为关系前项（或后项）。

遵守这5条规则的混合关系推理，就是正确的。违反其中的任何一条规则，其推理都是不正确的。例如：

Ⅰ 所有甲班同学比所有乙班同学的成绩好；

所有A组同学都不是甲班同学；

所以，所有A组同学都不比所有乙班同学的成绩好。

Ⅱ 我们反对侵略战争；

一切侵略战争都是战争；

所以，我们反对一切战争。

例Ⅰ违反了第一条规则和第四条规则，例Ⅱ违反了第三条规则。这样的推理是不正确的。

第五节　模态推理

模态推理就是根据模态判断的逻辑性质进行的推理，它的前提或结论中含有模态判断。例如：

Ⅰ 新事物必然战胜旧事物，
————————————
所以，新事物不可能不战胜旧事物。

Ⅱ 凡是罪犯必然有犯罪行为；
某甲是罪犯；
————————————
所以，某甲必然有犯罪行为。

模态推理所涉及的问题极其复杂，推理形式也是多种多样。这里我们只介绍模态推理中比较常用的对当关系模态推理和模态三段论两种。

一　对当关系模态推理

对当关系模态推理就是根据模态判断的对当关系进行的模态推理。在本书《简单判断》一章中，我们已经介绍了 4 种模态判断之间的对当关系，并以模态方阵表示出来。根据模态方阵中各判断的真假关系，对当关系模态推理有 4 种。

1. 根据反对关系进行的模态推理

反对关系是指必然 p（$\Box p$）与必然非 p（$\Box \bar{p}$）两个模态判断之间的真假关系。它的逻辑特征是：已知一个模态判断真，可推出另一个模态判断必假；已知一个模态判断假，不能推出另一个模态判断的真假。根据这种关系，可以由真推假，有两个有效式。

其一，由必然 p 真，可以推出必然非 p 假。逻辑结构式为：

$$\frac{\Box p}{\therefore \overline{\Box \bar{p}}}$$

或者为：必然 p
————————————
所以，不必然非 p。

例如：

犯罪必然是违法行为（必然 p 真），
————————————
所以，并非犯罪必然不是违法行为（必然非 p 假）。

其二，由必然非 p 真，可以推出必然 p 假。逻辑结构式为：

$$\frac{\Box \bar{p}}{\therefore \overline{\Box p}}$$

或者为：必然非 p，
————————————
所以，不必然 p。

例如：

$$\frac{\text{幸福必然不会从天降(必然非p真)，}}{\text{所以，幸福不必然会从天降(必然p假)。}}$$

2. 根据下反对关系进行的模态推理

下反对关系是指可能p($\Diamond p$)与可能非p($\Diamond \overline{p}$)两个模态判断之间的真假关系。它的逻辑特征是：已知一个模态判断假，可推出另一个模态判断真；已知一个模态判断真，不能推出另一个模态判断的真假。根据这种关系，可以由假推真，有两个有效式。

其一，由可能p假，可以推出可能非p真。逻辑结构式为：

$$\frac{\overline{\Diamond p}}{\therefore \Diamond \overline{p}} \quad \text{或者为：} \frac{\text{不可能p，}}{\text{所以，可能非p。}}$$

例如：

$$\frac{\text{明天不可能下雨(可能p假)，}}{\text{所以，明天可能不下雨(可能非p真)。}}$$

其二，由可能非p假，可以推出可能p真。逻辑结构式为：

$$\frac{\overline{\Diamond \overline{p}}}{\therefore \Diamond p} \quad \text{或者为：} \frac{\text{不可能非p，}}{\text{所以，可能p。}}$$

例如：

$$\frac{\text{明天不可能不下雨(可能非p假)，}}{\text{所以，明天可能下雨(可能p真)。}}$$

3. 根据差等关系进行的模态推理

差等关系是指必然p($\Box p$)与可能p($\Diamond p$)两个模态判断，以及必然非p($\Box \overline{p}$)与可能非p($\Diamond \overline{p}$)两个模态判断之间的真假关系。它们的逻辑特征是：已知上位模态判断真，可以推出下位模态判断必真；已知上位模态判断假，不能推出下位模态判断的真假。已知下位模态判断假，可以推出上位模态判断必假；已知下位模态判断真，不能推出上位模态判断的真假。根据这种关系，可以由“必然”真推“可能”真，也可以由“可能”假推“必然”假。有4个有效式。

其一，由必然p真，可以推出可能p真。其逻辑结构式为：

$$\frac{\Box p}{\therefore \Diamond p} \quad \text{或者为：} \frac{\text{必然p，}}{\text{所以，可能p。}}$$

例如：

某甲必然是本案的作案人（必然p真），
所以，某甲可能是本案的作案人（可能p真）。

其二，由必然非p真，可以推出可能非p真。其逻辑结构式为：

$$\begin{array}{l}\Box\overline{p}\\ \hline \therefore \Diamond\overline{p}\end{array}$$

或者为：必然非p，
所以，可能非p。

例如：

某甲必然不是本案的作案人（必然非p真），
所以，某甲可能不是本案的作案人（可能非p真）。

其三，由可能p假，可以推出必然p假。其逻辑结构式为：

$$\begin{array}{l}\overline{\Diamond p}\\ \hline \therefore \overline{\Box p}\end{array}$$

或者为：不可能p，
所以，不必然p。

例如：

火星上不可能有生命（可能p假），
所以，火星上不必然有生命（必然p假）。

其四，由可能非p假，可以推出必然非p假。其逻辑结构式为：

$$\begin{array}{l}\overline{\Diamond \overline{p}}\\ \hline \therefore \overline{\Box \overline{p}}\end{array}$$

或者为：不可能非p，
所以，不必然非p。

例如：

并非某甲可能不是本案的作案者（可能非p假），
所以，并非某甲必然不是本案的作案者（必然非p真）。

4. 根据矛盾关系进行的模态推理

矛盾关系是指必然p（$\Box p$）与可能非p（$\Diamond\overline{p}$）两个模态判断，以及必然非p（$\Box\overline{p}$）与可能p（$\Diamond p$）两个模态判断之间的真假关系。它们的逻辑特征是：已知一个模态判断真，可以推出另一个模态判断必假；已知一个模态判断假，可以推出另一个模态判断必真。根据这种关系，可以由真推假，也可以由假推真，有8个有效式。

Ⅰ 由必然p真，可以推出可能非p假。其逻辑结构式为：

$$\frac{\Box p}{\therefore \neg\Diamond\neg p}$$ 或者为：$\frac{\text{必然p，}}{\text{所以，不可能非p。}}$

例如：

某甲必然是杀人凶手(必然p真)；
所以，并非某甲可能不是杀人凶手(可能非p假)。

Ⅱ 由必然p假，可以推出可能非p真。
Ⅲ 由可能非p真，可以推出必然p假。
Ⅳ 由可能非p假，可以推出必然p真。
Ⅴ 由必然非p真，可以推出可能p假。
Ⅵ 由必然非p假，可以推出可能p真。
Ⅶ 由可能p真，可以推出必然非p假。
Ⅷ 由可能p假，可以推出必然非p真。

也就是说，一个模态判断的负判断等值于它的矛盾判断。

二 模态三段论

模态三段论就是在三段论中引入模态概念而形成的推理。模态三段论的形式很复杂，这里介绍几种最基本的形式。

1. 必然模态三段论

必然模态三段论就是在三段论中引入“必然”模态概念而形成的模态推理。例如：

凡是罪犯必然有犯罪行为；
某甲必然是罪犯；
所以，某甲必然有犯罪行为。

这是由两个必然前提组成的模态三段论的第一格AAA式，其推理结构式为：

所有的M必然是P；
所有的S必然是M；
所以，所有的S必然是P

2. 可能模态三段论

可能模态三段论就是在三段论中引入“可能”模态概念而形成的模态推理。例如：

肺癌可能是由吸烟引起的；

他患的病可能是肺癌；

所以，他患的病可能是由吸烟引起的。

这是由两个可能前提组成的模态三段论第一格 AAA 式，其推理结构式为：

所有的 M 可能是 P；

所有的 S 可能是 M；

所以，所有的 S 可能是 P。

3. 必然和可能混合的模态三段论

必然和可能混合的模态三段论就是在三段论的两个前提中，一个前提引入"必然"模态概念，另一个前提引入"可能"模态概念而形成的模态推理。例如：

盗窃犯必然有赃物；

某甲可能是盗窃犯；

所以，某甲可能有赃物。

这是由一个必然前提、一个可能前提组成的模态三段论第一格 AAA 式，其推理结构式为：

所有的 M 必然是 P；

所有的 S 可能是 M；

所以，所有的 S 可能是 P。

4. 必然和性质混合的模态三段论

必然和性质混合的模态三段论就是在三段论的一个前提中引入"必然"模态概念，另一个前提仍是性质判断的模态推理。例如：

一切违背科学的东西都必然要被抛弃；

迷信是违背科学的东西；

所以，迷信必然要被抛弃。

这是由一个必然前提、一个性质前提组成的模态三段论第一格 AAA 式，其推理结构式为：

所有的 M 必然是 P；

所有的 S 是 M；

所以，所有的 S 必然是 P。

5. 可能和性质混合的模态三段论

可能和性质混合的模态三段论就是在三段论的一个前提中引入"可能"模态概念，另一个前提仍是性质判断的模态推理。例如：

凡是与被害人有仇的人都可能是该凶杀案的凶手；

某甲是与被害人有仇的人；

所以，某甲可能是该凶杀案的凶手。

这是由一个可能前提、一个性质前提组成的模态三段论第一格AAA式，其推理结构式为：

所有的M可能是P；

所有的S是M；

所以，所有的S可能是P。

事实上，以上5种模态三段论的形式中，每一种形式都各有4个格，而每个格又有众多可能的式，于是模态三段论有数目惊人的可能的式。在众多的式中，判定一个模态三段论是否有效，一般根据以下规则：

Ⅰ 必须遵守直言三段论的规则。

Ⅱ 如果两个前提都是必然判断，则结论可以是必然判断。

Ⅲ 如果前提中有一个可能判断，或两个前提都是可能判断，则结论只能是可能判断。

Ⅳ 如果一个前提是必然判断，一个前提是性质判断，结论一般只能是性质判断或可能判断；但当大前提是必然判断，或者小前提是必然否定判断时，结论可以是必然判断。

凡是符合上述规则的模态三段论就是有效的，违反其中任何一条规则的模态三段论都是无效的。

复习思考题

1. 什么是推理？什么是推理的逻辑性？

2. 什么是对当关系直接推理？它都有哪几种？写出它们的推理形式。

3. 什么是判断变形直接推理？它都有哪几种？写出它们的推理形式。

4. 什么是三段论？三段论的结构是怎样的？

5. 三段论的公理是什么？

6. 三段论的规则有哪些？违反三段论的规则所犯的逻辑错误分别是什么？

7. 什么是三段论的格和式？三段论各个格的特殊规则是什么？

8. 什么是三段论的省略式？如何恢复省略三段论？

9. 关系推理的形式有哪些？应当遵守哪些规则？

10. 什么是模态推理？它都有哪几种形式？

练习题

一　下列对当关系直接推理是否正确？为什么？

1. 有些农作物是玉米，所以，有些农作物不是玉米。

2. 没有一种哲学不是有阶级性的，所以，并非没有一种哲学是有阶级性的。

3. 大多数学生是勤奋好学的，所以，不能说所有学生都是勤奋好学的。

4. 并非村南有些农作物不是玉米，所以，村南所有农作物都是玉米。

5. 凡是被告都有辩护权，所以，有些被告有辩护权。

6. 有的干部不是党员，所以，有的党员不是干部。

7. 所有犯罪不都是故意的，所以，有些犯罪不是故意的。

二　将下列判断换质、换位、换质位、换位质。

1. 一切马克思主义者都是无神论者。

2. 有些错误是可以避免的。

3. 有些花不是红的。

4. 所有错误不是都不能避免的。

三　下列推理能否成立？为什么？

1. 从SOP推出$\overline{P}O\overline{S}$。

2. 从SEP推出$\overline{P}O\overline{S}$。

3. 从SAP推出$\overline{P}O\overline{S}$。

4. 从SIP推出$\overline{P}O\overline{S}$。

四　从"一切好的干部都是密切联系群众的"能否推出以下结论？为什么？

1. 有些好的干部不是密切联系群众的。

2. 不密切联系群众的是不好的干部。

3. 密切联系群众的是好干部。

4. 不密切联系群众的不是不好的干部。

五　下列三段论是否正确？为什么？

1. 许多水果是北方产的，苹果是水果，因此，苹果是北方产的。

2. 审判员在法院工作，这些人在法院工作，所以，这些人是审判员。

3. 外语翻译都懂外语，他不是外语翻译，所以，他不懂外语。

4. 并非所有细菌都有毒，也并非所有生物都是细菌，所以，并非所有生物都有毒。

5. 正义的事业是不可战胜的，我们的事业是正义的事业，所以，我们的事业是不可战胜的。

6. 中子是基本粒子，中子是不带电的，所以，有些基本粒子是不带电的。

7. 没有一个辩证论者是形而上学者，没有一个思想僵化者是辩证论者，所以，没有一个思想僵化者是形而上学者。

8. 有些水生动物是海豚，海豚是哺乳动物，所以，有的哺乳动物是水生动物。

六 将下列省略三段论恢复成完整形式。

1. 因为我们不谋私利，所以我们无所畏惧。

2. 触犯刑律是要受到法律惩处的，他是要受到法律惩处的。

3. 科学家都是实事求是的，而自然科学家是科学家。

4. 正当防卫不是犯罪行为，所以，他的行为不是犯罪行为。

七 在括号中填入适当的符号，构成一个正确的三段论，并说明理由。

1.
( ) ( ) ( )
S O M
———————
∴ S ( ) M

2.
M O P
( ) ( ) ( )
———————
∴ S ( ) P

3.
( ) E ( )
S A ( )
———————
∴ S ( ) P

4.
P ( ) M
( ) A ( )
———————
∴ S I P

八 运用三段论的规则回答下列问题。

1. 一个正确的三段论的 3 个项，能否都周延两次，为什么？

2. 如果正确的三段论结论是全称的，则中项不能周延两次，为什么？

3. 一个正确的三段论，它的大前提是肯定的，大项在前提和结论中都周延，小项在前提和结论中都不周延，这个三段论是什么式？为什么？

九 下列关系推理是否正确？为什么？

1. 甲帮助乙，所以，乙帮助甲。

2. 甲打了乙，所以，乙打了甲。

3. 甲比乙高，乙比丙高，所以，甲比丙高。

十 写出下列模态三段论的形式，并判断其是否有效。

1. 所有故意杀人犯必然有杀人动机，甲是故意杀人犯，所以，甲必然有杀人动机。

2．凡与被害人有仇的人可能是杀人凶手，乙与被害人有仇，所以，乙可能是杀人凶手。

3．所有冬季可能下雪，每年12月至次年2月必然是冬季，所以，每年12月至次年2月可能下雪。

4．常与流氓来往者可能是流氓，常与流氓来往者可能是游手好闲者，所以，有些游手好闲者可能是流氓。

第六章 复合判断的演绎推理

本章介绍复合判断演绎推理。复合判断的演绎推理主要包括联言推理、选言推理、假言推理、假言选言推理等。

第一节 联言推理

一 什么是联言推理

联言推理是根据联言判断的逻辑性质进行的推理，它的前提或结论为联言判断。例如：

毛泽东是政治家，

毛泽东是军事家，

所以，毛泽东既是政治家又是军事家。

这就是一个联言推理，它的结论是一个联言判断。它是根据前提中的两个性质判断都真，从而推出一个以这两个性质判断作支判断的联言判断真的联言推理。再如：

李白和杜甫都是诗人，

所以，李白是诗人。

这也是一个联言推理，它的前提是一个联言判断。它是根据作为前提的联言判断真推出其中一个联言支真的联言推理。因此，联言推理的结论是必然的。

二 联言推理的种类

根据联言判断是作前提还是作结论，联言推理分为分解式和组合式两种形式。

1. 联言推理的分解式

联言推理的分解式是以联言判断为前提，推出一个联言支作结论的联言推理。例如：

我们既要坚持改革开放，又要坚持四项基本原则，

所以，我们要坚持改革开放。

这是一个联言推理的分解式，前提是一个联言判断。根据联言判断的逻辑性质，联言判断真，则它的联言支都是真的，因此推出其中一个联言支必然真的结论。其结构式为：

p 并且 q，
所以，p（或 q）。

其符号形式为：$\dfrac{p \land q}{\therefore p（或 q）}$

也可以表示为：

$(p \land q) \rightarrow p（或 q）$

2. 联言推理的组合式

联言推理的组合式是以若干真的性质判断为前提，推出一个联言判断作结论的联言推理。例如：

他有作案的时间，

他有作案的动机，

所以，他既有作案的时间又有作案的动机。

这是一个联言推理的组合式，前提是两个性质判断。根据联言判断的逻辑性质，每个联言支真，则联言判断是真的，因此推出一个必然真的联言判断作结论。其结构式为：

p，
q，
所以，p 并且 q。

其符号形式为：$\dfrac{\begin{array}{c} p \\ q \end{array}}{\therefore p \land q}$

也可以表示为：

$(p, q) \rightarrow p \land q$

联言推理虽然十分简单，但在思维活动中却是常见的推理形式。运用联言推理的分解式，可以帮助我们由对事物的总体认识达到对事物的个别认识；运用联言推理的组合式，可以帮助我们由对事物的部分认识达到对事物的综合认识。

第二节 选言推理

一 什么是选言推理

选言推理是前提中有一个选言判断,并且根据选言判断的逻辑性质进行的推理。例如:

任何一种哲学,要么是唯物主义的,要么是唯心主义的;

某一哲学是唯物主义的;

所以,某一哲学不是唯心主义的。

这是一个选言推理,它的一个前提是选言判断,另一个前提和结论是性质判断。根据选言判断的逻辑性质,在前提中肯定了"某一哲学是唯物主义的"这一选言支,结论就可以否定另一个选言支"某一哲学是唯心主义的"。

由于选言推理是由两个前提推出结论的三段论形式,而且也具有由一般到个别的演绎性质,所以又把选言推理叫做"选言三段论"。前提中的选言判断叫做大前提,前提中的性质判断叫做小前提。

二 选言推理的种类

选言判断分为相容选言判断和不相容选言判断两种,相应地,选言推理也分为相容选言推理和不相容选言推理两种。

1. 相容选言推理

相容选言推理是前提中有一个相容选言判断,并且根据相容选言判断的逻辑性质进行的推理。例如:

某人或者是文学家,或者是音乐家;

他不是音乐家;

所以,某人是文学家。

这是一个相容选言推理。两个前提中,一个是相容选言判断,一个是对相容选言判断其中一个选言支的否定,结论是对相容选言判断另一个选言支的肯定。

一个正确的相容选言判断,各个选言支之间是相容的,即它们之间至少有一真,可以同真。根据这种逻辑性质,相容选言推理的规则可以概括为:

第一，否定一部分选言支，可以肯定其余的选言支；

第二，肯定一部分选言支，不能否定其余的选言支。

根据以上规则，相容选言推理有一个有效式即否定肯定式，一个无效式即肯定否定式。

(1)否定肯定式(有效式)

这种形式是小前提否定一部分选言支，在结论中肯定其余的选言支。其结构式为：

p 或者 q，
非 p(或非 q)，
所以，q(或 p)。

其符号形式为：

$$\frac{\begin{array}{c}p \vee q \\ \overline{p}(\text{或}\,\overline{q})\end{array}}{\therefore q(\text{或}\,p)}$$

也可以表示为：

$$[(p \vee q) \wedge \overline{p}] \rightarrow q \text{ 或 } [(p \vee q) \wedge \overline{q}] \rightarrow p$$

例如：

犯错误或是立场原因或是认识原因；
某甲犯错误不是立场原因；
所以，某甲犯错误是认识原因。

这个推理是相容选言推理的否定肯定式，是正确的。

(2)肯定否定式(无效式)　这种形式是在小前提肯定一部分选言支，在结论中否定其余的选言支。其结构式为：

p 或者 q，
p(或 q)，
所以，非 q(或非 p)。

其符号形式为：

$$\frac{\begin{array}{c}p \vee q \\ p(\text{或}\,q)\end{array}}{\therefore \overline{q}(\text{或}\,\overline{p})}$$

例如：

犯错误或者是立场原因或者是认识原因；
某甲犯错误是认识原因；
所以，某甲犯错误不是立场原因。

这个推理是相容选言推理的肯定否定式，是错误的。

2. 不相容选言推理

不相容选言推理是前提中有一个不相容的选言判断，并且根据不相容选言判断的逻辑性质进行的推理。例如：

他要么是北京人，要么是河北人；

他不是北京人；

所以，他是河北人。

这是一个不相容选言推理，两个前提中，一个是不相容的选言判断，一个是对不相容选言判断其中一个选言支的否定，结论是对不相容选言判断另一个选言支的肯定。

一个正确的不相容选言判断，各个选言支是相互排斥的，不能同真，也不能同假，其中只有一个是真的。根据这种逻辑性质，不相容选言推理的规则可以概括为：

第一，肯定一个选言支，就要否定其余的选言支。

第二，否定一个以外的选言支，就要肯定余下的那个选言支。

根据以上规则，不相容选言推理的否定肯定式和肯定否定式都是有效式。

(1)否定肯定式

这种形式是小前提否定一个以外的选言支，在结论中肯定余下的那个选言支。其结构式为：

要么p，要么q；
非p(或非q)；
所以，q(或p)

其符号形式为：

$$\frac{\begin{array}{c}p \dot{\vee} q \\ \overline{p}(或\overline{q})\end{array}}{\therefore q(或p)}$$

也可以表示为：

$$[(p \dot{\vee} q) \wedge \overline{p}] \rightarrow q \quad 或[(p \dot{\vee} q) \wedge \overline{q}] \rightarrow p$$

例如：

要么改革开放，要么闭关锁国；

我们不能闭关锁国；

所以，我们只能改革开放。

这是一个不相容选言推理的否定肯定式，是正确的。

(2)肯定否定式

这种形式是前提中肯定一个选言支，在结论中否定其余的选言支。其结构式为：

要么p，要么q；
p(或q)；
所以，非q(或非p)。

其符号形式为：

$$\frac{\begin{array}{c}p \dot{\vee} q \\ p(或q)\end{array}}{\therefore \overline{q}(或\overline{p})}$$

也可以表示为：

$[(p \dot{\vee} q)\wedge p]\rightarrow \bar{q}$　或 $[(p \dot{\vee} q)\wedge q]\rightarrow \bar{p}$)

例如：

要么改革开放，要么闭关锁国；
我们坚持改革开放；
————————————
所以，我们不能闭关锁国。

这是一个不相容选言推理的肯定否定式，是正确的。

第三节　假言推理

一　什么是假言推理

假言推理是根据假言判断前后件之间的关系进行的推理，即根据假言判断的逻辑性质进行的推理。其前提中至少有一个是假言判断。例如：

如果某甲是作案人，则某甲有作案时间；
某甲没有作案时间；
————————————
所以，某甲不是作案人。

这是一个假言推理，它的一个前提是假言判断，另一个前提和结论是直言判断。结论是根据假言判断前后件的真假制约关系推出的。

由于这种假言推理是由两个前提推出结论的三段论形式，而且又具有由一般到个别的演绎性质，所以又叫假言三段论。前提中的假言判断称为大前提，前提中的性质判断称为小前提。

二　假言推理的种类

假言判断分为充分条件假言判断、必要条件假言判断和充分必要条件假言判断，相应地，假言推理也分为充分条件假言推理、必要条件假言推理和充分必要条件假言推理3类。

1. 充分条件假言推理

充分条件假言推理是前提中有一个充分条件假言判断，并根据充分条件假言判断前后件之间的逻辑性质进行的推理。

充分条件前后件之间的关系是：有前件一定有后件；无前件未必无后件；有后件未必有前件；无后件一定无前件。根据充分条件假言判断的这种逻辑性质，可以由前件真推出后件必真，也可以由后件假推出前件必假。这样，充分条件假言判断有两个有效式：肯定前件式和否定后件式。

(1)肯定前件式

肯定前件式是在前提中肯定充分条件假言判断的前件,结论中肯定它的后件。其推理结构式为:

如果p,那么q;
p;
———
所以,q。

其符号形式为:
$$\frac{\begin{array}{c}p\to q\\ p\end{array}}{\therefore q}$$

也可以表示为:

$$[(p\to q)\land p]\to q$$

例如:

如果某人的行为构成违约,那么要承担违约责任;
某甲的行为构成违约;
———
所以,某甲要承担违约责任。

(2)否定后件式

否定后件式是在前提中否定充分条件假言判断的后件,结论中否定它的前件。其推理结构式为:

如果p,那么q;
非q;
———
所以,非p。

其符号形式为:
$$\frac{\begin{array}{c}p\to q\\ \overline{q}\end{array}}{\therefore \overline{p}}$$

也可以表示为:

$$[(p\to q)\land \overline{q}]\to \overline{p}$$

例如:

如果物体受到摩擦,那么它就会发热;
此物没有发热;
———
所以,此物没有受到摩擦。

充分条件假言推理还有两个无效式,即否定前件式和肯定后件式。否定前件式是在前提中否定充分条件假言判断的前件,在结论中否定其后件;肯定后件式是在前提中肯定充分条件假言判断的后件,在结论中肯定其前件。这两种形式之所以是无效式,是由充分条件假言判断的逻辑性质决定的。因为前件是后件的充分条件,没有前件,不一定没有后件,所以不能通过否定前件来必然地否定后件。前件是后件的充分条件,有了后件,不一定有前件,所以不能通过肯定后件来必然地肯定前件。

由此可见,充分条件假言推理的规则是:

第一，肯定前件就要肯定后件，否定后件就要否定前件；

第二，否定前件不能否定后件，肯定后件不能否定前件。

2. 必要条件假言推理

必要条件假言推理是前提中有一个必要条件假言判断，并根据必要条件假言判断前后件之间的逻辑性质进行的推理。

必要条件前后件之间的关系是：无前件一定无后件；有前件未必有后件；有后件一定有前件；无后件未必无前件。根据必要条件假言判断的这种逻辑性质，可以由前件假推出后件必假，也可以由后件真推出前件必真。这样，必要条件假言判断有两个有效式：否定前件式和肯定后件式。

(1)否定前件式

否定前件式是在前提中否定必要条件假言判断的前件，结论中否定它的后件。其推理结构式为：

只有p，才q；
非p；
————————
所以，非q。

其符号形式为：

$$\frac{\begin{array}{c}p \leftarrow q \\ \overline{p}\end{array}}{\therefore \overline{q}}$$

也可以表示为：

$$[(p \leftarrow q) \land \overline{p}] \rightarrow \overline{q}$$

例如：

只有努力学习，才能取得好成绩；
小李没有努力学习；
————————
所以，小李不能取得好成绩。

(2)肯定后件式

肯定后件式是在前提中肯定必要条件假言判断的后件，结论中肯定它的前件。其推理结构式为：

只有p，才q；
q；
————————
所以，p。

其符号形式为：

$$\frac{\begin{array}{c}p \leftarrow q \\ q\end{array}}{\therefore p}$$

也可以表示为：

$$[(p \leftarrow q) \land q] \rightarrow p$$

例如：

只有年满18岁，才有选举权；

小李有选举权；

所以，小李一定年满18岁。

必要条件假言推理除了以上两个有效式外，还有两个无效式，即肯定前件式和否定后件式。肯定前件式是在前提中肯定必要条件假言判断的前件，在结论中肯定其后件；否定后件式是在前提中否定必要条件假言判断的后件，在结论中否定其前件。这两种形式之所以是无效式，是由必要条件假言判断的逻辑性质决定的。因为前件是后件的必要条件，有前件，不一定有后件，所以不能通过肯定前件来必然地肯定后件。前件是后件的必要条件，没有后件，不一定没有前件，所以不能通过否定后件来必然地否定前件。

由此可见，必要条件假言推理的规则是：

第一，否定前件就要否定后件，肯定后件就要肯定前件；

第二，肯定前件不能肯定后件，否定后件不能否定前件。

3. 充分必要条件假言推理

充分必要条件假言推理是前提中有一个充分必要条件假言判断，并根据充分必要条件假言判断前后件之间的逻辑性质进行的推理。

充分必要条件前后件之间的关系是：有前件一定有后件；无前件一定无后件；有后件一定有前件；无后件一定无前件。根据充分必要条件假言判断的这种逻辑性质，可以由前件真推出后件必真，由前件假推出后件必假；也可以由后件真推出前件必真，由后件假推出前件必假。这样，充分必要条件假言推理有4个有效式：肯定前件式、否定前件式、肯定后件式和否定后件式。

(1)肯定前件式

肯定前件式是在前提中肯定充分必要条件假言判断的前件，结论中肯定它的后件。其推理结构式为：

p当且仅当q；
p；
所以，q。

其符号形式为：

$$\frac{\begin{array}{c}p \longleftrightarrow q \\ p\end{array}}{\therefore q}$$

也可以表示为：

$$[(p \longleftrightarrow q) \land p] \to q$$

例如：

当且仅当一个数是偶数，它能被2整除；

8是偶数；

所以，8能被2整除。

(2)否定前件式

否定前件式是在前提中否定充分必要条件假言判断的前件，结论中否定它的后件。其推理结构式为：

p当且仅当q；
非p；
所以，非q。

其符号形式为：$\dfrac{p\longleftrightarrow q \quad \overline{p}}{\therefore \overline{q}}$

也可以表示为：

$[(p\longleftrightarrow q)\land\overline{p}]\rightarrow\overline{q}$

例如：

当且仅当三角形的三个内角相等，该三角形是等边三角形；
△ABC的三个内角不相等；
所以，△ABC不是等边三角形。

(3)肯定后件式

肯定后件式是在前提中肯定充分必要条件假言判断的后件，结论中肯定它的前件。其推理结构式为：

p当且仅当q；
q；
所以，p。

其符号形式为：$\dfrac{p\longleftrightarrow q \quad q}{\therefore p}$

也可以表示为：

$[(p\longleftrightarrow q)\land q]\rightarrow p$

例如：

当且仅当某人是罪犯，他要受到刑法处罚；
某甲受到刑法处罚；
所以，某甲是罪犯。

(4)否定后件式　否定后件式是在前提中否定充分必要条件假言判断的后件，结论中否定它的前件。其推理结构式为：

p当且仅当q；
非q；
所以，非p。

其符号形式为：$\dfrac{p\longleftrightarrow q \quad \overline{q}}{\therefore \overline{p}}$

也可以表示为：

$$[(p \longleftrightarrow q) \wedge \overline{q}] \rightarrow \overline{p}$$

例如：

当且仅当甲是罪犯，乙是罪犯；

乙不是罪犯；

所以，甲不是罪犯。

充分必要条件假言推理的规则，是从充分必要条件假言判断前、后件的逻辑关系必然引出的。这可以概括为：

第一，肯定前件就要肯定后件，否定前件就要否定后件；

第二，肯定后件就要肯定前件，否定后件就要否定前件。

第四节　假言选言推理

一　什么是假言选言推理

假言选言推理是由两个假言判断和一个二支的选言判断作前提构成的推理。这种推理常被用于辩论中。它的特点是：辩论的一方从对方的观点出发提出两种可能，再由这两种可能引申出两种结论，使对方无论选择其中的哪一种，结果都会使对方进退维谷，左右为难，从而驳倒对方，所以又叫二难推理。例如：

如果有风水，那么看风水的人就会发迹；

如果有风水，那么不信风水的人就会倒霉；

或者看风水的人没有发迹，或者不信风水的人没有倒霉；

所以，没有风水。

这是一个二难推理，是根据两个假言判断前提和一个选言判断前提进行的假言选言推理。其中的选言前提要人们做出明确地选择，而假言前提则表明，无论选择哪一种可能都使对方陷入困境。

有时事物不只有两种可能性，而是有3种或4种可能性，这时我们也可以用一个断定这3种或4种可能性的选言判断作前提，再分别由这3种或4种可能性中引出对方难以接受的结论。这样的推理形式，可以分别叫做三难推理或四难推理。这里我们主要介绍二难推理。

二　假言选言推理的形式

二难推理，根据其结论是简单判断还是复合判断，可以分为简单式和复杂式；根据其结论是对前提中假言判断后件的肯定还是对前件的否定，可以分为构成式（肯定式）和破坏式（否定式）。如果把这两种划分标准结合起来，二难推理就有4种形式。

1. 简单构成式

二难推理的简单构成式是作为前提的两个假言判断的前件不同而后件相同，前提中的选言判断肯定假言判断的前件，结论肯定其后件的二难推理形式。其推理结构式为：

如果p，那么r；
如果q，那么r；
p或者q，
————
所以，r。

其符号形式为：

$$\begin{array}{l} p \rightarrow r \\ q \rightarrow r \\ p \vee q \\ \hline \therefore r \end{array}$$

也可以表示为：

$$[(p \rightarrow r) \wedge (q \rightarrow r)] \wedge (p \vee q) \rightarrow r$$

例如，毛泽东在《论人民民主专政》一文中讲到："在野兽面前，不可以表示丝毫的怯懦。我们要学景阳冈上的武松。在武松看来，景阳冈上的老虎，刺激它也是那样，不刺激它也是那样，总之是要吃人的。或者把老虎打死，或者被老虎吃掉，二者必居其一。"①毛泽东的这段话就包含着一个二难推理的简单构成式：

如果刺激老虎，老虎是要吃人的；
如果不刺激老虎，老虎是要吃人的；
或者刺激老虎，或者不刺激老虎；
————
总之，老虎是要吃人的。

简单构成式之所以称之为"简单"，是因为它的结论是一个简单判断；之所以称之为"构成"，是因为其结论是对前提中相同的假言判断后件的肯定。

2. 简单破坏式

二难推理的简单破坏式，是作为前提的两个假言判断的前件相同而后件不同，前提中的选言判断否定假言判断的后件，结论否定其前件的二

① 《毛泽东选集》第四卷，第1 410页，人民出版社，1966年。

难推理形式。其推理结构式为：

如果p，那么q；
如果p，那么r；
非q或者非r；
所以，非p。

其符号形式为：

$$\begin{array}{l} p \rightarrow q \\ p \rightarrow r \\ \bar{q} \vee \bar{r} \\ \hline \therefore \bar{p} \end{array}$$

也可以表示为：

$$[(p \rightarrow q) \wedge (p \rightarrow r)] \wedge (\bar{q} \vee \bar{r}) \rightarrow \bar{p}$$

例如：

如果你是真的认罪，那么你应该交出凶器与赃物；
如果你是真的认罪，那么你应该检举你的同犯；
你或者没有交出凶器与赃物，或者没有检举你的同犯；
所以，你不是真的认罪。

简单破坏式之所以称之为"简单"，是因为它的结论是一个直言判断，直言判断是简单判断；之所以称之为"破坏"，是因为其结论是对前提中相同的假言判断前件的否定。

3. 复杂构成式

二难推理的复杂构成式，是作为前提的两个假言判断的前件、后件都不相同，前提中的选言判断肯定两个假言判断的前件，结论肯定两个假言判断后件的二难推理形式。其推理结构式为：

如果p，那么r；
如果q，那么s；
p或者q；
所以，r或者s。

其符号形式为：

$$\begin{array}{l} p \rightarrow r \\ q \rightarrow s \\ p \vee q \\ \hline \therefore r \vee s \end{array}$$

也可以表示为：

$$[(p \rightarrow r) \wedge (q \rightarrow s)] \wedge (p \vee q) \rightarrow r \vee s$$

例如，有一位青年作家在自己的作品中这样写道："我走了，走了，象挨打的、被开水烫伤的狗一样地走了。"对此，高尔基这样评述："这只狗，如果挨了打，它不是走，却是急急地跑开，你再要烫它，那就不等候你烫了；如果先烫它，它就要急急地跑开的，你要再打它，它就不等候你打了。"高尔基的这段话包含着一个二难推理的复杂构成式：

如果先打这只狗，那么你就烫不到它；

如果先烫这只狗，那么你就打不到它；

或者先打这只狗，或者先烫这只狗；

所以，或者你烫不到它，或者你打不到它。

复杂构成式之所以称之为“复杂”，是因为它的结论是一个选言判断，选言判断是复合判断；之所以称之为“构成”，是因为其结论是对前提中假言判断后件的肯定。

4. 复杂破坏式

二难推理的复杂破坏式，是作为前提的两个假言判断的前件、后件都不相同，前提中的选言判断否定两个假言判断的后件，结论否定两个假言判断的前件的二难推理形式。其推理结构式为：

如果p，那么r；

如果q，那么s；

非r或者非s；

所以，非p或者非q。

其符号形式为：

$$\begin{array}{l} p \to r \\ q \to s \\ \bar{r} \lor \bar{s} \\ \hline \therefore \bar{p} \lor \bar{q} \end{array}$$

也可以表示为：

$$[(p \to r) \land (q \to s)] \land (\bar{r} \lor \bar{s}) \to \bar{p} \lor \bar{q}$$

例如，我国著名美学家朱光潜曾引用苏轼的一首诗来说明美是主观与客观的统一。苏轼在《琴诗》中写道：“若言琴上有琴声，放在匣中何不鸣？若言声在指头上，何不于君指上听？”苏轼的诗包含一个二难推理的复杂破坏式：

如果琴本身有琴声，那么琴放在匣中就会自己鸣；

如果琴声在指头上，那么在指头上能听得到琴声；

或者琴在匣中没有自己鸣，或者在指头上听不到琴声；

所以，或者琴本身没有琴声，或者琴声不在指头上。

复杂破坏式之所以称之为“复杂”，是因为它的结论是一个选言判断，选言判断是复合判断；之所以称之为“破坏”，是因为其结论是对前提中假言判断前件的否定。

三　破斥二难推理的方法

1. 二难推理的规则

运用二难推理进行推理时，必须遵守其规则。

第一，前提中的假言判断必须是真的充分条件假言判断，即前、后件

之间必须具有充分条件关系。否则不能得出结论。例如：

某地方官请和尚念经，祈求天不下冰雹，向当地农民收钱。地方官说：

如果天不下冰雹，是念经有功，要交酬金；

如果天下冰雹，是民心不诚，要罚款；

天或者不下冰雹，或者下冰雹；

所以，农民或者交酬金，或者交罚款。

这是一个错误的二难推理，因为前提中假言判断的前后件之间不具有充分条件关系，假言前提虚假。

第二，前提中的选言判断的选言支应当穷尽有关可能。否则不能构成真正的“二难”。例如：

如果从左右两翼攻击敌人，则因地势险要而不能取胜；

如果从正面攻击敌人，则因敌人兵力太多而不能取胜；

或者从左右两翼攻击敌人，或者从正面攻击敌人；

所以，总是不能取胜。

这是一个错误的二难推理，因为前提中选言判断的选言支没能穷尽有关可能，还存在从背后攻击敌人的可能。选言前提虚假。

第三，推理过程要符合充分条件假言推理和选言推理的规则。例如：

如果经济上犯罪，就要受到法律处罚；

如果政治上犯罪，就要受到法律处罚；

某人或者经济上没犯罪，或者政治上没犯罪；

所以，某人不会受到法律处罚。

这是一个错误的二难推理，因为它违反了充分条件假言推理的规则。充分条件假言推理的规则要求：肯定前件可以肯定后件，否定前件不能否定后件。这个推理采用的是否定前件式，是无效式。

一个正确的二难推理，必须遵守以上规则，否则就会出现逻辑错误，形成错误的二难推理。

2. 破斥二难推理的方法

由于二难推理是辩论中常用的工具，而且形式比较复杂，因此也容易发生错误。有些人也常常利用错误的二难推理进行诡辩。揭露二难推理的错误，逻辑上叫做破斥。破斥二难推理的方法是依据二难推理的规则。

方法1，揭露假言前提虚假。

指出前提中的假言判断不是真的假言判断，即前、后件之间不是真的充分条件关系，假言前提虚假。

方法2,揭露选言前提虚假。

指出前提中的选言判断没有穷尽有关可能,即选言前提虚假。

方法3,揭露违反推理规则。

指出二难推理违反了假言推理或选言推理的规则。

除了以上方法以外,破斥二难推理还常常用到这样一种方法:构成一个与原来二难推理相反的二难推理,即由原二难推理的前提得出一个与原二难推理相反的结论,来说明原二难推理不能成立。

例如,逻辑学上著名的"半费之讼",说的是古希腊有一个叫欧提勒士(Euathlus)的人,向当时著名的辩者普罗泰哥拉斯(Protagaras)学法律。两人定有合同:欧氏在毕业时付给普氏一半学费,另一半学费在欧氏第一次出庭打赢官司时付清。但是,欧氏毕业后一直没有出庭打官司。普氏等不及,就向法庭提起诉讼,并提出以下二难推理:

如果欧氏这次官司打赢,那么按照合同,他应付清我另一半学费;
如果欧氏这次官司打输,那么按照法庭判决,他应付清我另一半学费;
欧氏或者这次官司打赢,或者打输;

总之,他都应付清我另一半学费。

欧提勒士为了不付另一半学费,针对上面的二难推理,提出了一个相反的二难推理:

如果我这次官司打赢,那么按照法庭判决,我不应付另一半学费;
如果我这次官司打输,那么按照合同,我不应付另一半学费;
我或者这次官司打赢,或者打输;

总之,我都不应付另一半学费。

欧提勒士的二难推理驳斥了普罗泰哥拉斯的二难推理。但是,两个二难推理都是无效的。普氏的二难推理的错误在于第一个假言前提是假的,即前、后件之间没有必然联系,不是一个正确的充分条件假言判断。因为,如果欧氏打胜了官司,则应按法庭判决执行,而不能引申出按合同执行的结果。普氏在推理中提出了两个不同的标准:法庭判决和履行合同。所以无效。欧氏的二难推理中,同样是因为有两个标准,造成了第二个假言前提不真,从而使其前、后件之间无逻辑蕴涵关系。

由此可见,构造出来的相反的二难推理虽然能破斥对方的二难推理,但它本身却不一定是正确的。这一点需要注意。

第五节　其他复合判断推理

一　假言易位推理

假言易位推理，是通过改变前提中假言判断前件和后件的位置，从而推出一个新的假言判断作结论的推理形式。

由于假言判断有3种类型，相应地，假言易位推理也有3种形式。

1. 充分条件假言易位推理

充分条件假言易位推理是以一个充分条件假言判断为前提的假言易位推理。它是根据充分条件假言判断前、后件之间的关系进行的假言易位推理。一个真的充分条件假言判断，其前件与后件的关系是：前件真则后件必真，后件假则前件必假。根据这种关系，充分条件假言易位推理的结构式为：

如果p，那么q
——————————
所以，如果非q，那么非p。
（或：只有q才p）

其符号形式为：$\dfrac{p \rightarrow q}{\therefore \overline{q} \rightarrow \overline{p}}$
（或q←p）

也可以表示为：

$$(p \rightarrow q) \rightarrow (\overline{q} \rightarrow \overline{p})\text{或：}(p \rightarrow q) \rightarrow (q \leftarrow p)$$

例如：

如果患了肺炎，那么会咳嗽；
——————————
所以，如果没有咳嗽，那么就没患肺炎。
（或：只有咳嗽，才患肺炎。）

再如：

如果要得到虎子，就要入虎穴；
——————————
所以，如果不入虎穴，那么得不到虎子。
（或：只有入虎穴，才能得到虎子。）

通过充分条件假言易位推理，我们可以知道，如果p是q的充分条件，那么非q就是非p的充分条件，或者，q就是p的必要条件。

2. 必要条件假言易位推理

必要条件假言易位推理是以一个必要条件假言判断为前提的假言易位推理。它是根据必要条件假言判断前、后件之间的关系进行的假言易位推理。一个真的必要条件假言判断，其前件与后件的关系是：前件假则后件必假，后件真则前件必真。根据这种关系，必要条件假言易位推理的结构式为：

只有p，才q，
———————————
所以，如果q，那么p。
(或如果非p，那么非q)

其符号形式为：$\dfrac{p\leftarrow q}{\therefore q\rightarrow p}$　(或 $\overline{p}\rightarrow\overline{q}$)

也可以表示为：

$$(p\leftarrow q)\rightarrow(q\rightarrow p)\text{或}(p\leftarrow q)\rightarrow(\overline{p}\rightarrow\overline{q})$$

例如：

只有努力学习，才能取得好成绩；
———————————
所以，如果要取得好成绩，那么就要努力学习。
(或：如果不努力学习，就不能取得好成绩。)

再如：

只有入虎穴，才能得到虎子；
———————————
所以，如果要得到虎子，那么就要入虎穴。

通过必要条件假言易位推理，我们可以知道，如果p是q的必要条件，那么q就是p的充分条件，或者，非p就是非q的充分条件。

3. 充分必要条件假言易位推理

充分必要条件假言易位推理是以一个充分必要条件假言判断为前提的假言易位推理。它是根据充分必要条件假言判断前、后件之间的关系进行的假言易位推理。一个真的充分必要条件假言判断，其前件与后件之间是同真同假的等值关系。根据这种关系，充分必要条件假言易位推理的结构式为：

p当且仅当q，
———————————
所以，q当且仅当p。

其符号形式为：$\dfrac{p\longleftrightarrow q}{\therefore q\longleftrightarrow p}$

也可以表示为：

$$(p\longleftrightarrow q)\rightarrow(q\longleftrightarrow p)$$

例如：

一个数是偶数，当且仅当它能被2整除；

所以，一个数能被2整除，当且仅当它是偶数。

通过充分必要条件假言易位推理，我们可以知道，如果p是q的充分必要条件，那么q也是p的充分必要条件。

二　假言连锁推理

假言连锁推理是前提和结论都是假言判断的推理。这种推理形式一般是由两个以上假言判断作前提，前一个假言判断的后件作为后一个假言判断的前件，依次相互联结，并且根据假言判断前后件之间的制约关系，推出一个假言判断结论的假言推理形式。因为它的前提和结论都是假言判断，所以又叫纯假言推理。这种推理的有效性是建立在条件关系的传递性的基础上的。

例如，达尔文在说明物种之间的联系时，曾举过这样一个例子：

如果猫多，那么野鼠就少；（猫能捕食野鼠）

如果野鼠少，那么土蜂就多；（野鼠破坏土蜂的蜂巢）

如果土蜂多，那么三叶草就茂盛；（土蜂传授花粉）

如果三叶草茂盛，那么养羊业就发达；

所以，如果猫多，那么养羊业就发达。

假言连锁推理可以分为充分条件假言连锁推理、必要条件假言连锁推理和充分必要条件假言连锁推理3种。下面介绍最常用的充分条件假言连锁推理和必要条件假言连锁推理。

1. 充分条件假言连锁推理

充分条件假言连锁推理就是前提和结论都是充分条件假言判断的推理形式。其又可以分为肯定式和否定式两种形式。

(1)肯定式

肯定式的推理结构式为：

如果p，那么q；

如果q，那么r；

所以，如果p，那么r。

其符号形式为：

$$\begin{array}{l} p\rightarrow q \\ q\rightarrow r \\ \hline \therefore p\rightarrow r \end{array}$$

也可以表示为：

$$[(p\rightarrow q)\land(q\rightarrow r)]\rightarrow(p\rightarrow r)$$

例如：

如果乱砍滥伐，就会破坏生态平衡；

如果破坏生态平衡，就会受到自然界的惩罚；

所以，如果乱砍滥伐，就会受到自然界的惩罚。

(2)否定式

否定式的推理结构式为：

如果p，那么q；

如果q，那么r；

所以，如果非r，那么非p。

其符号形式为：

$$\frac{\begin{array}{c}p \rightarrow q \\ q \rightarrow r\end{array}}{\therefore \bar{r} \rightarrow \bar{p}}$$

也可以表示为：

$$[(p \rightarrow q) \wedge (q \rightarrow r)] \rightarrow (\bar{r} \rightarrow \bar{p})$$

例如：

如果乱砍滥伐，就会破坏生态平衡；

如果破坏生态平衡，就会受到自然界的惩罚；

所以，如果要不受到自然界的惩罚，就不要乱砍滥伐。

2. 必要条件假言连锁推理

必要条件假言连锁推理就是前提和结论都是必要条件假言判断的推理形式。其又可以分为肯定式和否定式两种形式。

(1)肯定式。

肯定式的推理结构式为：

只有p，才q；

只有q，才r；

所以，只有p，才r。

其符号形式为：

$$\frac{\begin{array}{c}p \leftarrow q \\ q \leftarrow r\end{array}}{\therefore p \leftarrow r}$$

也可以表示为：

$$[(p \leftarrow q) \wedge (q \leftarrow r)] \rightarrow (p \leftarrow r)$$

例如：

只有提高生产力水平，才能创造出更多的物质财富；

只有创造出更多的物质财富，才能改善人民的物质生活；

所以，只有提高生产力水平，才能改善人民的物质生活。

(2)否定式。

否定式的推理结构式为：

只有p,才q;　　　　　　　　　　　　　　$p \leftarrow q$
只有q,才r;　　　　　　　　　　其符号形式为:$q \leftarrow r$
所以,只有非r,才非p。　　　　　　　　　　$\therefore \bar{r} \leftarrow \bar{p}$

也可以表示为:

$$[(p \leftarrow q) \wedge (q \leftarrow r)] \rightarrow (\bar{r} \leftarrow \bar{p})$$

例如:

只有提高生产力水平,才能创造出更多的物质财富;
只有创造出更多的物质财富,才能改善人民的物质生活;
所以,只有不改善人民的物质生活,才不提高生产力水平。

假言连锁推理具有重要的实践意义。它可以帮助人们认识感官不能直接感知的奥秘,洞察事物的内在联系。无论假言连锁推理的前提有几个,只要其每个前提都是准确的假言判断,并且其结构又是正确的形式,则根据假言判断条件关系的传递性所得出的结论就一定是可靠的。因此,运用假言连锁推理,不仅具有重要的认识作用,而且具有重要的表达作用和论证作用。

三　假言联言推理

假言联言推理是以两个假言判断和一个二支联言判断为前提,从而推出结论的推理形式。

与假言推理一样,假言联言推理也可以根据假言判断的不同种类,分为充分条件假言联言推理、必要条件假言联言推理和充分必要条件假言联言推理3种形式。这里我们主要介绍充分条件假言联言推理。

充分条件假言联言推理是以两个充分条件假言判断和一个二支联言判断为前提而进行的假言联言推理。它可以分为简单肯定式、简单否定式、复杂肯定式和复杂否定式4种形式。

1. 简单肯定式

简单肯定式:两个假言前提的前件不同,而后件相同,前提中的联言判断肯定了两个假言前提的不同前件,结论肯定了两个假言前提的相同后件。其推理形式为:

如果p,那么r;　　　　　　　　　　$p \rightarrow r$
如果q,那么r;　　　　　　　　　　$q \rightarrow r$

p 并且 q；
所以，r。　　其符号形式为：$\dfrac{p \wedge q}{\therefore r}$

也可以表示为：

$$[(p \to r) \wedge (q \to r)] \wedge (p \wedge q) \to r$$

例如：

如果水分不足，那么农作物不能长好；
如果气温太低，那么农作物不能长好；
这块田水分不足，并且气温太低；
所以，这块田的农作物不能长好。

2. 简单否定式

简单否定式：两个假言前提的前件相同，而后件不同，前提中的联言判断否定了两个假言前提的不同后件，结论否定了两个假言前提的相同前件。其推理形式为：

如果 p，那么 q；　　$p \to q$
如果 p，那么 r　　$p \to r$
非 q 并且非 r；
所以，非 p。　　其符号形式为：$\dfrac{\overline{q} \wedge \overline{r}}{\therefore \overline{p}}$

也可以表示为：

$$[(p \to q) \wedge (p \to r)] \wedge (\overline{q} \wedge \overline{r}) \to \overline{p}$$

例如：

如果他是作案者，那么他要有作案时间；
如果他是作案者，那么他要有作案动机；
他既没有作案时间，又没有作案动机；
所以，他不是作案者。

3. 复杂肯定式

复杂肯定式：两个假言前提的前件、后件都不相同，前提中的联言判断肯定了两个假言前提的不同前件，结论肯定了两个假言前提的不同后件。其推理形式为：

如果 p，那么 r；　　$p \to r$
如果 q，那么 s；　　$q \to s$

$$\frac{\text{p 并且 q；}}{\text{所以，r 并且 s。}}$$ 其符号形式为： $$\frac{p \wedge q}{\therefore r \wedge s}$$

也可以表示为：

$$[(p \to r) \wedge (q \to s)] \wedge (p \wedge q) \to (r \wedge s)$$

例如：

如果产品数量不多，就不能满足市场需求；
如果产品质量不好，就不能获得好的信誉；
产品数量不多，并且质量不好；
———————————————
所以，既不能满足市场需求，又不能获得好的信誉。

4. 复杂否定式

复杂否定式：两个假言前提的前件、后件都不相同，前提中的联言判断否定了两个假言前提的不同后件，结论否定了两个假言前提的不同前件。其推理形式为：

如果 p，那么 r；
如果 q，那么 s；
非 r 并且非 s；
———————————————
所以，非 p 并且非 q。

其符号形式为：

$$\begin{array}{c} p \to r \\ q \to s \\ \underline{\bar{r} \wedge \bar{s}} \\ \therefore \bar{p} \wedge \bar{q} \end{array}$$

也可以表示为：

$$[(p \to r) \wedge (q \to s)] \wedge (\bar{r} \wedge \bar{s}) \to (\bar{p} \wedge \bar{q})$$

例如：

如果你的态度好，那么你就会承认错误；
如果你的觉悟高，那么你就会认识错误；
你既不承认错误，又不认识错误；
———————————————
所以，你的态度又不好，你的觉悟也不高。

四 归谬式推理

归谬式推理的结构是：

如果 p，那么 q；
如果 p，那么非 q；
———————————————
所以，非 p。

其符号形式为：

$$\begin{array}{c} p \to q \\ \underline{p \to \bar{q}} \\ \therefore \bar{p} \end{array}$$

也可以表示为：

$$[(p \to q) \land (p \to \bar{q})] \to \bar{p}$$

由归谬式推理的结构式可知，所谓归谬式推理，就是由前提中假言判断的前件(p)导出矛盾，进而否定之。例如，古希腊亚里士多德有一个著名的论断：物体在自由落体运动中的速度与物体的重量成正比，即重物体在自由落体运动中的速度大于轻物体在自由落体运动中的速度。这一理论曾统治物理学界一千多年，但是它最终被伽利略推翻。伽利略认为，如果重物体在自由落体运动中的速度大于轻物体，那么将两个重量大小不等的物体捆在一起，自由落体运动速度将比原来较重的一个物体的下降速度如何？结论可以有两个：一个是，捆在一起的两个物体的重量大于原来较重的一个物体，所以下落速度更快；另一个是，捆在一起的两个物体中，重物体下落速度快，轻物体下落速度慢，所以，两个捆在一起只能是中速下落，即比原来较重的一个物体下落速度慢了。这样的结论是矛盾的。所以，物体在自由落体运动中的速度与重量无关。伽利略运用的推理就是归谬式：

如果重物体下落速度大于轻物体的下落速度(p)，那么重物体与轻物体捆在一起的下落速度就会大于原来重物体的下落速度(q)；

如果重物体下落速度大于轻物体的下落速度(p)，那么重物体与轻物体捆在一起的下落速度就会小于原来重物体的下落速度(非q)；

所以，并非重物体下落速度大于轻物体下落速度(非p)。

归谬式推理常用于证明和反驳。

复习思考题

1. 什么是联言推理？联言推理有哪些形式？
2. 什么是选言推理？为什么相容选言推理的肯定否定式是无效式？
3. 充分条件假言推理有几种形式？各种形式的规则是什么？
4. 必要条件假言推理有几种形式？其推理结构式是怎样的？
5. 充分必要条件假言推理有哪几个有效式？
6. 什么是二难推理，二难推理有哪些形式？
7. 什么是假言易位推理、假言连锁推理、假言联言推理和归谬式推理？

练习题

一　分析下列推理属于何种复合判断推理？是否有效？为什么？

1. 我们是社会主义国家，又是发展中国家。所以，我们是一个发展中的社会主义国家。

2. 任何一个哲学家，要么是唯物主义者，要么是唯心主义者。费尔巴哈是唯物主义者，所以，费尔巴哈不是唯心主义者。

3. 如果是医生，那他就会治病；老赵会治病，所以，老赵是一位医生。

4. 除非水分充足，小麦才能丰收。今年小麦没有丰收，所以，今年水分不充足。

5. 如果是杀人凶手，则必到过犯罪现场。某甲到过犯罪现场，所以，某甲是杀人凶手。

6. 只有学好基础知识，才能取得高科技成果。小王没取得高科技成果，可见，小王没有学好基础知识。

7. 某地发生火灾或者是纵火，或者是自然起火。经调查，是自然起火，所以，不是纵火。

8. 我们的干部要有德，我们的干部要有才，所以，我们的干部要德才兼备。

9. 只有无知之辈，才会鄙视知识，他们不鄙视知识，所以，他们一定有学问。

10. 如果前提真实，并且推理形式正确，那么结论就是真实的，这个推理的结论是真实的，所以，这个推理的前提真实，并且推理形式正确。

11. 人人都要知法并且守法；所以，人人都要知法。

12. 某甲是凶手当且仅当某乙不是凶手，某乙是凶手；所以，某甲不是凶手。

13. 某案犯或者逃往外地，或者潜藏在本地；经查没有潜藏在本地；所以，肯定逃往外地。

14. 三角形是等边三角形当且仅当它是等角三角形；△ABC 不是等边三角形；所以，△ABC 不是等角三角形。

二　下列推理属于二难推理的哪种形式？写出其结构式。

1. 如果我的意见是正确的，那么你应该接受；如果我的意见是错误的，那么你应该反对；或者我的意见是正确的，或者我的意见是错误的；所以，你或者应该接受，或者应该反对。

2. 如果你的伤口没有感染，那么为了防止感染，你需要包扎；如果你

的伤口已经感染，那么为了防止创面扩大，你需要包扎；伤口或者已经感染，或者没有感染；总之，你需要包扎。

3. 如果实习成绩好，那么要有正确的实习态度；如果实习成绩好，那么要有科学的实习方法；你或者没有正确的实习态度，或者没有科学的实习方法；总之，你的实习成绩不好。

4. 如果上帝是全能的，他就能扑灭世界上的邪恶；如果上帝是全善的，他就愿意消除世界上的邪恶；上帝或者没有扑灭世界上的邪恶，或者不愿意消除世界上的邪恶；所以上帝或者不是全能的，或者不是全善的。

三　运用推理的有关知识回答下列问题。

1. 一天，小张约小李第二天去郊游，小李说："如果明天不下雨，我要去图书馆查一个重要资料。"第二天，天下起了雨。小张想，既然今天下雨，小李一定不去图书馆，于是叫小李去郊游，结果小李去了图书馆。小张找到小李责备他食言。小李却说他没有食言，而是小张的推论不合逻辑。

请问：是小李食言呢？还是小张的推论不合逻辑？

2. 某商店一件贵重珠宝失窃，经公安机关调查发现，职员甲、乙、丙、丁 4 人涉嫌参与此案。在对 4 人的讯问中，他们分别有下列表述：

甲说　我没有作案，作案的是乙。

乙说　我和丙都没有作案。

丙说　除非甲作案，否则乙不会作案。

丁说　甲和丙两人至少有一人作案。

已知 4 人中只有一个人说真话。问：谁作案？谁说真话？请写出推理过程。

3. 某排球队有 1 号、3 号、4 号、6 号、9 号和 12 号等 6 名主力队员。他们之间的最佳配合有如下规律：

Ⅰ　要是 4 号上场，6 号也要上场；

Ⅱ　只有 1 号不上场，3 号才不上场；

Ⅲ　要么 3 号上场，要么 6 号上场；

Ⅳ　如果 9 号和 12 号同时上场，则 4 号也要上场。

某场比赛需要 1 号和 12 号同时上场。问：为了保持场上最佳阵容，在这场比赛中，9 号该不该上场？写出推理过程。

4. A、B、C 3 人从法学系毕业后，一人当上了律师，一人当上了法官，一人当上了检察官。甲、乙、丙 3 人做了以下猜测：

甲　A 当上了律师，B 当上了法官；

乙 A当上了法官,C当上了律师；

丙 A当上了检察官,B当上了律师；

已知,甲、乙、丙3人的猜测都只是对了一半,问A、B、C 3人各从事什么工作？写出推理过程。

第七章　归纳推理

第一节　归纳推理的概述

一　什么是归纳推理

归纳推理是以个别性知识为前提而推出一般性结论的推理。例如：

动物是由细胞构成的；

植物是由细胞构成的；

微生物是由细胞构成的；

动物、植物、微生物是生物的全部；

所以，全部生物都是由细胞构成的。

又如，法国化学家拉瓦锡根据硫酸、硝酸、碳酸等酸中含有氧元素的事实，就得出结论：氧是酸的本原，一切酸中都含有氧元素。拉瓦锡的推理是以关于酸的个别性知识为前提，而推出一般性结论的知识。其过程如下：

硫酸中含有氧元素；

硝酸中含有氧元素；

碳酸中含有氧元素；

……

硫酸、硝酸、碳酸等都是酸；

所以，一切酸中都含有氧元素。

归纳推理的前提是一些关于个别事物或现象的判断，而结论是关于该类事物或现象的普遍性的判断。归纳推理的结论超出了前提所断定的范围，因此，在归纳推理中，前提与结论之间的联系不是必然的，而是或然的；在前提真实的情况下，结论未必真。在上述两例中，第一例前提真实，结论也是正确的；而第二个例子的前提虽然是真的，结论却是假的，因为有一些酸，如盐酸（HCl）、氢氟酸（HF）等不含氧元素。这就说明归纳推理不是必然性推理，而是一种或然性推理。

归纳推理的客观基础是事物之间个别与一般的辩证关系。也就是说，从个别性前提之所以能推出一般性结论，是因为任何事物都有其特殊的个性而和其他事物区别开来，同时任何事物又都有其共性而把不同事物联系起来。共性存在于个性之中，个性与共性相互联系而存在。这种辩证关系决定了人们可以通过认识个性而达到对共性的认识。正如毛泽东同志所指出的："就人类认识运动的秩序说来，总是由认识个别的和特殊的事物，逐步地扩大到认识一般的事物。人们总是首先认识了许多不同事物的特殊的本质，然后才有可能进一步地进行概括工作，认识诸种事物的共同的本质。"[①]在实践的基础上，人们要从个别事物和现象中认识它的普遍规律和本质，就需要运用归纳方法。因此，归纳推理虽然是一种或然性的推理，但它在人们的认识由个别上升到一般的过程中有着十分重要的作用。

二 归纳推理与演绎推理的关系

归纳推理的结论既是对前提中已有知识的概括(从个别上升为一般)，又是对前提中已有知识的外推(扩展到新的范围)。因此，归纳推理是人们寻求新结果，探求新知识的重要工具。但是，归纳推理也有局限性，它不能保证从真前提一定得到真结论。

在逻辑史上曾经有过两个对立的学派，一派夸大归纳推理的作用而否认演绎推理在认识中的地位和作用，这就是归纳派。另一派夸大演绎推理的作用而否认归纳推理在认识中的地位和作用，这就是演绎派。这两种对立的观点都是片面的。恩格斯说："归纳和演绎，正如分析和综合一样，是必然相互联系着的。不应当牺牲一个而把另一个捧到天上去，应当把每一个都用到该用的地方，而要做到这一点，就只有注意它们的相互联系、它们的相互补充。"[②]

归纳推理与演绎推理之间既有区别，又有联系。其区别表现在 4 个方面。

第一，推理的方向不同。归纳推理是由个别到一般；演绎推理是由一般到个别。

---

① 《毛泽东选集》第一卷，第 284～285 页，人民出版社，1966 年。

② 恩格斯《自然辩证法》，第 206 页，人民出版社，1971 年。

第二，前提的数量不同。归纳推理的前提数量是不确定的，它可以是两个或多个，是根据需要不同而定的；演绎推理的前提数量是比较确定的，如直接推理为一个前提，三段论推理前提有两个，二难推理前提是3个，等等。

第三，结论所断定的范围不同。归纳推理的结论是由个别性知识经概括得到的一般性知识，超出了前提所断定的范围；演绎推理的结论所断定的范围没有超出前提所断定的范围。

第四，结论的可靠性不同。归纳推理（除完全归纳外）的前提与结论之间只具有或然性联系，前提真实，结论不一定真实；演绎推理的结论是必然的，只要前提真实，推理形式正确，那么结论必真。

同时，归纳推理与演绎推理之间又有密切联系。二者相辅相成，互相渗透，互相补充。归纳中有演绎，演绎中有归纳。

第一，演绎推理离不开归纳推理。作为演绎推理的大前提的一般性认识是运用归纳推理概括出来的。演绎推理的形式和规则，也是人们对思维活动进行归纳的产物。所以，没有归纳，就不会有演绎，演绎推理依赖于归纳推理。

第二，归纳推理也离不开演绎推理。归纳推理的前提是通过演绎推理的帮助推导出来的，归纳的过程中也离不开演绎推理。如要证明地球公转的轨道是椭圆形的，就要进行许多复杂的几何运算，而这些几何运算中就有着许许多多的演绎推理；归纳推理的结论的可靠性也离不开演绎推理的检验。所以，离开演绎推理的帮助，归纳推理也无法进行。

三　归纳推理的分类

根据前提所考察的范围的不同，归纳推理分为完全归纳推理和不完全归纳推理两大类。不完全归纳推理又分为简单枚举归纳推理和科学归纳推理两种。在科学归纳推理中，还包括探求事物因果联系的5种逻辑方法。此外，现代归纳逻辑还研究概率推理和统计推理等。

第二节　完全归纳推理

一　什么是完全归纳推理

完全归纳推理是根据某类事物中每一个对象具有或不具有某种属

性，推出该类对象都具有或不具有某种属性的推理。

例如，根据统计资料，北京的人口超过1 000万，上海的人口超过1 000万，天津的人口超过1 000 万，重庆的人口超过1 000 万。北京、上海、天津、重庆是我国所有的直辖市。于是，我们可以推出一个结论：我国所有的直辖市都是人口超过1 000 万的城市。

完全归纳推理的公式是：

S_1 具有（或不具有）P 属性；

S_2 具有（或不具有）P 属性；

S_3 具有（或不具有）P 属性；

……

S_n 具有（或不具有）P 属性；

S_1……S_n 是 S 类的全部对象；

所以 S 类的全部对象都具有（或不具有）P 属性。

二　完全归纳推理的特点和要求

1. 完全归纳推理的特点

完全归纳推理有两个特点：一是完全；二是可靠。这是因为：

第一，前提中所考察的个别对象是某类事物中的全部对象；

第二，结论没有超出前提所断定的范围，因而前提与结论之间是必然联系，前提真，结论必真。

2. 完全归纳推理的要求

由以上两个特点，决定了在进行完全归纳推理时必须遵循以下两条要求：

第一，考察要穷尽，即考察的范围要穷尽该类事物的全部对象，遗漏一个对象，结论就可能是错误的；

第二，前提要真实，即每一个前提必须真实，有一个前提虚假，整个结论就错了。

例如，全班有 30 人，从“已知有 29 人逻辑学考试成绩为优秀”从而得出“这个班所有学生的逻辑学考试成绩都是优秀的”这一结论就不可靠，因为没有考察全部对象，遗漏的那个学生可能正好不是优秀。因此，为了保证前提都真实，就要对全部对象逐一进行考察，且每个前提都真实，归纳的结论才正确。

三　完全归纳推理的作用和局限

1. 完全归纳推理的作用

第一，完全归纳推理具有发现新知识的作用。完全归纳推理使人们的认识由个别上升为一般，从而具有特殊的认识作用。如数学家高斯 10 岁时，他的数学老师给他们出了一道十分复杂的数学运算题，老师要孩子们计算：

1＋2＋3＋4＋……＋97＋98＋99＋100

老师心想，要加这么多数目，可得费一番功夫，而且稍不留神，就可能出错。可是，没过多久，高斯就举手说出了正确答案。老师感到十分吃惊，高斯怎么这么快就得出了正确答案呢？原来高斯发现这一连串要加的数目中，第一项与倒数第一项，第二项与倒数第二项，第三项与倒数第三项，……每对的和数全都为 101，即：

1＋100＝101

2＋99＝101

3＋98＝101

……

50＋51＝101

一共 50 对，因此 50×51＝5050。高斯在寻找答案的过程中，应用的就是完全归纳推理。

第二，完全归纳推理还具有论证作用。

为了论述某个一般性的论断，可以列举被研究对象的一切场合，然后对其中的每一个别场合一一加以考察，指出该结论在所有场合都是能够成立的，最后通过完全归纳推理，就可以证明这个一般性结论是真实的。在普查工作中、严格的产品检验中以及严格的科学论证中，人们都常常运用完全归纳的方法。

2. 完全归纳推理的局限

完全归纳推理这种推理形式只适用于分子数量有限并且绝对数不多的某类事物。如果人们所要认识的事物包含的对象数量极大，或者数量是无限的，就很难或根本无法使用完全归纳推理。这时，人们需要运用另一种归纳推理——不完全归纳推理。

第三节 不完全归纳推理

不完全归纳推理是根据一类事物中的部分对象具有或不具有某种属性，推出该类事物的全部具有或不具有某种属性的归纳推理。

例如，人们在 20 世纪 30 年代，发现有些植物的种子用一定频率和强度的超声波照射几分钟后，就能提早发芽，而且苗儿长得更茁壮，还能提早开花结果和增加产量。小麦种子用超声波处理 2 min 后，发芽率能从 90%提高到 96%，收成增加将近一成；给棉花种子"听"一会儿超声波，能提前 3 d 吐絮和多结双桃；豌豆"听"了这种声音，产量竟能成倍增加；萝卜的种子"听"1 min 超声波，一个竟能长到 2.5 kg 以上。于是，有人根据以上事实做出结论："植物的种子经超声波处理都有增产效果"。这就是一个不完全归纳推理。

不完全归纳推理的特点是：前提只考察了某类事物中部分对象具有某种属性，而结论却是断定该类全部对象都具有某种属性；结论所断定的范围超出了前提所断定的范围。因此，前提与结论之间的联系是或然的。

不完全归纳推理一般分为两种：一种是简单枚举归纳推理，一种是科学归纳推理。

一 简单枚举归纳推理

1. 简单枚举归纳推理的含义

简单枚举归纳推理是指在一类事物中，根据已观察到的那部分对象都具有或不具有某种属性，并且没有遇到任何反例，从而推出该类所有对象都具有或不具有该种属性的结论。简单枚举归纳推理也称简单枚举法。例如：

6＝3＋3

8＝3＋5

10＝3＋7＝5＋5

12＝5＋7

14＝3＋11＝7＋7

……

6、8、10、12、14 是大于 4 的偶数，

所以，所有大于 4 的偶数都可以写成两个素数之和。

这是一个简单枚举归纳推理。前提中考察了部分大于4的偶数都具有可写成两个素数之和的属性，没有遇到相反的情况，于是推出“所有大于4的偶数都能写成两个素数之和”的一般性结论。这就是著名的哥德巴赫猜想。

又如，胡适的这一段谈话，所使用的也是简单枚举法。他说：“凡是大成功的人，都是有绝顶聪明而肯做笨功夫的人。不但中国如此，西方也如此。像孔子，他说：‘吾尝终日不食，终夜不寝，以思，无益，不如学也’，这是孔子做学问的功夫。孟子就差了。汉代的郑康成的大成就，完全是做的笨功夫。宋朝的朱夫子，他是一个绝顶聪明的人，他十五六岁时就研究禅学，中年以后才改邪归正。他说的‘宁详毋略，宁近毋远，宁下毋高，宁拙毋巧’16个字，我时常写给人家的。他的《四书集注》，除了《大学》早成定本外，其余仍是随时修改的。现在的《四书集注》，不知是他生前已经印行的本子，还是他以后修改未定的本子。如陆象山、王阳明，也是第一等聪明的人。像顾亭林，少年时才气磅礴，中年时才做实学，做笨的功夫，你看他的成就。”

简单枚举归纳推理可以用公式表示为：

S_1是P；

S_2是P；

S_3是P；

……

S_n是P；

S_1、S_2、S_3、……S_n是S中的部分对象，

并且没有遇到相反的情况；

所以，一切S都是P。

2. 简单枚举归纳推理的特点和局限

简单枚举归纳推理与完全归纳推理相比，它有两个特点：

第一，它只考察了部分对象，考察的范围小于结论所断定的范围；

第二，它的结论具有或然性，不具有必然性。

数学家华罗庚在《数学归纳法》一书中，对简单枚举法的或然性做了很好的说明：“从一个袋子里摸出来的第一个是红玻璃球，第二个是红玻璃球，甚至第三个、第四个、第五个都是红玻璃球时，我们立刻就会猜想：是不是袋子里所有的球都是红玻璃球？但是，当我们有一次摸出一个白玻璃球时，这个猜想失败了。这时，我们会出现另一个猜想：是不是袋里的东

西全都是玻璃球？当有一次摸出一个木球时，这个猜想又失败了。那时，我们又会出现第三个猜想：是不是袋里的东西都是球？这个猜想对不对，还必须继续加以检验，要把袋里的东西全部摸出来，才能见分晓。”[①]

简单枚举归纳推理的局限性在于：由简单枚举归纳推理做出的结论，只是初步的结论，不是最终的结论。它可能真，也可能假。因此，它的结论不是很可靠的。因为人们在特定时期考察某类部分对象时没有遇到相反事例，这并不等于反面事例不存在，更不等于今后不可能遇到反面事例。一旦发现相反情况，结论就会被推翻。如“所有的天鹅都是白色的”、“所有动物的血都是红色的”、“所有的鱼都只用腮呼吸”等结论就先后被推翻。

3. 提高简单枚举归纳推理结论可靠性的逻辑要求

第一，被考察对象的数量应尽可能多。

被考察的对象数量越多，漏掉相反情况的可能性就越小，推理的根据就越充分，结论就越可靠。

第二，被考察对象的范围应尽可能广。

为了防止漏掉可能存在的相反情况，被考察对象的范围分布还要广、要合理。要注意考察不同时间、地点、条件下同类对象的存在状态。以前欧洲人认为所有的天鹅是白色的，结果后来在澳洲发现了黑天鹅，从而否定了过去的观点。

第三，随时注意观察有无相反事例。

简单枚举归纳推理只要在前提中发现一个相反事例，结论就被推翻。所以在观察时要随时注意相反事例的存在。只有观察得越深入越仔细，结论的可靠性才越大。

简单枚举归纳推理的前提与结论之间的逻辑联系具有或然性，所得出的结论不是很可靠。因此，在运用简单枚举归纳推理时，不能只根据少数的、粗略的事实，就得出一般性结论。否则就会犯“轻率概括”或“以偏概全”的逻辑错误。

4. 简单枚举归纳推理的作用

第一，简单枚举归纳推理可以为人们提供大量的一般性知识。

简单枚举归纳推理是一种最简单的归纳推理，它的推理规则简便易行。人们在日常生活和工作中，通过这种推理，可以获得大量的一般性的知识。如“太阳东升西落”、“学如逆水行舟，不进则退”、“失败是成功之

① 华罗庚《数学归纳法》，第3～4页，上海教育出版社，1963年。

母”、“瑞雪兆丰年”、“虚心使人进步，骄傲使人落后”……这些最简单最大量的生活常识和工作经验都是通过简单枚举归纳推理的方法获得的。

第二，简单枚举归纳推理在科学研究中往往起着一种助发现的作用。

许多科学上的发明创造，是通过大量观察事实，取得个别经验材料，然后用简单枚举法进行概括，提出初步的“猜想”或“假说”，从而进一步推动人们开展科学研究工作。哥德巴赫猜想的提出就说明了简单枚举法在科学研究中的助发现作用。

二　科学归纳推理

1. 科学归纳推理的含义

科学归纳推理，又称科学归纳法，它是根据分析一类事物中的部分对象与某属性之间具有（或不具有）因果关系，从而推出某类对象全部具有（或不具有）某种属性的推理。

例如，20 世纪 60 年代以来，人们发现用发霉的花生喂养鸡、鸭、鸽、羊、猫等动物，它们大批地患癌症死去。后来科学家用白鼠做实验，白鼠吃了发霉的花生，也成批的死去。科学家们对发霉的花生进行严格的化学分析，发现它们含有大量的黄曲霉素。又经过反复实验，发现黄曲霉素是强烈的致癌物质，终于揭示了大批动物吃发霉花生死亡的原因。其推理过程如下：

鸡大量食用发霉花生成批死去；
鸭大量食用发霉花生成批死去；
鸽子大量食用发霉花生成批死去；
羊大量食用发霉花生成批死去；
白鼠大量食用发霉花生成批死去；
……
发现发霉的花生含有大量黄曲霉素，
而黄曲霉素与致癌有必然联系；
————————————————
所以，所有大量食用发霉花生的动物都会成批死去。

科学归纳推理的形式是：

S_1 具有（或不具有）P 属性；
S_2 具有（或不具有）P 属性；
S_3 具有（或不具有）P 属性；
……

S_n 具有(或不具有)P 属性;

S_1……S_n 是 S 类的部分对象,并且与 P 有必然联系;

所以所有 S 都具有(或不具有)P 属性。

2. 科学归纳推理与简单枚举归纳推理的关系

科学归纳推理与简单枚举归纳推理的关系是:二者既互相联系,又互相区别。二者的共同点是:

第一,它们都是不完全归纳推理,都没有考察某类事物的全部对象;

第二,它们的结论所断定的范围都超出了前提断定的范围。

二者的区别有 3 个方面:

第一,推理的根据不同。简单枚举归纳推理是以某种属性的不断重复而没有遇到反例为依据的。科学归纳推理是以认识事物的必然性为依据的。

第二,结论的性质不同。简单枚举归纳推理的结论具有或然性,而科学归纳推理的结论具有必然性。因此,科学归纳推理比简单枚举归纳推理的结论可靠程度高。

第三,考察对象的数量对结论的影响不同。简单枚举归纳推理的结论的可靠性与考察对象数量多少有关,而科学归纳推理的结论的可靠性与考察对象的数量多少没有直接的关系。

科学归纳推理与简单枚举归纳推理的区别只是相对的,不是绝对的。简单枚举归纳推理虽然是以经验事实为主要依据,但经验认识总是在一定理论指导下进行的,所以,简单枚举归纳推理中往往渗透着某种科学分析的因素。科学归纳推理以分析现象之间的因果关系为主要依据,而科学分析必须在一定经验认识的基础上才能实现,因此科学归纳推理又总是与经验的积累密切相关。

科学归纳推理在认识中有重要的作用。和简单枚举归纳推理相比,科学归纳推理不但使人们的认识从个别上升到一般,而且使人们的认识由现象深入到事物的本质,从而发现事物之间的因果必然联系,掌握事物发展变化的规律,对人们有更广泛的指导意义。

第四节 探求因果联系的逻辑方法

整个世界是由无数事物、现象纵横交错而组成的普遍联系之网。处在这个普遍联系和相互制约中的任何一种现象,都必然由另一种现象引起,

而它又必然会引起另一些现象。在事物和现象间的相互联系中，引起一种现象的现象是原因，被某种现象引起的现象是结果。如摩擦生热，摩擦是生热的原因，生热是摩擦的结果。这种以时间上的先后为条件的、由一种现象引起另一种现象的必然联系就叫因果联系。

因果联系具有3个特点。第一，先后性。原因在先，结果在后，前因后果。但是，也要注意前后相继是因果联系的一个重要特征，而不是惟一特征，它们之间还要有引起与被引起的关系，否则就会犯“以先后为因果”的错误。如闪电和雷鸣前后相继，但闪电并不是雷鸣的原因，二者有一个共同的原因：带电云块之间的相互碰撞。第二，确定性。因果联系的确定性从质的方面说，就是在同样的条件下，同样的原因会产生同样的结果。如在通常的情况下，纯水的温度降到0℃以下就会结冰。因果联系的确定性从量的方面说，就是原因发生了量的变化，一定会反映在结果中。如物体受到外力的作用而产生加速度，加速度的大小与外力的大小成正比。第三，复杂性。因果联系是多种多样的，有一因一果，也有多因多果；在多因多果中，有主要原因，也有次要原因；有远因，也有近因。

如何探求现象之间的因果联系呢？在传统归纳逻辑中，有英国逻辑学家穆勒在总结培根等人归纳方法的基础上提出的5种方法，逻辑史上称为“穆勒五法”。穆勒五法是指：求同法、求异法、求同求异并用法、共变法和剩余法。

一　求同法

1. 求同法的含义

求同法也称契合法，是指在被研究的现象出现的若干事例中，只有一个共同的先行情况，这个共同的先行情况就是被研究对象的原因。简单地说，求同法就是“异中求同”的方法。

例如，一位叫本生的科学家对本生灯的发明，使用的就是求同法。本生把食盐放到火焰中，原来无色的火焰变成了亮黄色。是什么物质使无色的火焰变黄了呢？本生又把苏打（碳酸钠）和芒硝（硫酸钠）分别放到本生灯上去烧，结果火焰也变黄了。本生初步得出结论：钠是火焰变黄的原因。因为，在这些不同的实验中，许多情况是不同的，食盐、苏打、芒硝的化学组成不同，其他方面的性质也不同，但是它们有一个共同点——都含有钠元素。因此本生得出结论：钠是火焰变黄的原因。

求同法用公式表示如下：

场合	先行情况	被研究的对象
Ⅰ	A,B,C	a
Ⅱ	A,D,E	a
Ⅲ	A,F,G	a
	……	……

所以,A 是 a 的原因。

其中,a 表示被研究的现象,A 表示不同场合中惟一相同的情况,B、C、D、E、F、G 表示不同场合中各不相同的情况。

2. 求同法的特点、要求和局限性

求同法的特点:异中求同。它主要是通过排除先行情况中的不同因素、寻找共同因素来确定原因的。

求同法的要求:一是不同场合中出现的结果相同;二是先行情况中只能有一个情况是共同的。

求同法的局限性:它适用于探求比较简单的因果联系,如一因一果、单因单果,不太适用于探求比较复杂的因果联系。

3. 应用求同法应当注意的问题

第一,在比较各场合的相关情况时,要注意除了已经发现的共同情况外,是否还有其它共同的情况存在。人们往往发现了一个共同情况后,就把它当做被研究现象的原因。其实,很可能还有一个比较隐蔽的共同情况没有被发现,而这个隐藏着的共同情况才是被研究现象的真正原因。

例如,人们最早寻找疟疾的原因时发现,住在低洼潮湿地带的人容易患疟疾,于是以为低洼潮湿的环境是患病的原因。经过长期的探索,人们才弄清楚,疟原虫是疟疾病的真正原因,蚊子是疟原虫的传播者,而低洼潮湿的环境是蚊子滋生的主要场所。

第二,比较的场合越多,结论的可靠程度就越高。如果比较的场合少了,可能会把不相干的先行情况视为被研究现象的原因。比较的场合越多,各场合共有一个不相干现象的可能性就越小,结论的可靠程度就越高。如许多封建迷信把日食、月食、彗星的出现看做是引起人间动乱和灾害的原因,这正是利用少数场合中事变的巧合,把一个不相干的现象与被研究现象联系起来了。

二 求异法

1. 求异法的含义

求异法,也叫差异法,是指被考察现象的出现或不出现的两个场合中，其他情况都相同，只有一个情况不同。这一情况存在，某种结果出现；这一情况不存在，某种结果不出现。这个情况就是被考察现象的原因。简单地说，求异法也就是“同中求异”的方法。

如丹麦渔民捕鱼的例子就说明了求异法的应用。渔民们乘两只船钓鳗鱼。A 船上收获很大，而 B 船上的渔民收获很小。这一情况使 B 船上的渔民大惑不解。鱼竿、鱼饵以及其他捕鱼条件完全一样，而 B 船的捕鱼量却少了 3/4，原因何在？这时，B 船上的一个渔民注意到，A 船上的渔民都不抽烟，而 B 船上抽烟的渔民手上满是烟味，装鱼饵时把鱼饵也弄上了烟味。于是，抽烟的渔民用肥皂洗手，鳗鱼很快开始上钩。

在这个例子中，捕鱼量少是被研究的现象，相比较的场合只有两个。其中一个场合出现了被研究的现象，即捕鱼量少，另一个场合没有出现这个现象。B 船上的渔民注意到，除了吸烟的渔民把鱼饵弄上烟味这一情况不同外，其他情况都相同，因此判定鱼饵被染上烟味是鱼不上钩的原因。

求异法可以用下面的公式表示：

场合	先行情况	结果
Ⅰ	A、B、C	a
Ⅱ	—、B、C	—

所以，A 是 a 的原因。

其中 B、C 表示两种场合的相同情况，A 的存在与否是惟一的不同情况。a 是正面场合出现的结果。

2. 求异法的特点、要求和作用

求异法的特点：同中求异。从两个场合的差异中探求因果联系。

求异法的前提要求：一是两种场合需要有两种不同结果；二是先行情况中只有一个情况不同，其他情况必须相同。

求异法与求同法相比，有更广泛的认识作用。第一，它的适用范围更广泛。求同法常用于观察，求异法主要应用于实验。应用于实验的求异法比应用于观察的求同法应用范围要广泛得多。第二，它的可靠性更大。求异法考察了某种情况出现的正反两种场合，而且通过实验还可排除各种偶然因素的干扰，进行比较准确地分析研究。实验还具有重复性，可以对得出的结论进行反复验证。所以，主要运用于实验的求异法的结论更可靠。

3. 应用求异法应注意的问题

第一，要注意考察两个场合有无其他差异情况。

应用求异法时，严格要求其他情况相同。如果其他情况中还隐藏着另一个差异情况，那么这个比较隐蔽的差异情况，可能是被研究现象的真正原因。如曾有这样一个例子：一个学生每当上课时他就头疼，不上课就好了，他认为自己头疼的原因是上课听讲。后来经过医生检查，发现引起他头疼的原因，是他上课时才戴的那副近视眼镜不合格。这个学生只注意到上课与不上课的差异，而没有注意到上课时戴眼镜和下课时不戴眼镜这个差异，因而没有发现引起头疼的真正原因。

第二，弄清两个场合惟一不同的情况，是被研究现象的整个原因，还是部分原因；是单一原因，还是复合原因。

如果被研究现象的原因是复合的，而且各部分原因的单独作用是不同的，那么，总原因的一部分情况消失时，被研究现象也就不出现。例如植物光合作用的过程，其原因是复合的。植物吸收太阳光的能、空气中的二氧化碳和水制作碳水化合物，如果没有阳光的辐射供给能量，植物的光合作用就会中断。但是，阳光的辐射供给能量只是引起光合作用的部分原因，并不是总原因。只有继续探求被研究现象的总原因，才能把握这种因果联系的总体。

三 求同求异并用法

1. 求同求异并用法的含义

求同求异并用法，又称契合差异并用法，是指被研究现象出现的一组事例中有一共同的先行情况，被研究现象不出现的一组事例中没有共同的先行情况，那么，这一共同的先行情况就是被研究现象的原因。

如人们在生产实践中发现，种植大豆、豌豆、蚕豆等豆类植物时，不仅不需要给土壤施氮肥，而且这些豆类植物使土壤中的含氮量增加。但在种植小麦、玉米、水稻等非豆类植物时却没有这种现象。经过研究后人们发现，这些豆类植物的根部都长有根瘤，而其他植物则没有。人们因此得出结论：豆类植物的根瘤能使土壤的含氮量增加。

在这个例子中，被研究的现象是种植某些植物时不需要给土壤施氮肥，土壤的含氮量还能增加。为寻找这种现象出现的原因，人们把被研究现象出现的场合（如种大豆、豌豆、蚕豆等）编为一组，叫做正事例组；把被研究现象不出现的场合（如种小麦、玉米、水稻等）编为一组，叫做负事例组。在正事例组的各个场合中，只有一个共同的情况，即大豆、豌豆、蚕豆等豆类植物都长有根瘤，其他情况都不同，人们可以用求同法得到一个结果。在负事例组的各个场合中，也只有一个共同情况，即小麦、玉米、水稻

等植物都没有根瘤，其他情况也都不同，人们又可以用求同法得到一个结果。在这个基础上，比较正负事例组，发现有无根瘤是二者的差异之处。这样可以得出结论，豆科植物的根瘤是土壤含氮量增加的原因。

求同求异并用法用公式表示如下：

	场合	相关情况	被研究现象
正事例组	Ⅰ	ABC	a
	Ⅱ	ADE	a
	Ⅲ	AFG	a
	…	……	a
负事例组	Ⅰ	—BH	—
	Ⅱ	—DN	—
	Ⅲ	—FO	—
	…	……	—

所以，A 是 a 的原因。

2. *求同求异并用法的特点*

求同求异并用法的特点是：两次运用求同法，一次运用求异法。它包括 3 个步骤：

第一步：在正事例组求同。把某种结果出现的正面场合的各个事例加以比较，找出正面场合中存在的共同情况 A，而这个共同情况 A 就可能是同一结果 a 产生的共同原因。

第二步：在负事例组求同。把某种结果不出现的反面场合中的各个事例加以比较，找出反面场合的共同情况，所有反面事例中 A 都不存在。由此可推之，A 不存在可能是结果 a 没有发生的共同原因。

第三步：在正负事例组之间求异。把前两步比较得到的结果再加以比较，找出正面场合和反面场合的相异点：在正面场合，有 A 就有 a；在反面场合，无 A 就无 a。所以 A 是 a 的原因。

求同求异并用法与求同法、求异法是不同的，它不是求同法加求异法，而是一种新的探索原因的方法，其结论的可靠性比单纯的求同法和求异法高。

3. 应用求同求异并用法应注意的问题

第一，正事例组与负事例组的组成场合越多，结论的可靠程度就越高。

第二，对于负事例组的各个场合，应选择与正事例组场合较为相似的来比较。

四 共变法

1. 共变法的含义

共变法是指在被研究现象发生变化的各个场合中，只有一个情况是变化的，那么这个惟一变化着的情况就是被研究现象的原因。

如科学家在研究低温下某些导体的性质时发现，在其他条件不变的情况下，这些导体的电阻随导体温度的下降而减小；当温度降低到某一值时，导体的电阻突然消失，这就是超导现象。由此可以得出结论，导体温度降低与导体电阻减小之间有因果联系。

共变法用公式表示如下：

场合	先行情况	被研究现象
Ⅰ	A_1 B C	a_1
Ⅱ	A_2 B C	a_2
Ⅲ	A_3 B C	a_3
…	……	…

所以，A 是 a 的原因。

2. 共变法的特点和主要形式

共变法是从现象变化的数量和程度来研究因果关系的。这种逻辑方法与前几种逻辑方法的不同特点在于：它从定性分析转向定量分析。

常见的共变形式有 3 种。

第一，同向共变。原因的某种量的增加(或减少)引起结果的某种量的增加(或减少)，是同向共变。常见的同向共变是原因与结果成正比例共变。如在压力不变的情况下，气体的温度和体积成正比例共变；温度上升则体积增大，温度下降则体积减小。

第二，异向共变。原因的某种量的增加(或减少)反而引起结果的某种量的减少(或增加)，是异向共变。常见的异向共变是：原因与结果的反比例变化。如在温度不变的情况下，压力和体积成反比例共变关系：压力增大则体积缩小；压力减少则体积增大。

第三，多向共变。两个现象的共变关系有一定的限度，同向共变关系超过一定的限度，就可能变成异向共变关系。如在一定限度内，水稻的密植可以增加产量；但超过一定限度，过度密植则可能减产。

3. 应用共变法应注意的问题

第一，发生共变的原因必须是惟一的。如果其他情况没有发生变化，那么通过共变法，得出某一先行情况是被研究对象的原因的结论就是比较可靠的；如果其他情况也发生变化，那么通过共变法所得出的结论是不确定的，甚至是错误的。

第二，共变现象不一定都有因果联系。如闪电与雷鸣、白天与黑夜等。

第三，共变原因要适度。如果惟一的先行情况的变化超出了共变的限度，那么先行情况与被研究现象之间不仅不继续共变，而且适得其反。如在一定限度内，水稻的密植可以提高产量；超过一定限度，过度的密植，反而会减少产量。

五 剩余法

1. 剩余法的含义

剩余法是指：如果已知某一复合现象是另一复合现象的原因，同时又知前一现象中某一部分是后一现象中某一部分的原因，那么，前一现象的其余部分与后一现象的其余部分有因果联系。

如海王星的发现就是应用剩余法的典型表现。19 世纪 20 年代，巴黎有位科学家根据各种观测资料，推算出了天王星的运行轨道，但实际观测到的天王星的运行轨道与推算出的轨道明显不符，两者偏差较大。但当时科学家都认为推算本身没有问题，那么究竟是什么原因造成天王星运行轨道的偏移呢？1845 年，青年科学家勒维烈开始探讨这一问题，他再次核对了前人的轨道推算，发现没有问题，于是他大胆猜测，在天王星之外的某一处，可能另有一颗行星，它在干扰天王星的运行。1846 年，他完成了关于这个未知行星的推算，并于同年 9 月告知了柏林的天文学家加勒，要求他在天空的某一区域寻找那颗行星，后者在 9 月 23 日用了不到 1 h 的时间，就找到了当时未知的那颗行星，这就是海王星。这一发现在天文学上被视为最伟大的发现之一。

剩余法用公式表示如下：

已知 A、B、C、D 是 a、b、c、d 的原因；
B 是 b 的原因；
C 是 c 的原因；
D 是 d 的原因；
———————————
所以，A 是 a 的原因。

2. 剩余法的特点

剩余法的主要特点是：从余果中找余因。

第一,它只是研究有几个原因同时起作用而发生的那些现象的原因;

第二,先要知道复杂现象的其他原因和结果。再探求剩余结果产生的真正原因。

3. 应用剩余法应注意的问题

第一,应用剩余法有一个前提:必须以一定数量的已知的因果联系做基础。已知原因B、C、D能引起结果b、c、d,排除已知的结果才能找到剩余的结果,排除已知的原因才能找到剩余的原因。

第二,剩余结果可能是单一原因造成的,也可能是几个原因造成的。

第五节 概率推理和统计推理

一 概率推理

1. 概率的含义

在客观世界中,有些现象在一定条件下必然出现,如在一个标准大气压下,纯水加热到100℃时必然沸腾;有些现象是必然不会发生的,例如,在一个标准大气压下,纯水加热到100℃时不沸腾;还有些现象可能发生,也可能不发生,但到底发生还是不发生,事先无法做出准确的预测,这样的现象叫做随机现象。如抛掷一枚硬币,有可能正面朝上,也有可能反面朝上,究竟出现什么结果,无法准确预言。在一定条件下必然出现的现象叫必然事件;在一定条件下必然不出现的现象叫不可能事件;在一定条件下可能出现,也可能不出现的现象叫随机事件。随机事件通常简称事件,用字母A、B、C、D等表示。随机事件虽然在一定条件下不能肯定其发生与否,但它们的发生是有一定规律的,人们可以通过统计方法,了解随机事件发生的规律,对其发生的可能性进行预测。概率就是指对于一个随机事件出现的可能性大小做出的数量方面的估计。

概率有几种不同的定义。

使用较久的概率定义是古典概率。根据古典概率:一个事件A出现的概率(用p表示),是A可能出现的情况(用m表示)与全部可能情况(用n表示)的比率。例如,投掷一枚硬币,如果其正面向上和反面向上的可能性是相等的,那么它出现正面向上的概率就是1/2,可表示为:p(正面)=1/2。如果投掷一粒骰子,由于出现六点的那一面是一粒骰子可能出现的6种方式之一,因此,出现六点的概率就是1/6,表示为:p(六点)=

1/6。

据此，概率的古典定义就是：假设在一次试验中总有几个两两互斥的可能结果，使事件 A 成功的结果有 m 个，则 A 成功的概率是：

$$p(\mathrm{A})=m/n$$

古典概率的特征是：第一，每次试验的结果个数是有限的，并且这些结果彼此互相排斥；第二，出现各种结果的可能性是相等的。

概率的古典定义虽然简单，但它也有很大的局限性，因为它试验的结果是有限的，而且是假定全部可能情况都是“同等可能的”。当这一条件不能满足时，这一定义就不适用，而实际中与事件有关的全部可能情况常常不是“等可能的”。为此，有必要介绍现在常用的另一定义，即概率的统计定义。

统计概率也称频率概率，是指任一事件 A 出现的概率，等于 A 在若干次试验中出现的频率，即 A 在试验中出现的次数与试验的总次数的比率。

假设我们重复地进行同一试验 n 次，如果随机事件 A 在这 n 次试验中出现了 m 次，则称比值为 m/n 为这 n 次试验中事件 A 出现的频率。如果随着试验次数 n 的增大，事件 A 出现的频率在某个数字 p 附近摆动，那么定义事件 A 的概率为：

$$p(\mathrm{A})=p$$

如下面抛掷硬币的试验，表 7-1 中 n 为抛掷硬币的次数，m 表示正面朝上的次数，p 表示正面朝上的频率。

表 7-1

实验序号	$n=5$		$n=50$		$n=500$	
	m	p	m	p	m	p
1	2	0.4	22	0.44	251	0.502
2	3	0.6	25	0.50	249	0.498
3	1	0.2	21	0.42	256	0.512
4	5	1.0	25	0.50	253	0.506
5	1	0.2	24	0.48	251	0.502

从表 7-1 中可以看出，当抛掷硬币的次数较少时，正面朝上的频率是不稳定的。但随着抛掷硬币的次数的增加，频率越来越明显地呈现出稳定

性。如表7-1最后一列所示，当抛掷硬币的次数充分多时，正面朝上的频率是在0.5附近波动。因此，我们说抛掷硬币出现正面朝上的概率为0.5。

2. 概率推理

在实践中，人们常常遇到这种情况：对S类的部分对象进行考察的结果表明，既有个别S是P，也有个别S不是P，也就是说，某个S是否具有P属性，这是偶然的，随机的。在这种情况下人们不能做出一个全称判断的结论，只能做出统计概括，即只能推出一个概率判断的结论。概率推理就是根据某类事物中部分对象具有某种属性的概率而推出该类事物全体也都具有某种属性的概率的推理。例如，人类出生的婴儿有的是男婴，有的是女婴。由统计资料得知，2002年某国出生的男婴占全部出生婴儿的51.5%。根据这个资料，我们可以推出一般的结论：人类出生的婴儿中有51.5%是男婴。

由上面的推理过程可以看出：概率推理是由部分推到整体，但它又与归纳推理不同，它的结论是概率判断。概率推理用公式表示如下：

S_1 是P；

S_2 不是P；

S_3 是P；

……

S_n 不是P；

S_1、S_2、S_3，……S_n 是S类的部分，n 中有 m 个P；

所以，全部S中有 m/n 是P。

其中S类表示某类对象，P表示属性。

3. 运用概率推理应注意的问题

由于概率推理是由部分到全体的推理，它的结论超出了前提所断定的范围，因此，它的结论不是必然的，而是或然的，有时也会发生以偏概全的错误。因此，运用概率推理时，要提高概率推理结论的可靠性应注意以下两点：

第一，观察的次数越多，考察的范围越广，结论的可靠性就越大。否则，频率往往偏离概率相当大。

第二，要注意客观情况的变化。客观事物是不断发展的，对概率的估计也应当随着情况的变化而再做研究。如统计高校大学生上网的概率，在不同时期，其概率是不同的。

二 统计推理

1. 统计推理的含义

统计是关于数量信息的收集、整理和分析的方法。在现代社会中，统计方法越来越占有重要地位。在实际研究中，运用统计方法可以使人们了解一类对象在特定实际条件下的特点、性质和分布情况，从而达到认识事物，指导人们实践的作用。专门研究统计方法的科学是统计学。在统计中，某一被研究领域的全部对象，叫总体；从总体中抽选出来作为典型加以考察的那一部分对象，叫样本。统计推理就是指由某类事物的样本具有某种属性推出这类事物总体也具有某种属性的推理，即从S类事物经考察的对象中有$n\%$具有性质P，推出在S类的所有对象中也有$n\%$具有性质P。

统计推理的前提，是关于所选样本的考察和分析，而结论实际是基于样本的一种概括。这种推理是从部分推向总体，结论断定的范围超出了前提断定的范围，因此，前提和结论之间的联系是或然性的。

2. 统计推理的常用抽样方法

统计推理需要用到许多统计学的专门方法，本书不能详细介绍，在此只简单介绍统计推理常用的抽样方法。

(1)纯随机抽样法

纯随机抽样法是直接从含有N个个体的总体中随机抽出n个个体组成样本加以考察的方法。如某摩托车生产厂日产摩托车10 000辆，现对其日产量做抽样检查。随机抽取150辆组成样本。经检查，样本中摩托车合格率为99.8%。根据样本中摩托车的合格率可以推出总体中摩托车的合格率。

(2)机械抽样法

机械抽样法又称等距抽样法或系统抽样法，是指把按某一顺序排列的总体单位，按固定间隔抽取样本加以考察的方法。如某市为了了解该市高校教师的住房情况，在几个学校同时进行调查。他们的做法是：首先将一个学校的教师按年龄从大到小依次排队；然后，以增加5岁作为抽样间隔，区分出许多年龄阶段，又从各年龄阶段的每10个人中随机抽出1人组成样本加以考察；最后又以对样本考察的结果推断全市高校教师住房的基本情况。

(3)分层抽样法

分层抽样法是按照所要研究问题的性质，把总体单位划分为性质比

较接近的各组或层，再从各层中随机抽取一部分作为样本加以考察，这种方法就是分层抽样法。如某乡在估计 1 000 hm^2 小麦平均产量时，按土壤肥力不同分为 3 层：肥沃的地块 400 hm^2，中等的地块 300 hm^2，贫瘠的地块 300 hm^2；然后从这 3 层中分别随机抽取出 120 hm^2、100 hm^2、100 hm^2 共 320 hm^2 组成样本；这 320 hm^2 样本的平均产量为 5 625 kg/hm^2，因此推广到整个村 1 000 hm^2 的小麦平均每公顷产量也是 5 625 kg。

(4)整群抽样法

整群抽样法是指将总体划分为若干群，以群为单位从总体中随机抽取一些作为样本群，并在样本群内实行全面调查的方法。如某厂大量连续生产，为了掌握某月某种产品的一级品比率，确定抽取 5%的产品，即在全月连续生产的 720 h 中，按每隔 20 h 抽取 1 h 的全部产品，加以检查。根据抽样资料计算的结果，一级品率为 95%，由此可以推算出该厂全月产品的一级品比率。

3. 运用统计推理应注意的问题

由于统计推理的前提与结论之间是或然的，而不是必然的，稍不注意，就有可能发生错误，所以，为了提高统计推理的可靠性程度，应注意以下几点：

第一，样本应有代表性。这是要求抽样能最恰当地代表总体的结构。

第二，样本的容量应该足够大。样本太小则难以反映总体的情况，因此样本的容量应该足够大。

第三，抽样应当是随机的。这是保证抽样的客观性，以排除主观性、预谋性。

需要注意的是，在当代社会生活中，各种数字、数据、报表频频出现在电视广告、新闻报道、杂志文章和专门著作中，对于有些数字，确实来自于实践调查中，可靠性较高，我们可以信任。但对于有些统计数据，需要具体情况具体分析。

一是对平均数要做出具体分析。

日常生活中，我们经常与平均数打交道，如我们的工资水平达到平均数以上，住房面积达到平均数以上等等。现实生活中，有 3 种不同的平均数。一是将所有数值加起来，再用这个相加之和去除累加的数值的个数。这就是常见的平均数。二是将所有数字从高到低排列起来，找到处于数列中间的那个数字，此数字为中位数，也是平均数的一种形式。它的获得相当于去掉一个最高分，去掉一个最低分；再去掉一个最高分，去掉一个最低分……三是列出所有数值，然后计算每一个不同的数值或值域，最常出现的数值叫做众数，也是平均数的一种形式。但众数在日常生活中较少使用，用得最多的是第一种平均数。

对于平均数，要特别注意其中最大值和最小值之间的差异，以及每个数值出现的次数。否则，平均数就有可能成为一种陷阱。如某人在所在企业破产后，打定主意要重新找一个工资较高的工作。一天他看到一幅招聘广告："本公司现有员工 19 人，现诚聘 1 名技术工人。本公司人均月薪 3 200元以上。"于是，他高兴地去应聘，并很幸运地被录取了，但他第一个月拿到的正常月薪只有 500 元。他说该公司的招工广告说谎，但该公司的广告确实没有说谎。因为，该公司的平均工资是这样计算的：经理月薪 25 000元，经理女秘书月薪 15 000 元，两名中层主管月薪 10 000 元，其他员工月薪 500 元。这就是比较典型的平均数陷阱。

二是对各种百分比要做具体分析。

在日常生活中，到处都可能碰到百分比。不过，对于百分比，我们首先要弄清楚的第一件事情，就是该百分比所赖以计算出来的那个基数。如我们厂的电视机销售比去年增加了 50%以上，而我们的竞争对手只增加不到 25%。这一例子遗漏了一个至关重要的信息：该百分比所依据的绝对数字。如果我们的销售是从 1 万台增加到 1.55 万台（增加 50%以上），而我们的竞争对手却是从 50 万台增加到 61.5 万台（不到 25%）。谁优谁劣，岂不是一目了然吗？对于百分比，我们要注意的第二个问题：该百分比所表示的绝对总量。该百分比虽小，但绝不意味着它所体现的数字同样貌不惊人。如某市的犯罪率为 0.1%，而该市的总人口为 1 000 万人，则该市的犯罪人口达到 1 万人。

三是要注意数据与结论的关系。

某厂经理对自己厂的产品赞不绝口，因为该产品的投诉率只有 4%。他说："这说明有 96%的消费者对我们厂的产品是满意的，由此可见我厂的产品多好。建议消费者常买我厂的产品。"实际上，这位厂长把统计数字用到了与之不相干的结论上。因为，有些消费者不满意该产品，但怕麻烦而不愿投诉。

复习思考题

1. 什么是归纳推理？归纳推理与演绎推理有什么区别和联系？
2. 什么是完全归纳推理？什么是不完全归纳推理？二者有何区别？

3. 什么是简单枚举法？什么是科学归纳法？二者有何区别？

4. 什么是求同法？其特点和要求是什么？

5. 什么是求异法？其特点和要求是什么？

6. 什么是求同求异并用法？其特点和要求是什么？

7. 什么是共变法？其特点和要求是什么？

8. 什么是剩余法？其特点和要求是什么？

9. 什么是概率推理和统计推理？其特点和要求是什么？

练习题

一 下列各题的结论，是用何种归纳推理获得的？

1. 天下乌鸦一般黑。

2. 有志者事竟成。

3. 人能思维。

4. 24～28 之间没有质数。

5. 燕低飞，披蓑衣。

二 下列推理使用了何种归纳推理，请写出其结构。

1. 水稻能进行光合作用，大豆能进行光合作用，松树能进行光合作用，水稻、大豆、松树都是绿色植物，因此凡是绿色植物都能进行光合作用。

2. 任取大于 1 的奇数，各自平方，再从得到的数中减去 1，例如：

$5^2-1=24$

$7^2-1=48$

$9^2-1=80$

$11^2-1=20$

$13^2-1=168$

……

从以上得数中，我们发现有一个共同的特点，即每一个得数都能够被 8 整除。用其他的奇数再进行几次尝试，也得到同样的结果。于是，我们可以得出结论：一切大于 1 的奇数的平方减去 1 的得数是 8 的倍数。

3. 美国每 4 年一次的总统大选即将进行。某民意调查机构进行了一次电话调查，在 50 个州内随机抽取电话号码 12 505 个，得到有效答复 10 978个，其中 46.5%的选民表示将投民主党的票，其余选民称尚未打定主意。于是，该民意调查机构得出结论说，现在说哪一位候选人将肯定

当选为时过早。

4. 水星是沿椭圆轨道绕太阳运行的，金星是沿椭圆轨道绕太阳运行的，地球、火星、木星、土星、天王星、海王星、冥王星也是沿椭圆轨道绕太阳运行的；而水星、金星、地球、火星、木星、土星、天王星、海王星、冥王星是太阳系的全部大行星。所以，太阳系所有的大行星都是沿椭圆轨道绕太阳运行的。

5. 敲锣发声时，如用手指触锣面，会感到锣面在振动。在锣不发声时，手指触锣面，并不感到锣面振动。用琴弓拉琴弦发声时，让纸条跟发声的弦接触，纸条被弦推动得跳动起来。如果琴弦不发声，则与弦接触的纸条不会跳动。人停止说话，咽喉也停止振动。由上述现象可以得出结论：物体在发声时，总是震动的。

三 分析下列各题运用了何种探求因果联系的方法。

1. 有关研究发现，长期用1%阿托品滴眼，每天一次，可防止近视发展。上海某个眼防所在这方面做了大量研究工作。他们用1%阿托品滴一只眼和另一只眼不滴阿托品作对照，经7个月治疗，滴药的眼睛近视度数平均降低0.88度，不滴药的眼睛视力无进步。但是这个疗法的缺点是患者畏光。后来他们将阿托品减低浓度(一般不小于0.01%)治疗近视的学生，疗效和副作用也随阿托品浓度降低而减弱。

2. 长期生活在又咸又苦的海水中的鱼，它的肉却不是咸的，这是为什么?科学家考察了一些生活在海水中的鱼，发现它们虽然在体形、大小、种类等方面不同，但它们腮片上都有一种能排盐分的特殊构造，叫“氯化物分泌细胞”组织。科学家们又考察了一些生活在淡水中的鱼，发现它们虽然也在体形、大小、种类等方面不同，但它们腮片上都没有这种“氯化物分泌细胞”组织。由此可见，具有“氯化物分泌细胞”组织是海水鱼在海水中长期生活而肉不具有咸味的原因。

3. 种植马铃薯是选用大个的薯块作种好，还是选用小个的好？有一个农业试验站曾做过这样的试验：用10 g、20 g、40 g、80 g、160 g重的马铃薯分别播在同一块田里，施同样的肥料。结果，10 g重的产量是245 g，20 g重的产量是430 g，40 g重的产量是565 g，80 g重的产量是940 g，160 g重的产量竟达1 090 g。这说明选用大个的薯块作种，可以提高产量。

4. 公元115年，羌族进攻东汉武都。虞羽奉汉安帝之命率军赶赴武都充任太守，领军抗击羌军。虞羽行至陈仓、肴谷时，得知羌人数千人在前

面截击。虞羽就停止前进,并宣称等待援军。羌人不知虚实,不敢贸然进攻。数日后,乘羌人不备时,虞羽日夜行军百余里,“令吏士各作两灶,日倍增之”,即采取逐日增灶的谋略。羌军见汉军的灶日益增多,以为虞羽的援兵不断增加,不敢逼近。这样迷惑了敌人,虞羽及时赶到武都,调动部队打败了羌军。

5. 在19世纪,人们对空气的成分还不完全了解。当时从其他各种化合物中分离出来的氮,一定体积的氮重量都是相同的。可是从空气中分离出来的同样体积的氮,却比从其他化合物中分离出来的氮重量多0.5%。这0.5%的重量是从哪儿来的呢?经过反复测定,人们才发现:从空气中分离出来的氮是不纯的,其中还混有一种新发现的气体——氩。由此终于证明了从空气中分离出来同体积的氮,重量增加,是因为存在氩气的缘故。

第八章　类比推理和假说

第一节　类比推理

一　什么是类比推理

类比推理，是根据两个或两类对象有若干属性相同或相似，推出它们另一属性也相同或相似的推理。例如：

Ⅰ 美国大发明家富兰克林曾把天空中的闪电和地面上的电火花做过对比：它们都发出同样颜色的光，爆发时都有噪声，都有不规则的放射，都是快速运动，都能射杀动物，都能使易燃物燃烧；同时又知道地面上的电流可以用导线传导。由此推想天空中的闪电也可以用导线传导。后来这一结论通过富兰克林有名的风筝实验得到了证实。

Ⅱ 1982 年，钱伟长教授去新疆讲学，谈到我国新疆的发展远景时，他说，19 世纪初，加利福尼亚州是美国最穷最落后的地方，后来，人们利用淘金和工业积累了资金，继而建设了大型的水利工程，开辟了农业区，最后使加利福尼亚成为美国最富裕的地区之一；新疆不但有金矿，还有铂族金属矿和宝石矿，也可以用这个办法积累资金，建设水利、电力事业，开辟戈壁荒原，发展农业。这样，新疆完全能够建设得比加利福尼亚州更美。

在上述两例中，富兰克林和钱伟长就都运用了类比推理。

类比推理的逻辑形式是：

A 具有属性 a、b、c、d；
B 具有属性 a、b、c；
————————————
所以，B 也具有属性 d。

其中，A 和 B 表示相比较的两个或两类对象，a、b、c 表示两个或两类对象相同或相似的属性，d 表示推出的属性。

类比推理不同于演绎推理。首先，从前提与结论之间的联系来看，演绎推理的前提与结论之间的联系是必然的，只要前提真，推理形式有效，则结论必定真；类比推理的前提与结论之间没有必然联系，即使前提真，推理形式有逻辑性，结论也未必真。其次，从结论所断定的知识范围来看，演绎推理的结论没有超出前提所提供的知识范围，前提蕴涵结论；而类比推理的结论超出前提所提供的知识范围，前提不蕴涵结论。第三，从思维进程来看，演绎推理一般是从全称判断，推出单称或特称判断，即从一般到特殊；而类比推理则是从单称判断推出单称判断，或者从全称判断推出全称判断，即从特殊到特殊。

类比推理也不同于归纳推理。虽然二者的前提与结论之间的联系都是或然的，前提真、推理形式有逻辑性，结论也未必真。但是二者也有明显的区别，从思维进程来看，归纳推理是由若干个单称判断，推出全称判断，即从特殊到一般；而类比推理是由单称判断推出单称判断，或是由全称判断推出全称判断，即从特殊到特殊。

因此，类比推理是一种独立的推理形式。

类比推理的根本特点在于它的前提不蕴涵结论，即使前提是真的，结论仍有两种可能：可能真，也可能假。这是因为，类比对象之间的联系是异常复杂的，其属性之间既有相互关联、相互制约的统一性，又有使彼此得以区别的差异性。两个对象或两类事物在一系列属性上是相同或相似的，但是他们毕竟是两个对象或两类事物，总有某些方面的差异。而类比推理把某对象所具有的属性推广到与之相似的另一对象上去，结论所断定的范围超出了前提所断定的范围；此外，人们对事物属性的认识受到主、客观条件的影响，因此类比推理的结论是不可靠的。类比推理是或然性推理。

类比推理的客观基础是事物之间的相似性。世界万物，又相同又不相同，总是同中有异，异中有同。这种同中之异和异中之同，就是事物的相似性。事物之间不管有多么大的差别，总是具有相似之处的。相似性是事物所具有的一种普遍属性。有了这种相似性，我们就可以根据它去认识事物之间的联系，可以从相似的结果寻找相似的原因，可以从相似的构造认识相似的功能。总之，运用相似性，可以从已知的事物，认识新的事物，实现知识的迁移。

二　类比推理的种类

根据不同的标准，可以把类比推理分为不同的类型。以类比对象是否

相同或相似为标准，类比推理可以分为正类比、反类比、合类比 3 种类型。

1. 正类比

正类比又叫同性类比推理。它是根据两个或两类对象有若干相同或相似的属性，推出另一个或另一类对象在其他属性上也相同或相似的推理。前面所列举的美国大发明家富兰克林把天空中的闪电和地面上的电火花所作的类比，科学家钱伟长把我国的新疆同美国的加利福尼亚所做的类比就都是运用了正类比推理。

正类比推理的形式是：

对象 A 和 B 有相同或相似的属性 a、b、c；
对象 A 还具有其他属性 d；
————————————
所以，对象 B 也具有属性 d。

2. 反类比

反类比也叫负性类比推理。它是根据两个或两类对象都不具有某些属性，而且已知其中一个或一类对象还不具有某种属性，从而推出另一个或另一类对象也不具有该属性的推理。例如，我国古代有一个著名的“焚猪验尸”的案例：

三国时吴国人张举在句章县任县令时，有一妇人杀死了自己的丈夫，然后放火烧毁房屋，放言“火烧夫死”。夫家表示怀疑，到县里告状。张举调查后指出：是妇人杀害了丈夫。妇人不服。于是张举找来两头猪，把其中一头打死，另一头用绳索捆绑，同时放到火中烧。结果发现：死猪口内无灰，活猪口内有灰。再让妇人看其丈夫的尸体，发现口内无灰。妇人只好低头服罪。

张举的推理就是采用反类比推理：

猪的口内无灰，不是被火烧死的；
妇人的丈夫口内无灰；
————————————
所以，妇人的丈夫不是被火烧死的。

反类比推理的形式是：

对象 A 无属性 a、b、c、d；
对象 B 无属性 a、b、c；
————————————
所以，对象 B 无属性 d。

进行反类比推理的目的，主要是要找出类比对象之间的不同属性，尤其是要注意分析这些不同属性中，有没有同推出属性不相容的属性。如果在不同的属性中，存在着与推出属性不相容的属性，即使类比的两个对象

有着许多的相同属性,也不能通过类比而得出结论。

3. 合类比

合类比是正类比、反类比的综合运用。它是从两个或两类对象在一些属性上相同,推出它们在另一属性上也相同;同时,又从这两个和两类对象不具有某些属性,推出它们也不具有另一些属性的推理。例如:

有一个人在很短的时间里一下子富起来。人们看到,他的富有不是靠工资收入,不是由于亲友馈赠,更不是因为搞发明创造获奖,联想到过去有此类情形的人都是靠采用不正当手段发财的,没有一个这样的人是利用合法手段致富的,于是,认为这个人也是靠不正当手段富起来的,而不是正常的劳动致富。

合类比推理的形式是:

对象A有属性a、b、c、d,无e、f、g、h;
对象B有属性a、b、c,而无e、f、g;
————————————————
所以,对象B有属性d,而无属性h。

三 如何提高类比推理结论的可靠程度

由于类比推理的前提与结论之间的联系是或然的,有的结论可靠程度较高,有的结论可靠程度较低。为了提高类比推理结论的可靠性程度,必须注意5个问题。

第一,类比对象的共有属性越多,则据此推出的结论的可靠程度越高。

两个对象的相同属性越多,意味着两个对象在类与类的关系中就越接近,因此也就越能排除偶然因素,类推出的属性也就越可能是两类对象所共有的。如果两个认识对象之间没有足够的共同属性,比较起来就可能不伦不类,由一个对象的已知属性推出另一个对象的未知属性,就可能是牵强附会的,不合实际的。即使两个认识对象所具备的共同属性比较多,有了类比的客观基础,由一个对象的已知属性推出另一个对象的未知属性,是否符合实际,也还有待于实践的检验。例如,科学家把光和声这两种现象进行类比时,就是尽量找出声和光的共同点,即它们都具有直接传播、反射、折射、有干扰等一系列相同的性质,又知道声还具有波动的性质,从而推出光也具有波动的性质这一结论。这一推理是否可靠,只有通过实验才能证明,推理本身并不能自我证实。

又如,世界各国相互引进植物新品种,总是尽可能选择与新品种产地

的水、土、气候等大体相同的地区引种，上述条件相同之处越多，引种的成功率就越高。

但是，在很多情况下，类比对象之间的相似点越多，类比的启示作用越小，不容易开拓人们的思路，引导人们做出重大的新发现。例如，拿自行车和摩托车相类比，启示作用就很小。

第二，类比对象相同的本质属性越多，则结论的可靠程度越高。

在事物的众多属性中，本质属性决定着非本质属性。如果两个对象的共有属性是本质方面的，并且这种共同本质属性越多，那么推出的结论可靠程度就越高。例如，著名生物学家施温和施列登分别发现了动物和植物机体都是由细胞组成的之后，施列登又在植物细胞中发现了细胞核，并且研究了细胞核与细胞的其他部分的关系。施列登把自己的研究结果告诉了施温。施温得知以后，便想：如果动物和植物机体的相似不是表面的，而是本质的，那么动物的细胞也一定含有细胞核。后来经过施温和其他生物学家的反复观察，发现了动物细胞的细胞核。

反之，拿那些非本质的属性或风马牛不相及的属性来进行类比，就很难得出正确的结论，甚至还会歪曲客观事实。例如盐与糖，从物理形态来看很相似，已知糖是甜的，我们推出盐也是甜的，那就与事实不符合了。

这种非本质属性的类比，成功的可能性虽然小，但是也有成功的可能，这是类比推理结论或然性的一个表现。例如两个人相比较，已知两个人的年龄相同，文化水平相同，工作年限也差不多，从甲能胜任某一工作，从而推出乙也能胜任某一工作，这一结论虽然很不可靠，但也可能是正确的。

第三，类比对象的共有属性与推出属性之间的联系越紧密，则结论的可靠程度就越高。

类比推理结论的可靠程度决定于共有属性与推出属性之间的联系程度。如果共有属性与推出属性之间的联系紧密，结论的可靠程度就大；如果进行类比的对象，其属性与属性之间联系不紧密，就有可能是几种属性的“凑合”，那么结论的可靠性就不大。

例如，以前有人拿鲸和鱼相类比，看到它们有许多相同之处，如都生活在水中，形体相似等，因此就错误地认为鲸也是鱼类。实际上，鲸用肺呼吸，属于哺乳类动物，不属于鱼类。这种错误之所以发生，就是因为所根据的共有属性与所推出的属性之间，并无必然联系。

再例如，著名科学家李四光曾考察中亚细亚的地质结构，发现这种地质结构与蕴藏石油有必然联系。后来他又对我国东北松辽平原的地质结构进行了长期深入的调查研究，发现松辽平原的地质结构与中亚细亚的地质结构极其相似。既然中亚细亚蕴藏着大量的石油，由此就推出我国东北松辽平原也蕴藏着大量的石油。这个结论可靠性程度之所以高，是因为这种地质结构与蕴藏石油之间有必然的联系。

第四，类比对象中如果存在着与推出属性相矛盾的情况，则推出的结论就不能成立。

在科学史上，人们曾用月球与地球相类比，发现有许多属性是相同的，因此推出月球也有生物和人。但后来由于人们发现月球昼夜温差相当大，它白天温度高达摄氏一百多度，而在夜晚却下降到－160℃，并且没有空气和水，根本不适宜生物和人生存，因而推翻了月球有生物的论断。这一事实已被人造地球卫星登上月球的实地考察所证实。

第五，进行类比推理时，要注意避免犯“机械类比”的错误。

所谓“机械类比”，是仅仅依据对象间表面相似或偶然相似的情况进行类比，从而导致荒谬结论的推理方式。例如，在基督教神学中，有的神学家就把世界和钟表进行类比，来证明上帝的存在。这些神学家认为：钟表是有一定构造的，有规律的；世界也是有一定构造，有规律的；既然钟表是人制造出来，世界也必然有一个创造者，这个创造者就是上帝。从逻辑上来分析，这就是犯了“机械类比”的错误。

四　类比推理的作用

类比推理虽然是或然性推理，结论不一定可靠，但它在人们的认识中具有重要作用。

1. 类比推理是探索真理的重要逻辑形式

类比推理是在已有知识的基础上进一步发展科学的一种有效的探索方法。在科学研究中具有开拓思路、提供线索，举一反三、触类旁通的作用。正如康德所说：“每当理智缺乏可靠论证的思路时，类比这个方法往往指引我们前进。”科学史上很多著名的发现是借助于类比推理而获得的。例如，我国科学家高歌为解决喷气发动机燃烧火焰不稳定这一世界难题，从沙丘任凭风暴狂吹却始终保持原状的情况中受到启迪，产生联想，于是把在狂风中驻涡固沙成丘的自然现象与在喷气发动机的高速气流中稳定火焰的工程进行类比，找出共同规律，将注意力放在“涡”的研究上，终于发明了“沙丘驻涡火焰稳定设计原理及方法”，使我国在航空喷气发动机

技术领域一举进入世界前沿。

两个事物的各种属性之间可能存在着同一种因果关系，因此，我们可以根据一个事物的因果关系，推出另一事物的因果关系。例如，在合成树脂（塑料）中加入发泡剂，使合成树脂中布满无数微小的孔洞，这样的泡沫塑料用料省、重量轻，又有良好的隔热和隔音性能。日本的一个名叫铃木的人应用因果类比，联想到在水泥中加入一种发泡剂，使水泥也变得既轻又具有隔热和隔音的性能，结果发明了一种气泡混凝土。

2. 类比推理可以帮助人们提出科学假说

类比推理是形成科学假说的重要推理形式。在科学史上，许多重要的科学假说都是用类比推理的思维方法建立起来的。例如：

19世纪中叶，奥地利首都维也纳有一位医生，名叫奥恩布鲁格。有一次，他给一位病人看病，没检查出什么严重疾病，但病人很快就死了。经过解剖尸体查看，发现胸腔积满脓水。该医生想，以后再碰到这样的病人怎样诊断？忽然想起他父亲在经营酒店时，常用手指关节敲木质酒桶，听了卜卜的叩击声，就能估量出木桶中还有多少酒。他思考：人们的胸膛不是很像酒桶吗？它通过反复探索胸部疾病和叩击声音之间变化的关系，终于写出《用叩诊人体胸部发现胸膛内部疾病的新方法》的医学论文，发明了"叩诊"这一医疗方法。

在上例中，奥恩布鲁格就是运用类比推理把酒桶与人的胸膛相类比：同是封闭的物体，内藏液体，叩击时能发出声音等，从而根据叩桶知酒量而推出叩胸知病情的结论。此外，在科学发展史上，惠更斯提出的光的波动假说，卢瑟福及其学生提出的原子结构的行星模型假说，也都是运用类比推理建立了巨大的功绩。这一切说明，类比思维是提出科学假说的有效方法。

3. 类比推理为现代科学技术中经常应用的仿生学提供了理论基础

自然界的动植物，它们的生成都极为巧妙，它们是孕育出新事物、新方法绝无仅有的好样板。人类还在蒙昧的幼年时期，为了生存繁衍，便开始模仿大自然，从自然界万事万物身上吸取有利于生存的优点，用来武装自己，改变自己的命运。20世纪60年代出现的仿生学，就是专门研究生物系统的结构和功能，并将生物的某些特性应用到我们的创造发明之中，以创造先进技术装置的新学科。从一定意义上来说，人类是在模仿自然中成长起来，是在模仿自然中逐步有了现代文明。考察发明史，我们可以看到人类无数重大发明，都是模仿生物的结果。例如：

Ⅰ 蝙蝠和超声波探测仪：

很久以来，人们就对蝙蝠的夜间飞行本领感到奇怪。意大利的科学家斯帕拉捷，将蝙蝠的眼睛刺瞎，进行放飞试验。令人惊奇的是，蝙蝠飞舞得还是那样敏捷迅速。这些小动物到底靠什么去看呢？斯帕拉捷不停地实验，直到将蝙蝠的耳朵堵住，才使这些动物失去了辨别方向的能力，处处碰壁，撞得奄奄一息。经过仔细研究，科学家们发现，蝙蝠是利用超声波来辨别物体位置的。他的喉内能发出十几万赫兹的超声波脉冲，其脉冲的发射频率密度相当高，一秒钟就发出五十多次；这些超声波碰到障碍物和小昆虫会立即反射回来，蝙蝠就是根据回波的时间来确定障碍物和昆虫的距离，根据回波到达左右耳的微小时间差来确定障碍物和昆虫的方位。蝙蝠就是一架精密的超声波测距仪，令科学家们叹为观止。蝙蝠的这种超声波探测本领，使人类大开眼界，于是人们根据这个原理发明了超声波探测仪。这种仪器用在海上可以测量海深、海底地貌，探测鱼群和寻找潜艇；用在工业上，可以用来检查金属内部有无裂纹和空腔。

Ⅱ 鱼和潜水艇：

1775 年，美国爆发举世闻名的独立战争，人民在华盛顿的领导下，把英国侵略军击溃并赶下海去。但是，英军凭借着优良的军舰大炮，赖在海上不走，企图卷土重来，并常使美国海防遭受重创。怎样才能把侵略者彻底赶走呢？一个名叫布什内尔的士兵思虑重重。一天傍晚，布什内尔在海边散步，看到一条大鱼从水底偷偷游过来，猛地向一群小鱼发动突袭。这使他们茅塞顿开：为什么不造一条大鱼那样的船，从水下发动攻击！不久，布什内尔负责造出第一艘潜水艇，由于潜水艇像个乌龟，大家便为它取名叫做“海龟”。布什内尔所造的潜水艇，外形并不像鱼，但它应用了鱼在水下潜游的原理，即潜水艇底部有一个类似鱼鳔的水舱，当船要下沉时，就往水舱里灌水，当船要浮出水面时，就把水舱里的水排出去，这样潜水艇就可以在海水中自由沉浮了。

虽然，人类利用仿生学原理已经发明了无数的生活用品、生产工具、科学仪器，但生物界的种类如此浩繁，时至今日人类还是知之甚少，它们永远吸引人们去研究，去模仿，从中进行新的创造。例如，大黄蜂与未来飞行器：

由英国剑桥大学和美国罗格大学联合进行的大黄蜂飞行方式研究，取得“重大成果”。实验表明，如果人类在体力工作中每小时消耗一块巧克力的热量的话，大黄蜂要消耗掉 120 块。按照现有飞行力学原理，携带这么多巧克力的大黄蜂根本飞不起来。实验还发现，大黄蜂无论是盘旋、巡

航，还是高速飞行，能耗始终处于同一水平。是否大黄蜂的双翅升力要比目前人类设计的飞机大得多？大黄蜂飞行之谜有待进一步揭开，届时，飞机设计师们将得到更多的启示。

4. 类比推理具有生动的说明作用

类比推理的结论是或然的，因而它不能独立地最终论证某一论断必然为真。但是，它具有生动的说明作用，有一定的说服力，可以作为论证的辅助手段，并且别具风格。例如：

Ⅰ 加拿大外交官切斯特·朗宁曾在竞选省议员时，由于它幼儿时期吃过中国奶妈的奶水一事，遭到政敌的攻击，说他身上一定有中国血统。朗宁反驳说："你们是喝牛奶长大的，你们身上一定有牛的血统"。这样的反驳既有力，又幽默，显示了类比推理在论证中的特殊作用。

Ⅱ 数学中有一条三角形定理：三角形的任意两边之和大于第三边；如果三角形的一条边大于其他两边之和，这个三角形就不复存在。这个数学原理被一位科学家成功地运用到社会科学领域，为历史上的三国鼎立做出了一种很好的理论说明。这位科学家认为，历史上如果两个割据势力并存，如果不是势均力敌，一方会很快吃掉另一方。但是，如果三股势力并存，便成了三足鼎立，情况就不同了，三足鼎立的结构是一种比较稳定的结构。如果强者侵犯了弱者，被侵犯的弱者就会与另一个弱者联合起来。另一个弱者一般也会愿意联合，因为不结盟的话，一方被消灭，他自己也将被消灭。结盟之后，两边之和大于第三边，稳定的三足结构就不会被破坏。只有当强者的力量超过了两个弱者之和，三足鼎立的局面才会结束。这位科学家利用类比推理来表述自己的思想，使抽象的道理具体化，使论述更加形象，收到了良好的表达效果。

但是，由于类比推理的结论是或然的，它在论证中只能起一种辅助作用。在一个论证中，如果采用的论证方式是类比推理，那么论题并没有得到证明。在使用类比推理论证问题时，这一点务必要注意，否则就有可能得出荒唐的或错误的结论。

五 类比推理与模拟方法

模拟方法是在实验室中模拟某些事物或现象，构造出这些事物或现象的模型，从模型中研究其规律的科研方法。人类在认识和改造自然的过程中，会遇到种种限制，为了有效地达到某种目的，有时就必须采用模拟方法。这种模拟有时是对事物原型的放大或缩小,有时是把复杂的事物或过程加以简化,以便进行研究。模拟方法的理论基础也是类比推理。例如:

Ⅰ 要修建长江三峡水利工程,就必须对长江三峡所处的地理、水文、地质等方面的条件进行反复的充分的了解。了解的方式有许多,可以实地勘察,可以摄影或拍成电影,可以将调查的情况进行记录、绘制图表等。但为了更方便地了解长江流域各方面的情况,科学家根据其他各方面所提供的资料,将长江三峡地理、地貌和水利工程加以人工模拟,将它缩小到可以一眼望到全貌的人工制作的模型盘里,通过对模型分析取得对长江三峡水利工程原型的分析。这就是用小的模型来模拟自然界大规模的现象。

Ⅱ 医生要掌握人体神经系统的科学知识,通过对人体进行实际解剖来观察当然是很重要的。但为了反复研究,熟悉人体神经系统,用人工仿制人体模型,则是一个方便有效的方法。此外,根据人的思维推理活动与计算机的计算活动有着许多相似之处,便用计算机来模拟人的部分思维活动,从而代替人的部分脑力劳动。这些都是用简单模型来模拟复杂的事物。

模拟方法有两个优点。首先是通过这一方法将复杂的过程化为较简单的过程,将自然界中大规模的现象变成实验室中的现象,从而便于研究。其次是工程技术上有些设计,必须先在实验室中进行多次小规模的试验,也就是进行模拟,才能进行制造或建造,以避免生产上的浪费。例如飞机的发动机要先在风洞中进行试验。

模拟方法是从特殊事物获得一般知识的方法。模拟所造出的模型,是实验与科学理论形成的中间环节,是从实验到科学理论的归纳过程。模型对认识来说具有直观性,但同时又具有假设性。所以,模型以及模拟方法在实践中还要不断地修正、补充。模拟所建设的模型只是对原型的模仿,它具有近似性,因此,对模型的认识不能完全取代对原型的认识。

第二节 假 说

一 假说及其特点

假说是以一定的事实材料和科学原理为依据,对某一未知事物或现象所作出的推测性解释。

人们在认识世界的过程中，总是不断地有所发现。当已有科学原理不能充分解释所发生的事实时，便依据一定的科学原理，在调查研究的基础上，运用各种推理形式，对所发现的事实做出推测性的解释，即提出假说。例如：

齐齐哈尔市某农场，过去每年冬天都有不少新生牛犊因严重腹泻救治无效而死亡。究竟牛犊腹泻的原因是什么？兽医赵立明在考察中发现，在 7 个养牛场中，近郊的 5 个牛场一到冬天就发生牛犊腹泻病，而位于远郊的两个牛场的牛犊并不发生此病。他又进一步发现，近郊的牛场冬季的主要饲料是甜菜丝，而远郊的两个牛场一般不喂甜菜丝。于是他就推测可能是甜菜丝引起的牛犊腹泻。这个假说提出后，立即引起同行们的异议，因为甜菜丝是国内外公认的优质饲料，用它喂养奶牛，牛奶的产量高。但是赵立明毫不动摇继续研究，终于发现了甜菜丝中有一种过敏原，会使牛犊发生过敏性肠炎并死亡。这样，假说经过验证就被证实了。后来赵立明把这一科学研究成果写成论文，并参加了第五届世界免疫学讨论会，使这一理论走向世界。

对于假说，人们往往不以为然，以为它的事实材料不足，就不屑一顾。历史上大名鼎鼎的牛顿，公然宣布："假说这东西我是不考虑的"，"凡是假说，……都不能用于实验哲学之中。"——他只相信归纳法是万能的。然而，当他的经验材料和数据解释不了行星为什么围绕太阳转的时候，这位最反对假说的人，却提出了天体运行理论中最糟糕的一种"假说"——"上帝的第一次推动力"。后来，是康德的星云假说，取消了牛顿的"第一推动"的假说，在僵化的、形而上学自然观上打开了第一个缺口，成为哥白尼以来天文学取得的最大的进步。

如果说，当人类处在认识宏观物体的阶段，认识的对象历历在目，点点可数，依靠归纳法，就可以得到合乎逻辑的认识，那时候还可以不要假说；那么当人类的认识扩展到宏观宇宙，深入到微观世界，认识对象已不再是直观可见，一览无余，那就非要假说不可。

恩格斯说过："一个新的事实被观察到了，它使得过去用来说明和它同类的事实的方式不中用了。从这一瞬间起，就需要新的说明方式了——他最初仅仅以有限数量的事实和观察为基础。"[1]这里的"新的说明方式"

① 恩格斯《自然辩证法》，第 218 页，人民出版社，1971 年。

也就是假说。

假说是复杂的、具有创造性的思维活动，是科学理论的前身和先导。它具有以下特点：

第一，建立假说的目的是为了解释有关事物或现象，并寻找其规律性。如果一个假说不能解释有关事实或现象，不能探寻事物的规律性，那么这个假说的价值就不大。

第二，假说是以事实和科学知识为依据的。假说都是在有限的事实材料基础上结合已有的科学知识提出的，是有客观基础的，它是科学性与假定性的矛盾统一体，绝非毫无根据的胡思乱想、主观臆断。

第三，假说具有推测的性质。假说是人类洞察自然的能力和智慧的高度表现，是对未知的某种现象和某种规律的推测。但是这种解释或推测，不同于已被证实的科学理论，它还未上升为科学理论，还不是确实可靠的认识，还有待于实践的检验。

第四，假说是人们认识和接近客观真理的方式。假说是否正确，靠实践检验。实践能去伪存真，或整个推翻假说，或留存部分合理因素，使假说得到修正。人类认识就是在这种不断提出假说、验证假说的过程中逐步深化，逐步接近客观真理的。

第五，假说是一种复杂的思维活动，是多种推理形式和逻辑方法的综合运用。形式逻辑着重研究在假说的形成和检验过程中，是如何运用各种不同的推理形式的。

二　假说的形成

在自然科学、社会科学和一般思维里，假说被广泛地应用着。那么，假说是怎样提出的呢？在科学发展的不同历史时期，假说的形成方式有不同的特点。在古代科学萌芽时期，假说一般带有直观性，如古希腊学者提出的关于原子的假说；而现代的科学假说，要以抽象而复杂的科学理论为依据，具有严谨的逻辑性，如德布罗意提出的关于粒子波的假说。此外，在不同的科学领域中，假说的形成也各有其不同的特点。逻辑学撇开假说的具体内容，从方法论的角度，研究假说形成的最一般的逻辑过程。通常，假说的形成可以分为两个阶段：初步提出阶段和完成阶段。

1. 假说的初步提出

在这个阶段，研究者针对特定的研究课题，根据已有的事实材料和已经掌握的科学知识，进行分析研究，通过逻辑推理提出初步的假定。例如：

1912年,奥地利科学家魏格纳在看地图时,发现大西洋两岸的海岸线几乎完全吻合。他对这一过去不为人们所注意的现象进行了认真、仔细地观察。他认为:"任何人观察南大西洋的两对岸,一定会被巴西与非洲间海岸线轮廓的相似性所吸引。不仅圣罗克角附近巴西海岸的大直角突出和喀麦隆附近非洲海岸线的凹进完全吻合,而且自此以南一带,巴西海岸的每一个凸出部分都和非洲海岸的每一个同样形状的海湾相呼应。反之,巴西海岸有一个海湾,非洲方面就有一个相应的突出部分。如果用罗盘仪在地球仪上测量一下,就可以看到双方的大小都是准确的一致的。"在仔细观察的基础上,魏格纳设想:物体裂开后,两半的边缘是吻合的;这两片大陆原来是不是也连接在一起呢?于是他提出了如下初步假定:在地质时代的过程中,大陆块有过巨大的水平移动,这个移动在今日还可能在继续进行着。

这就是魏格纳提出的"大陆漂移说"。

在假说形成的初始阶段,主要是运用类比推理、归纳推理。魏格纳就是运用类比推理提出"大西洋两岸原来是联结在一起的大陆"这一假说的。其推理过程如下:

两个物体,其边缘线是完全吻合,往往是由于一个物体断裂,分开而形成的;

大西洋东西两岸,其海岸线边缘是完全吻合的;

所以,大西洋东西两岸的大陆是由一片大陆断裂、分开而形成的。

又如,19世纪德国业余天文学家施瓦布经长期观察,发现太阳每隔11年有一次大的活动期,这个时期太阳黑子出现频繁,于是他提出假说:太阳黑子频繁出现是一种周期性现象,每隔11年发生一次。这种周期性现象,施瓦布终其一生也只能观察到有限的几次,后来者继续观察,1947年、1958年、1969年、1980年,直到1991年,情况都是如此。

上例中关于"太阳黑子的频繁出现是一种周期现象,每隔11年发生一次"的假说就是利用归纳推理提出的。

为什么在假说初步提出阶段,主要运用类比推理和归纳推理呢?这是因为,在实践中,传统理论已经无法解释观察到的事实,人们必须根据、也只能根据经验材料,运用类比推理和归纳推理,对观察到的事实做出初步的假定性的说明,即进行理论创新。

虽然在假说形成的初始阶段,主要应用类比推理和归纳推理,但这不是绝对的，有时科学家也直接运用演绎推理提出假说。例如，爱因斯坦提出相对论假说，就是运用了演绎推理。他根据力学和电动力学几个基本公式，加上另外几个特殊假定，推演出一套完整的理论，构成一个比较完善的逻辑系统。

在假说形成的初始阶段，人们可以从不同的角度去推测，因而，做出的初步假定往往不是惟一的，即提出初步假定具有多元性。人们可以经过反复考察研究，从几个设想中选出一个能够成立的初步假定。

2. 假说的完成

从已确立的初步假定出发，经过事实材料和科学原理的广泛验证，使假说充实成为一个结构稳定的系统。这就是假说形成过程的完成阶段。

在这个阶段，研究者以确立的初步假定为根据，进行推理，引申出和实际相符合的结论。这个初步假定解释的事实越多，它的价值就越大。如果根据假定推不出预期的结果，那么它就毫无价值。例如，魏格纳所提出的“大陆漂移说”即大西洋两岸的陆地曾经是连在一起的，解释了如下事实：

其一，大陆块边缘之间的吻合程度非常高；

其二，大西洋两岸及印度洋两岸的彼此相对的地区的地层构造相同；

其三，大西洋两岸的古生物种（植物化石和动物化石）几乎是完全相同的；

……

在假说的完成阶段，不仅要有许多支持假说的事实证据，而且要从已确立的初步假定出发，通过演绎推理能够预见未知的事实。例如，大陆漂移说预见了以下的事实：

一是大西洋两岸的距离逐步增大；

二是格陵兰由于继续向西漂移，它与格林威治之间的经度也会逐步增大；

三是地球上正在出现新生的海洋（红海），成长中的海洋（大西洋），萎缩的海洋（太平洋），以及趋于消亡的海洋（地中海）；

……

在假说形成的完成阶段里，演绎推理的作用较为突出。这是什么缘故呢？一方面，假说的完成阶段必须比较圆满地解释有关的事实，即从已经确立的假定观念出发，通过演绎推理，引申出与事实相符的结论；另一方面，初始阶段的初步假定还是个简单的、不成熟的观念，还必须联系多方

面的知识进行演绎、充实和完善，使它发展成为一个完整的学说。例如，仅有大陆漂移这个简单的想法，还不算是个严谨的学说，必须进一步论证大陆漂移的原动力、方向、速度等问题，使这个思想系统化，而这绝对离不开演绎推理。

以上推演活动的具体过程是相当复杂的，也并不存在着相同的模式，然而他们都包含一个充分条件假言判断的逻辑形式，即：

如果 p，那么 q。

其中，p 表示已经初步确立的假定，q 表示从初步假定推出的对已知事实的解释或对未知事实的预言。

三　提出假说应当注意的问题

假说的提出没有一定之规，正像写文章不能相信什么"文章做法"一样。客观世界是五彩缤纷、千变万化的，不能设想用一个模式、一个框框千篇一律地去套。如果这样能够奏效，那么科学研究就要被取消了。提出假说虽然没有一定之规，但有些问题或者说是规则还是应当注意的。

第一，假说的提出必须以事实为根据，但是不必等待事实材料完全系统地积累起来之后才提出假说。客观事实是形成假说的基础和出发点，假说的提出必须以事实为根据。脱离事实的假说，就成了无源之水，无本之木。例如，"大陆漂移说"的提出，就是以"大西洋两岸大陆边缘的吻合程度非常高"等事实为依据的。另一方面，事实材料的收集是个长期的过程，受到不同时代的技术条件和人类实践范围的限制。我们不能等到事实材料完全系统积累起来之后才提出假说，因为这在许多情况下都是不可能的。例如，19 世纪 60 年代，门捷列夫提出元素周期表假说时，已知的元素只有 63 种，他并不是等待化学元素完全被发现之后才建立假说，而是先建立假说，并在元素周期表上留出空位，再通过假说预言未知的元素。这正是假说的重要意义所在，假说的生命在于探索。

第二，假说的提出既要以已有的科学知识作指导，又必须有突破某些传统旧观念的勇气。科学知识是前人科学实践活动的总结，是被人们以往的实践所检验过的，对人类认识的进一步发展具有指导作用。因此，人们提出假说时，应特别注意一般不要与已被实践所反复证明的科学原理相违背。例如，我们已知月球上既没有水，也没有空气。根据已证实的生物学的基本规律，没有空气与水的地方，生物是不能生存的。因此，我们就不能提出"月球上有高等动物"这样的假说；否则可能会导致荒谬。

另外,在形成假说的过程中又不能受旧观念的束缚,迷信某一条或某几条科学上已承认的定律。人类的知识是不断发展的。某一条或某几条科学上已承认的定律,也可能是错误的。只要我们有充分的可靠的事实根据,我们完全有理由提出一个新的假说,而不考虑某一条或某几条科学上已承认的定律。一切都要以事实为根据,既然某些事实是现有的理论所无法解释的,那么就必须对原有理论有所突破,进行创新。例如,历史上很长一个时期,人们普遍认为地球是不动的。但是,哥白尼根据充分的确实的材料,却提出了地球绕太阳运动这个假说。结果事实证明哥白尼的理论是正确的,而原来人们长时期的普遍看法是错误的。如果哥白尼不敢突破千百年来"地心说"的禁锢,就不可能提出"日心说"而实现天文学史上的大革命。如果爱因斯坦不敢冲破牛顿经典力学的框框,就不可能提出"相对论",从而实现物理学观念的伟大变革。我国的地质学家李四光也正是因为敢于冲破"洋权威"关于"陆相沉积贫油"、"中国贫油"的束缚,依据自己独创的地质力学和多年调查的丰富资料,提出了著名的"生油条件和地质构造体系"的假说,得出我国东部新华夏构造体系的沉降带既生石油又储石油的结论。

真理都是绝对与相对的统一,因此既要尊重已有的科学知识,又要敢于突破某些传统观念的束缚。这看起来有些矛盾,其实这正是辩证法在科学研究中和假说提出过程中的体现。

第三,提出的假说不仅要能圆满地解释已知的事实,而且还要尽可能预见未知的新事实。假说不仅应当对各种有关的事实做出科学的解释,而且应能预见未知的新事实。例如,当年牛顿提出万有引力的假说,即两物体间存在着引力,引力的大小与两物体的质量乘积成正比,与他们之间的距离的平方成反比。由这个假说,通过复杂的推理,就可以推出:行星绕太阳运行的轨道是椭圆的,而且太阳在这个椭圆的一个焦点上。再例如,门捷列夫在 1869 年提出的元素周期表假说,不仅对当时已经发现的 63 种元素做出了正确的解释,还预言了一些当时未被人们发现的元素。李四光所提出的"生油条件和地质构造体系"的假说,预见了我国松辽平原和华北平原既生石油又储石油,为我国经济发展立下了卓越的功勋。

第四,假说的结构必须简明。假说的理论内容具有严密的逻辑性,在结构上要力求简明。它应由最少数概念和基本关系所构成,该理论体系的其他一切概念和一切关系都可以由假说的核心推导出来。一般地说,如果同时存在两个相互等价的假说理论体系,则应当选择结构更为简明的。实

际上，这也是所有科学理论体系所追求的目标。

四　假说的验证

假说的提出是通过科学研究寻找事物产生的原因与规律的第一步。要使假说成为科学的、正确的理论，就必须通过实践和科学论证来证明假说的真实性。

在证明假说时，暂时假定所提出的假说是真实的，然后根据这一假说导出一批推断，接着再拿这些推断来同现实对照，看看推断结果是否符合实际。如果实际上没有产生预期的结果，则表明该假说是虚假的。

对于事物和现象的存在型假说来说，只要人们在实践中能够直接观察到，或者通过实验间接测量到有关事物和现象的存在，假说就被证实了。例如，当年科学家柏克勒尔提出"沥青铀矿中有一种放射性比铀更强的未知元素"的假说，后来居里夫妇从沥青铀矿石中提炼出了两种放射性元素——钋和镭时，假说便被证实了。

但是对于多数假说，如经验定律型、理论定律型和原理型假说，检验过程就比较复杂。

一般的验证过程是：从一个假说的基本理论观点出发，结合已有的科学原理和知识，根据逻辑推演引申出有关结论。如果引申出的结论同初步观察与实验的结果相符合，那么就应当承认该假说有一定程度的可靠性。如果从某一假说中所推演出的结果与观察和实验的材料相符合的越多，则假说的可靠程度就越高。但如果从某一假说必然推断出某一事实和结论，并在反复实践中，与多次的观察和实验完全符合，则该假说便被证实，变为确实可靠的知识。例如，李四光提出的"我国松辽平原和华北平原既生石油又储石油"的假说，经过勘探和开采，在短短的时间内就建成了大庆、大港、胜利等一系列大油田，从而得到了证实。门捷列夫根据元素周期表的假说，大胆预言了"锗"、"镓"等元素，它的预言一次又一次地得到了证实，从而证明了元素周期表的正确。哥白尼的"太阳中心说"是在发现了海王星之后，由假说变为真理的。所以恩格斯说："哥白尼的太阳系学说有三百年之久一直是一种假说，这个假说尽管有百分之九十九、百分之九十九点九、百分之九十九点九九的可靠性，但毕竟是一种假说；而当勒维烈从这个太阳系学说所提供的数据，不仅推算出一定还存在着一个尚未知道的行星，而且还计算出这个行星在太空中的位置的时候，当后来加勒确

实发现了这个行星的时候，哥白尼的学说就被证实了。”①

假说的验证过程应用的推理形式是：

如果 p，那么 q；

q；

所以，p。

“p”表示假说的基本观点，“q”表示关于事实的论断或预言未知的事实。由如果 p，那么 q，并且 q 真而推出 p 真，即假说的基本观点可能成立，即它的结论(p)仅仅是可能真。因为这是一个回溯推理，前提与结论之间的联系是或然的，这种推理形式的结果只能为假说提供一定程度的证据和支持，即只能使假说得到某种程度的确证。最后证实假说，还必须通过实践的反复检验。

也有的假说被证伪，即由假说的基本观点“p”出发，所推出的有关事实或预言未知的事实，不符合实际情况，其推理形式是：

如果 p，那么 q；

非 q；

所以，非 p。

这一推理形式是符合充分条件假言三段论推理“否定后件就能否定前件”的规则的，因而结论是必然真的，从而论证了假说不能成立。关于“燃素说”的假说，就是由于推论的结果与事实不符，从而最终被推翻的。但是，假说的证伪也是一个复杂的过程。人们在检验假说时，往往是以假说的基本观点和有关背景知识(已知的科学原理和知识)为前提，推演出有关的结论；当结论与事实不符，被否定时，所否定的是整个前提，即前提的“合取”，不单是假说的基本观点“p”，还有背景知识“r”。其推理过程是：

如果 p 并且 r，那么 q；

非 q；

所以，并非(p 并且 r)[等值于非 p 或非 r]。

这就是说，并不一定证伪假说，也可能是由于背景知识“r”有错误。在科学史上由于背景知识有错误，从而使某假说的基本观点受到怀疑的事例也是常有的。例如，1666 年牛顿根据自己所提出的“万有引力定律”假说，计算地球与太阳之间的向心力的值和引力的值与实际情况不符。后来发现，这是因为牛顿在计算时所采用的地球半径、太阳与地球的距离，以

①《马克思恩格斯选集》第四卷，第 222 页，人民出版社，1972 年。

及太阳系的其他一些测量数据有错误。在纠正了原有知识的差错之后，仍证明牛顿万有引力定律是正确的。

假说的验证不可能是绝对的、完全的，因为人类的实践是有历史局限性的。科学史上也常常有这种情况，某些假说曾一度被完全否定，但在后来有较高生产技术水平的时代又重新被证实。例如，关于一种化学元素可以转变为另一种化学元素的思想，由于中世纪炼金术长期的失败经验，而被认为是谬误；直到人类进入原子时代，一种元素可以转变为另一种元素的思想才在核物理实验中被证实。

除了那些关于个别的经验事实的假说，可以通过一次实验观察得到验证以外，大量假说的验证都不是一次完成的。一般来说，假说的验证是个历史的过程。科学的假说，不仅在其提出之后一段时间要经受实践的检验，而且必须经受人类长期实践的考验。

实践是检验认识的真理性的客观标准，实践最终一定能鉴别出认识是否正确，这是实践标准的确定性。但是，任何实践都有自己的历史局限性，因此，作为检验认识正确与否的标准，具体的实践又是不确定的。由于实践标准是确定性与不确定性的统一，这就决定了由假说发展起来的科学理论也是绝对真理与相对真理的统一。例如，关于光的本质，科学史上有惠更斯的波动说与牛顿的微粒说。他们都有各自的实践根据。但是，这些实践材料既不足以完全证实也不足以完全驳倒其中的一种假说。后来，从这些实践的总体上来考察，发现二者的统一才符合光的本质。光既是连续的又是非连续的这一假说，也只有在以往的以及新的科学实践的总和的基础上才能得到确证。总之，假说的检验标准归根结底是实践。

五　假说的作用

人们认识世界，关键是要认识事物的本质及其规律，而它们都是内在的东西，不可能一下子认识清楚。这就要求在获得对事物的确切认识以前，充分运用假说这一理论思维形式，对所研究的问题提出初步的推测性的假定解释；同时，根据已有的事实材料，对未来做出科学的预测，以此来推动认识的不断深化，达到逐步认识事物的本质的目的。可见，假说在认识中具有极为重要的作用。

1. 假说是在经验材料基础上创立科学理论的过渡环节

假说能将已有的事实材料有机地联系起来，是理解事实、认识规律的一种形式。科学的任务就是要从已有的事实材料出发，揭示事物本质，揭

示客观规律。其中，理论思维尤为重要。因为“没有理论思维，就会连两件自然的事实也联系不起来，或者连二者之间所存在的联系都无法了解。”[①]假说就起着联系、综合事实材料，使人们的科学研究逐步深入事物本质、揭示现象间规律性联系的作用。我们必须根据过去的实验和观察所得到的资料进行推理，并要为未来做出相应的安排。研究者对积累的一定资料，还不能做出可靠的解释和科学的概括时，就不得不用假说这一科学认识的形式，把它们有机地联系起来。例如，很早以前，人们就开始了对天象的观测，对地球气候的变异情况也积累了丰富的资料。科学家们通过假说的形式，试图从中摸索出气候变异的规律。有的提出了太阳表层上周期性出现的黑子和耀斑是地球气候变异的原因的假说。最近，有人对300年来所记载的日食资料和地球气候变异情况，以及近年来美国空中实验室所提供的太阳照片和资料进行了认真研究，又提出新的假说，认为地球气候变异并非太阳表层上的黑子和耀斑所致，而是太阳内部磁力变化所致。很显然，没有假说，哪怕材料堆积如山也不能找出其内在联系，不能认识事物的本质。如果说事实是科学家的空气，那么假说就是科学家的翅膀，凭借着假说，科学家得以飞翔起来。

2. 假说为科学研究提供方向

假说是许多观察和实验的依据，它能使观察、实验有所遵循并目的明确。人们进行观察和实验，都不是盲目进行的。为了避免凭直觉和偶然去发现事实，从而使研究的过程具有明显的目的性和计划性，就必须有一定的假说作为指导思想。绝大多数实验和观测，都是以验证假说为目的的。假说对于科学研究具有巨大的指导意义。例如，天文学家在18世纪末发现天狼星运动不规则，1843年天文学家贝塞尔据此推测天狼星可能有一颗伴星。1862年，克拉克在这一假说的指导下，在望远镜中发现了这颗伴星。在社会科学中，假说同样具有指导观察的作用。侦察假设就是侦破案件中必不可少的。它为缩小侦察范围、确定侦察对象指明了方向。对未来的各种预测，则更能帮助人们确定研究目标、方向和重点。譬如在企业竞争中，要使自己立于不败之地，就必须对产品的社会需求量、市场销售情况等做出预测。又如哈维在掌握大量事实材料基础上建立了血液循环假说，但一时还无法证实该假说的真伪，因为循环说遇到动脉末端和静脉末端之间无任何可看得到的联系这一最大困难，为此，甚至不得不假设毛细

① 恩格斯《自然辩证法》，第43页，人民出版社，1971年。

血管的存在；在这一假设指导下，经过反复观察、实验，终于发现了毛细血管。当然，以假说为指导，有目的地进行观察和实验，有时也会因假说的错误而将人们引入歧途，但是人们在观察和实验基础上推翻错误假说之后，就会提出新的假说，乃至发现新的规律，就是燃素说、热素说、地心说也给科学带来过益处。假说对于人们的启迪作用是显而易见的。

在思维实践中，假说的以上两方面作用是相辅相成的。人们通过假说的形式将已知的材料联系起来，又在假说的指导下收集新的事实材料，进行新的实验和观察，以巩固和发展假说。有时，假说的价值在于，以假说为基点，将研究工作的方向朝四面八方铺展。例如，根据科学原理，通过对累积的事实材料的分析研究，有不少科学家认为，除了我们的地球以外，在其他星球上肯定还有智慧生命存在。依据这一假说，人们有计划、有组织地收听来自外星球的信息，甚至发射装有人类各种信息的“航行者”太空船，希望我们传送的信息有一天会被地球外的人收到。并且，围绕这一假说，又广泛深入地开展对神秘的金字塔、聪明得令人难以置信的玛雅人以及苏木尔人之谜的研究。可见，假说对于科学，特别是对于科学研究是必需的。假说提供条理性和简易性，没有假说，达到这两点是困难的。是否善于提出假说来推动科学研究工作，实际上体现了科学研究的才能。因此，假说所具有的科学方法论意义是十分明显的。

3. 假说是人们认识不断深化的表现形式

假说是人的认识逐步深化的一种表现方式。事物是不断发展的，人们对客观规律的认识、把握只能逐步接近客观实际。主观认识和客观实际之间的这种差距，推动了认识不断向前发展。假说这一理论思维形式，正体现了认识的这一矛盾运动，是从不知到知的过渡。真实性和推测性在假说这一理论思维中得到了辩证的统一。假说的创立，往往因受各种条件的限制而有很大的局限性。为了让认识接近客观真理，必须在实践中逐步克服这种局限性。克服这种局限性的途径有两个。一个是用发现的新事实对假说加以丰富和补充。例如，古地磁学家对岩石残余的磁性作了研究，发现地球两极曾多次移动，他们甚至追溯出了两极移动的路线。前苏联科学家预测，南地磁极状移向堪察加半岛。1982 年，美国科学家在南极洲首次发现一只陆上哺乳动物的骨化石，这表明，南极洲、南美洲和澳大利亚在约 6 500 万年前是连在一起的。毫无疑义，新发现的这个事实，丰富和补充了魏格纳的大陆漂移说。有时，对原假说内容丰富和补充的结果，便产生了新的假说。如巧妙地说明大陆分离而不触动地壳基础，解决了大陆漂移的原动力的“地球膨胀说”、“海底扩张说”、“板块结构说”，就是根据新发现的大量事实在大陆漂移说基础上发展起来的新的假说。

随着科学的发展，自然科学中的许多原理从定性的解释进入定量的计算，这就更能揭示出原有假说的不足，从而整个推翻原有假说，提出更为科学的新假说。这就是克服假说局限性的第二个途径。例如，在海水来源问题上，“残留假说”认为：海水来自地球大气圈里大量过热的水蒸气；地球上的水量将逐渐消耗在矿物的风化和水合作用上，大部分还将渗入到地壳里去，地球将具有“死寂的、像月球般惨淡的外貌”。“增生说”通过对海水的定量计算，则认为：与此恰恰相反，水分和其他物质正在源源不断地从地球内部释放出来；地壳下层的物质因接受地球放射性元素衰变释放出的热量而增温，结果形成岩浆并把水蒸气和其他较易挥发的物质放出到地表上来。比较起来，“增生说”就更接近于客观实际。不同假说之间的矛盾，有助于人们从不同侧面探索事物的客观规律性，有助于更全面、更深刻地揭示事物的本质。因为客观事物的异常复杂性与人的认识的局限性有很大的矛盾，不同假说的争论，会开阔人们的视野，激发人们的创造性思维，推动着认识的逐步深化。克服假说局限性的两条途径，促使假说中的科学内容和假定成分或者增加，或者减少，从而使得假说或者被否定，或者被实践所证实而逐步向科学理论转化。

由此可见，作为理论思维的重要形式，假说在科学研究中，以及人们的其他实践活动中，起着重要的作用，是被广泛运用的重要方法。“只要自然科学在思维着，它的发展形式就是假说”①。假说不仅是自然科学的发展形式，同时也是社会科学的发展形式。列宁曾经说过，马克思的唯物史观问世时还暂且只是一个假说，而“自从《资本论》问世以来，唯物主义历史观已经不是假设而是科学地证明了的原理。”②某些学科，例如历史学，甚至还以假说为基础；因为人们不能重新塑造历史，而只能追溯历史。总之，任何一门科学，开始往往都是以假说的形式出现的，假说是科学理论产生的必经阶段，任何科学理论都从假说发展而来。随着知识的发展，假说的作用越来越突出，地位越来越重要。只要人类不停止理论思维，不停止对自然现象和社会现象本质的揭示，不放弃对物质世界运动规律的探索，那么，就不能没有假说。

① 《马克思恩格斯选集》第三卷，第561页，人民出版社，1972年。

② 《列宁选集》第一卷，第10页，人民出版社，1972年。

复习思考题

1．什么是类比推理？它与演绎推理、归纳推理有什么区别？

2．如何提高类比推理结论的可靠程度？

3．什么是假说？假说的基本特点是什么？

4．假说形成的初始阶段主要运用什么推理？为什么？

5．假说形成的完成阶段主要运用什么推理？为什么？

6．在假说形成的过程中应注意些什么？

7．假说验证过程中主要应用什么推理形式？

8．假说在认识过程中具有哪些作用？

练习题

一　下列类比推理是否正确，请做简要的分析。

1．太阳是被上帝创造出来照亮地球的；我们总是移动火把去照亮房子，而不是移动房子去被火把照亮。因此是太阳绕地球转，而不是地球绕太阳转。

2．东北山区的人们发现，狗熊非常喜欢吃蚂蚁。经测定：蚂蚁含有丰富的蛋白质。人们由此联想到，人和狗熊都是哺乳动物，体质上有许多相似之处，狗熊吃蚂蚁能强健身体，所以人吃蚂蚁也一定会有益处。据此，吉林省山区的一些地方开始人工养殖红蚂蚁，制成的红蚂蚁粉很畅销。

3．晋代著名道教哲学家葛洪特别崇信“上品神药”和“金丹”，认为服食“上品神药”和“金丹”可使人长生不死。他说，人吃五谷能活命，而吃“上品神药”更能益人。因为，黄金入火百炼不消，埋之毕天不朽。“金丹”既有“金”，人吃“金丹”就可长生不死。

4．1967年，南非布尔族人的一个小孩儿在一条叫桔河的河岸上拾到了一颗钻石。第二年，在附近的瓦尔河上，又有人在无意中发现一个钻石。接着在桔河流域发现了第三颗钻石，而且重达83克拉。于是一批淘金者纷纷从世界各地来到这里探宝，不久就在桔河与瓦尔河一带发现了一个储藏量很大的钻石矿。与此相类似，我国山东常林地区，早在1937年便有人拾到一颗钻石，现在农民魏振芳又在这里拾到世界上罕见的大钻石，这是否意味着我国的常林地区也像南非的桔河、瓦尔河流域一样，有一个大钻石矿呢？

二 试分析下列假说的提出和检验使用的是什么逻辑方法。

1. 在不受阳光直接照射的月球上的某些部分,看见了光线。对此,人们推测说,这光线是地球反射的光线。为了判断这一推测的正确性,人们分析说,这种光线或者是月球本身发射的,或者是地球反射出去的。但与月食相关的若干现象表明,月球本身是不能发光的。因此,所说的光线一定起始于地球反射的光线。

2. 人们早就发现,蝙蝠能在黑夜中快速飞行而不会撞在障碍物上。如何解释这一现象呢?生物学家曾提出一个假说:蝙蝠在黑夜能避开障碍物是由于它有特别强的视力。这个假说对不对?如果是对的,那么把蝙蝠的眼睛蒙上,照理它就会撞到障碍物上。为了验证这个推论,有个科学家在暗室中系上许多条纵横交错的钢丝,并在每条钢丝上系上一个铃。将一些蝙蝠蒙上眼睛放入这个暗室中飞行。实验结果,蝙蝠仍然能快速飞行而没有撞在钢丝上。这个事实推翻了以上假说。

第九章　逻辑思维的基本规律

逻辑基本规律是关于思维的逻辑形式的规律。它们普遍地适用于概念、判断和推理。相对于各种逻辑形式特有的规律(规则),它们是逻辑形式的基本规律。

人们是用概念、判断、推理等思维形式来进行思维活动的。在人们进行正确的思维和论证的过程中,都要正确地运用概念、判断、推理等思维形式。思维的逻辑形式是受逻辑基本规律制约的。逻辑学所研究的基本规律有 3 条,即同一律、矛盾律和排中律。

为什么说这几条规律是逻辑基本规律呢?

这是因为这些规律概括了逻辑思维的基本特征。逻辑思维的基本特征是思维的确定性,它具体表现为思维的同一性、无矛盾性和排中性。逻辑思维必须具有这种基本特征,思维活动才能有条不紊地进行;否则,思想就会出现游移不定,自相矛盾,含糊不清。由于这几条规律概括地表现了逻辑思维的基本特征,因此,它们在各类逻辑形式中普遍起作用,成为人们运用概念、判断,进行推理和论证时必须遵守的起码准则,是正确思维所遵循的基本前提。同时,这些基本规律分别贯穿于所有逻辑形式之中,是思维的内在的、本质的联系,是运用各种逻辑形式的总原则。

逻辑规律是思维的规律。但不能认为逻辑规律是先验的东西,也不能认为它们是约定俗成的。因为逻辑学所揭示的几条基本规律是人们在长期实践的基础上对思维活动规律性的概括和总结。因此,逻辑规律具有客观性,它对人类思维活动具有强制性。人们的正常思维活动不能违背它,要是违背它,思维就不能正确地进行,就不能认识真理和准确地表达思想。

逻辑规律是在思维领域里起作用的规律,但不能认为逻辑规律与客观事物毫无关系。列宁指出:“逻辑规律就是客观事物在人的主观意识中的反映。”[①] 因此,逻辑规律是有客观基础的。唯物辩证法告诉我们,客观

①《列宁全集》第 38 卷,第 195 页,人民出版社,1959 年。

事物是相互联系又相互转化的，任何事物都在运动、变化、发展着。但是，客观事物又不是变化无常、不可捉摸的。任何事物在它发展的一定阶段上，都具有相对的稳定性，或者叫做质的规定性。正是这种客观事物的质的规定性，决定了某一事物成为该事物而区别于其他事物。客观事物的质的规定性反映在人类思维中，就表现为思维的确定性，即一个思想反映了什么，就是反映了什么。逻辑基本规律恰恰是从不同的角度表现了思维的确定性。因此，事物的质的规定性，是逻辑基本规律的客观基础。

唯心主义者歪曲逻辑规律的客观性质，把思维必须遵守的逻辑规律解释为脱离自然、脱离实践的先验的东西，或者看做是某种相互约定的、随意制定的东西，这些看法显然是错误的。

第一节 同 一 律

一 同一律的基本内容

同一律的基本内容是：在同一思维过程中，每一思想的自身都具有同一性。

同一律的公式是："A 是 A"。这个公式也可以用数理逻辑符号表示：即"A→A"。

公式里的"A"表示任一思想，或者说表示任一概念或判断，"A 是 A"即表示同一思维过程中每一概念、判断的自身都具有同一性。就是说，在同一思维过程中，每一个概念、判断的内容都是确定的，是什么内容就是什么内容。例如，在同一个思维过程中，"人民"这个概念就是"人民"这个概念，其内容是确定的，绝不会时而是这个内容，时而又是与此完全不同的其他的内容。同样，在同一个思维过程中，"科学技术现代化是实现我国四个现代化的关键"这个判断的内容也是有确定性的，它绝不会时而是这样的内容，时而又是另外的内容。

从逻辑的真假值来说，"A→A"表示的实际是"A＝A"。它的意思是：如果 A 是真的，则它是真的；如果 A 是假的，则它是假的。就是说，其真假值是相等的。

从同一律的内容中可产生两个要求。

第一，我们所使用的概念要有确定的内容，也就是要有确定的内涵和外延。如果概念保持了确定性，那么运用概念和判断进行推理，也就可以

保持确定了。反之，如果概念不明确，没有明确的外延和内涵，不能确有所指，那就会出现混乱。

第二，我们所做的判断，也必须有确定的、同一的含义，是个什么判断就是个什么判断，是真的就是真的，是假的就是假的。在思考问题和议论问题时，要有确定的对象，要始终围绕中心，以保持思维的同一性。

同一律作为一种科学规律，具有必然性和客观性。在同一个思维过程中思想自身总是同一的，不管人们对此认识不认识，承认不承认，它是不以人们的主观意志为转移的。

例如，在同一个思维过程中，"资本主义"这个概念本身是具有同一性的，它绝不会忽而是这个含义，忽而又是另外的含义。尽管有人故意制造混乱，把本来不是资本主义的东西(如按劳分配等)说成是资本主义的东西，但是，"资本主义"这个概念本身照样具有同一性。"资本主义"'这个概念是如此，其他一切思想也莫不如此。

同一律所以具有必然性和客观性，是因为它并不是人们主观制定的，也不是由某种神灵的意志决定的。它是客观事物的质的规定性在人们头脑中的反映。例如，正因为资本主义这一客观事物具有质的规定性，决定了它是资本主义而不是别的什么，因此，反映它的"资本主义"这一概念才必然具有同一性。

二　同一律的逻辑要求和违反它的逻辑错误

根据同一律的内容，同一律要求人们在同一个思维过程中，概念必须保持同一，不能任意变换；判断必须保持同一，不能随便转移。

所谓概念必须保持同一，是说在同一个思维过程中，必须保持概念内容不变。原来在某种含义上使用某个概念，就应该始终按照这个含义使用这一概念，决不能随便变换某一概念的含义，也不能把不同的概念加以混淆。违反这一要求所犯的逻辑错误叫"偷换概念"或"混淆概念"。

例如，鲁迅在《"有名无实"的反驳》这篇杂文里，谈到当时国民党军队中一位排长不懂逻辑，把"不抵抗将军下台"和"不抵抗主义下台"混为一谈的情形时写道：

"这排长的天真，……他以为不抵抗将军下台，'不抵抗'就一定跟着下台了，这是不懂逻辑：将军是一个人，而不抵抗是一种主义，人可以下台，主义却可以仍旧留在台上的”[1]。

鲁迅说这排长之所以把“不抵抗将军下台”当做“不抵抗主义下台”，是由于他不懂逻辑，也就是说，他不懂得要保持概念的同一性，把“不抵抗将军”与“不抵抗主义”两个概念混淆了。

再如，在一篇习作中有这样一段话：

“党的政策的落实，推动了各项工作。广大群众的劳动热情空前高涨，工业战线开展社会主义劳动竞赛，农民努力增加生产，教育工作者努力提高教育质量，医务人员热情为病人治病，大家都为社会主义革命和建设而勤奋劳动着。就拿这个学校来说，也没有放松劳动，师生们今年每人都参加了一次三夏或三秋活动。”

在这段文字中，“劳动”这个语词用了5次，前3次出现的“劳动”是泛指各种人的本职工作，包括体力劳动和脑力劳动，后两次出现的“劳动”却是专指体力劳动。虽然语词相同，但表达的并不是同一个概念。这也是一种混淆概念的表现。

所谓判断必须保持同一，就是说，在运用判断进行推理的时候，或者在论证某一问题时，人们所使用的判断，必须保持它自身的同一，不能用另外的判断代替它。违反这一要求所犯的逻辑错误叫“偷换论题”或“转移论点”。例如，20世纪50年代初期，斯大林在批判语言学研究中宣扬唯心主义观点的马尔学派时指出，语言是思维的物质外壳，人的思想只有在语言材料的基础上才能产生。马尔的门徒及其辩护者写信给斯大林，提出质问：聋哑人不会讲话，他们的思想又怎样在语言材料的基础上产生呢？斯大林复信给他们，指出他们犯了偷换论题的错误。斯大林说：

“你们的错误是把两种不同的东西混为一谈，……我在那封复信中批判了马尔，因为他在谈到语言（有声语言）和思维时，把语言同思维分割开来，因而陷入了唯心主义。……我并且断定说：这种人的思想只有在语言材料的基础上才能产生；在会讲话的人那里，是不存在同语言材料没有联系的赤裸裸的思想的。你们没有接受或驳斥这个论点，却举出了不正常的不会讲话的人、聋哑的人来，这些人不会讲话，当然他们的思想能在语言材料的基础上产生。由此可见，……你们用没有讨论过的另外一个题目来偷换正在讨论的题目。”[2]

① 《鲁迅全集》第五卷，第116页，人民文学出版社，1957年。

② 《马克思主义和语言学问题》第34页，人民出版社，1971年。

人们在议论和写作中，如果不注意自觉地遵守同一律的要求，也会犯这类错误。例如，有的人写文章，把握不住中心，东拉西扯漫无边际，把本来的议题抛在一边，而谈论那些与原论题无关的问题。这便是违反同一律要求的一种具体表现。

三　同一律的作用

同一律在思维中的作用，就在于保证思维的确定性。思维只有具有确定性才能正确反映世界，人们也才能进行正常的思想交流。同一律的具体作用如下：

其一，遵守同一律是正确认识事物的必要条件。人们在认识世界和改造世界的过程中，离不开对概念、判断和推理的运用。通过概念、判断、推理和论证，构成人们的知识、知识体系，进而建立科学理论。如果我们不能保持思想的确定性，不能准确地在同一意义上运用概念、判断、推理，就无法认识事物，把握事物。

其二，遵守同一律有助于人们正确地交流思想。在交际或交流思想过程中，必须准确地表达思想。思想模糊，概念混乱，就无法进行有效的思想交流。

其三，遵守和运用同一律，在反驳谬误和揭露诡辩方面具有重要作用。谬误和诡辩常常表现为思想模糊、概念混乱，或故意颠倒黑白、混淆是非，使之真假难辨。掌握、运用同一律，就可以从思想的确定性方面反驳谬误、揭穿诡辩。

在一个思维过程中，如果违反同一律的逻辑要求，所使用的概念、判断等时而是这种含义，时而是另一种含义，思想就会发生混乱；在一个科学理论体系中，如果违反同一律的要求，这一理论体系就会缺乏严密性和科学性。马克思在《剩余价值理论》中谈到亚当·斯密、李嘉图等人的古典政治经济学的剩余价值理论时，指出他们把剩余价值同利润混淆起来，“亚当虽然实质上是考察剩余价值，但是他没有清楚地用一个不同于剩余价值特殊形式的特定范畴来阐明剩余价值，因此，后来他不通过任何中介环节，直接就把剩余价值同更发展的形式即利润混淆起来了。这个错误，在李嘉图和以后的所有经济学家的著作中，仍然存在。由此就产生了一系列不一贯的说法、没有解决的矛盾和荒谬的东西”[①]。由于“亚当的混乱、

①《马克思恩格斯全集》第 26 卷第 1 册，第 69 页，人民出版社，1972 年。

矛盾、离题,证明他既然把工资、利润、地租当做产品的交换价值或全部价格的组成部分,在这里就必然寸步难行、陷入困境。”[①]马克思在这里着重批判了亚当等人混淆概念和离题的逻辑混乱。这就说明,遵守同一律对于建立一个科学体系具有重大意义。后来,马克思在建立他的剩余价值学说的过程中,完全纠正了英国古典政治经济学中的逻辑错误,从而使马克思主义政治经济学成为具有严密逻辑性和高度科学性的科学体系。

但是,首先必须看到,同一律要求人们使用概念、判断保持自身同一,是指在同一个思维过程,即在同一时间、同一关系(或同一方面)下对于同一对象而言的。同一时间,是指思想对象处于相对稳定的阶段,这时,思想的自身是同一的。超出了同一时间,思想对象发生了质的变化,反映该对象的思想自然也要发生变化,因此也就不能要求该思想保持自身的同一了。同一关系,主要是指对象的同一方面。事物都是多种规定性的统一,因此事物也都有许多方面。例如,“人”既具有社会属性的方面,又具有自然属性的方面。因而,社会科学从社会属性方面研究人,人种学等从自然属性方面研究人,两者所形成的“人”的概念就有所不同。因此,在不同关系下,人们所使用的概念或判断当然是可以不同一而并不违反同一律的逻辑要求的。

其次,还要指出,同一律只是思维的规律,它仅仅在思维的领域里起作用。同一律不是客观事物的规律,也不是世界观。形而上学曾经歪曲同一律的内容,把同一律说成是世界观。恩格斯指出:“旧形而上学意义下的同一律是旧世界观的基本原则:A=A。每一个事物和它自身同一。一切都是永久不变的,太阳系、星体、有机体都是如此。”[②]可以看出,在形而上学看来,同一律就是肯定事物的绝对同一,永远同一。显然,这是非常错误的。

最后,同一律仅仅是形式逻辑的规律,不是辩证逻辑的规律。遵守同一律的要求只能保持思维的确定性,不能达到概念的灵活性,因此,要反映事物的对立统一,要反映事物的辩证法,仅仅遵守同一律的要求是不够的。

---

①《马克思恩格斯全集》第 26 卷第 1 册,第 84 页,人民出版社,1972 年。

②《马克思恩格斯全集》第三卷,第 538 页,人民出版社,1972 年。

第二节　矛　盾　律

一　矛盾律的基本内容

矛盾律的基本内容是：在同一个思维过程中，两个互相否定的思想不能同时都是真的。因此，也称为不矛盾律。

矛盾律的公式是："A 不是非 A"。这个公式也可以用符号表示为："$\neg(A \wedge \overline{A})$"。

公式中的"A"表示一个思想，"非 A"表示与 A 互相否定的思想。"A 不是非 A"，说的是 A 这个思想不是非 A 这个思想，A 和非 A 在同一个思维过程中不可能都是真的。"$\neg(A \wedge \overline{A})$"，说的是 A 和$\overline{A}$不能同真，即如果 A 真，则$\overline{A}$假，如果$\overline{A}$真，则 A 假。总之，"A 真并且非 A 也真"是不成立的，在 A 和$\overline{A}$之中必有一个是假的。

与同一律一样，矛盾律是具有必然性和客观性的。在同一个思维过程中，如果同时出现 A 和非 A 两个思想，它们是不可能同真的。

根据矛盾律的内容，可以引申出两个方面的要求。

一是在概念方面的要求：在同一思维过程中（即就同一对象、同一时间、同一关系而言），不能同时用两个互相矛盾的概念"A"和"非 A"指称同一对象。例如，在同一思维过程中，不能用"马克思主义者"和"非马克思主义者"指称同一对象。

二是在判断方面的要求：一个判断不能既断定某对象是什么，又断定它不是什么，即不能同时肯定两个互相矛盾或互相反对的判断都是真的，必须确认其中有一个是假的。例如：

Ⅰ"这个人是大学生"与"这个人不是大学生"；

Ⅱ"所有人都是科学家"与"所有人都不是科学家"；

Ⅲ"所有金属都是导电体"与"有的金属不是导电体"；

Ⅳ"如果铁加热，则它的体积膨胀"与"铁已加热，则它的体积没有膨胀"。

在这 4 对判断中，有的是反对关系，如Ⅱ；有的是矛盾关系，如Ⅰ、Ⅲ、Ⅳ)；这些判断的具体内容尽管不同，但每一对判断都包含着互相否定的思想，它们总是不能同真的，其中必有一个是假的。我们在分析判断间的关系时，讲到过各种具有矛盾关系和反对关系的判断，在同一个思维过程

中不能同时是真的，这一点正是由矛盾律所决定的。

矛盾律归根到底也是客观事物质的规定性的反映。既然任何事物都具有质的规定性，因此，一个事物是A，就不能同时又是与A相否定的别的什么，即不可能又是非A，因此，在同一个思维过程中，一个思想及其否定当然不能同时都是真的。

矛盾律和同一律都是关于思维确定性的规律。同一律说“A是A”，矛盾律说“A不是非A”。可见，矛盾律是用否定的形式表示着同一律用肯定的形式表示的思想。在这个意义上，也可以说矛盾律是同一律的进一步展开。

二 矛盾律的逻辑要求和违反它的逻辑错误

根据矛盾律的内容，矛盾律的逻辑要求是：在同一个思维过程中，也就是在同一时间、同一关系下，对于具有矛盾关系或反对关系的判断，不应该承认它们都是真的。如果违反这一要求，在同一思维过程中，对一个对象既予以肯定，又予以否定，就会犯“自相矛盾”的逻辑错误，或者说就会出现逻辑矛盾。通常人们所说的议论中“出尔反尔”，“前言不搭后语”，“自己打自己嘴巴”都是对思维自相矛盾的生动说明。

《韩非子·难势》中有这样一个典故：

“楚人有鬻盾与矛者，誉之曰：‘吾盾之坚，物莫能陷也。’又誉其矛曰：‘吾矛之利，于物无不陷也。’或曰：‘以子之矛，陷子之盾，何如?’，其人弗能应也。夫不可陷之盾与无不陷之矛，不可同世而立。”

这个典故的意思是说，有一个卖盾与矛的人吹牛皮，一会儿说他的盾如何坚固，没有什么东西能刺穿它；一会儿又说他的矛如何锐利，什么东西它都能刺穿。别人用“以你的矛，刺你的盾”反问他，他只得哑口无言。这个人之所以窘得无所对答，从逻辑上分析，是因为他既说我的盾任何东西都不能刺穿(这句话实际上蕴涵“我的矛不能制穿我的盾”)，又说我的矛可以刺穿任何东西(这句话实际上蕴涵“我的矛能够刺穿我的盾”)。这样，前者是对后者的否定，后者是对前者的否定，于是使得他不能自圆其说。“自相矛盾”一词，就出自这个典故。

在论战的过程中，揭露论敌言论中包含有逻辑矛盾，是造成论敌言论不可信的一个重要方面。在这一方面，马克思主义经典著作家给我们做出了示范。例如，关于数学的产生与来源问题，杜林曾做出过自相矛盾的论断。他一会儿说：“纯数学产生于纯思维”，一会儿又说：“纯数学是某种完全经验的东西”。恩格斯针对杜林的这种论调，在揭露其中的逻辑矛盾时指出：“在世界模式论中，纯数学产生于纯思维，而在自然哲学中，纯数学是某种完全经验的东西，是来自外部世界，然后又脱离外部世界的东西。我们应该相信哪一种说法呢？”[①]根据矛盾律，“数学产生于纯思维”与“数学产生于经验”这样两个论断是互相否定的，它们不能同真，其中必有一个是假的。杜林却同时肯定两个互相否定的论断，人们当然认为是不可信的。

在日常生活中，如果我们说话、写文章时粗枝大叶，不注意思想的前后一贯性，也会出现自相矛盾。如学生习作中的几句话：

Ⅰ 这几周的军训是多么紧张呀，但已经不知不觉地过去了。

Ⅱ 夜晚，远远望去，整栋楼漆黑一团，只有一个房间灯火辉煌。

这两句话都有自相矛盾的毛病。例Ⅰ中，既然肯定了这几周军训是很紧张的，又怎么会是“不知不觉地过去了”呢？例Ⅱ中，既然肯定“整栋楼漆黑一团”，就不可能同时又“有一个房间还灯火辉煌”，“有一个房间灯火辉煌”就否定了“整栋楼漆黑一团”。

上面的例子表明，人们在说话、写文章的时候，自觉遵守矛盾律的要求，保持思想的前后一贯是极为重要的。尤其是在发表长篇演说或写较长的文章时，更需要严密思考，对所论述的论点要通盘考虑，不要前面肯定了的，后面又加以否定，造成论断之间互相打架。毛泽东曾经指出：“写文章要讲逻辑。就是要注意整篇文章、整篇说话的结构，开头、中间、尾巴要有一种关系，要有一种内部的联系，不要互相冲突。”[②]这里所谓“不要互相冲突”，就是指不要自相矛盾。

有一种特殊的逻辑矛盾叫悖论。悖论是这样一种论断：由这一论断的真，可以推出它是假的；由这一论断的假，又可以推出它是真的。

古希腊有一个著名的悖论，叫做“说谎者悖论”。它通常表述为：“我正在说的这句话是假的”。由这句话便产生一个问题：“说自己正在说谎的人，他的这句话是不是假的？”回答这个问题时，就会导致悖论，如果他（指说谎者）所说的“我正在说的这句话是假的”这句话是真的，那么，这句话就是假的；如果他（指说谎者）所说的“我正在说的这句话是假的”这句话是假的，那么又可推出这句话是真的。

---

①《马克思恩格斯选集》第三卷，第 79 页，人民出版社，1972 年。

②《毛泽东选集》第五卷，第 217 页，人民出版社，1977 年。

由此可见，悖论实际上可以同时断定一个论断既真又假，因而是不符合逻辑规律的要求的。

悖论的形式很多，形成悖论的原因也不一，解决悖论的方法自然也有多种；有一种解决悖论的理论叫语言层次理论，它认为语言是分层次的，某一层次的语言不能在这一层次自身中讨论其表达式的真假，必须在高一层次的语言中进行讨论。按照这一理论，说谎者悖论的产生可以解释为是由于没有把语言分成层次，错误地把“我正在说的这句话是假的”（记为“p”）和“‘我正在说的这句话是假的’这句话是假的”（记为“p 是假的”）这两个不同语言层次的语句混同了，从而使“p”断定了自身是假的；而根据语言层次理论，这是毫无意义的。如果我们明确地把“p”和“p 是假的”分属于不同层次，悖论就不会出现了。

在历史上，悖论曾长期被认为是一种无聊的诡辩。但由于在逻辑和数学研究中不断出现悖论，它逐渐引起人们的重视。在现代逻辑中，逻辑学家和数学家通过对悖论产生根源及解决方法的深入研究，极大地推动了逻辑科学和数学的发展。

三　矛盾律的作用

矛盾律的作用在于保持思维具有无矛盾性（首尾一贯），避免自相矛盾。无矛盾性是正确思维必不可少的基本条件。不论何时何地，在对任何问题做分析时，思维如果违反了矛盾律的要求，有了逻辑矛盾，那就不可能正确地认识现实，也不可能对问题做出科学的分析，得出正确的结论。因此，列宁曾说：“‘逻辑矛盾’——当然在正确的逻辑思维的条件下——无论在经济分析或者在政治分析中都是不应当有的。”①

任何一种科学理论都应该保持自身内容的协调一致而具有无矛盾性。一种科学理论如果包含有逻辑矛盾，这一理论就不能成立，或者至少使人怀疑这一理论的可靠性。掌握逻辑工具，发现逻辑矛盾并加以排除，可以成为推动科学发展的动力。科学常常就是在发现逻辑矛盾并且逐步解决逻辑矛盾的过程中发展的。例如，17 世纪后半叶，牛顿和莱布尼茨刚刚创立微积分时，其理论基础还是很不完善的。那时，牛顿在微积分的推导过程中，第一步用无穷小量作分母进行除法，第二步他又把无穷小量看做零，以去掉那些包含着它的项而得到所要的公式。但是，推导过程本身

① 《列宁全集》第 23 卷，第 33 页，人民出版社，1958 年。

却显示出无穷小量的概念在逻辑上是自相矛盾的。无穷小量究竟是零还是非零？如果它是零，怎么能用它作分母进行除法呢？如果它不是零，又怎么能把包含着它的那些项丢掉呢？英国主教贝克莱正是抓住这一逻辑矛盾来否定微积分，攻击微积分的推导是“分明的诡辩”。直到19世纪上半叶，由于极限论的建立，这个问题才得到解决。从极限的观点看来，无穷小量不过是极限为零的变量，在变化过程中，它的值可以是“非零”，但它变的趋向是“零”，可以无限地接近于“零”。这样就消除了“无穷小”这一概念中存在的逻辑矛盾，把微积分的推导过程建立在合乎逻辑的基础上，从而促进了微积分这门科学的进一步发展。

必须注意的是，矛盾律所说的一个思想及其否定不能同时是真的，是指在同一时间、同一关系下对于同一对象做出的论断而言的。也就是说，如果在不同时间或从不同方面对同一对象分别做出两个相反的论断，这不能说是违反矛盾律的要求。

客观事物在变化发展着。随着时间的推移，原来所论述的对象已经发生了变化，这时，人们可以而且应当根据客观实际情况发展原来的认识，做出不同的甚至相反的论断。这种情况是认识的发展，而并不意味着思想的自相矛盾。例如，关于社会主义革命胜利的学说，马克思、恩格斯在自由竞争的资本主义时期曾经做出“社会主义不能单独在一个国象内取得胜利”的论断；而到了帝国主义阶段，列宁根据资本主义发展不平衡的规律，又做出“社会主义革命完全可能在单独一个国家内取得胜利”的论断。这两个论断虽然是相反的，但并不违反矛盾律的要求。因为这是在不同的社会历史条件下对社会主义革命做出的不同的科学结论，它们都在不同时期的社会主义革命实践中证明是正确的。

还有一种情况，即同一对象在同一时期内，本身具有矛盾着的两方面的性质，人的思维为了如实地揭示这一对象的矛盾两重性，常常需用某一个论断去同时加以表述，而使该论断自身包含着某种似乎相互矛盾的内容。这也不违反矛盾律的要求。

例如，毛泽东指出：“帝国主义和一切反动派也有两重性，它们是真老虎又是纸老虎。”[①]这里所说的“是真老虎又是纸老虎”，是从不同方面来揭示帝国主义和一切反动派的属性的。一方面，它们会吃人，所以说是真老虎；另一方面，从本质上看，从战略上看，它们是必然要灭亡的，所以说

①《毛泽东选集》第四卷，第1 136页，人民出版社，1966年。

又是纸老虎。给对象做出具有矛盾的两重性质的论断，是对事物进行辩证分析的结果。这和论断中的自相矛盾根本不同，不能说这种论断包含有逻辑矛盾。

还需指出，思维中出现的逻辑矛盾跟辩证法所讲的客观事物的矛盾是两回事，绝不能把两者混为一谈。事物的矛盾是客观存在的，这种矛盾存在于一切事物的发展过程中，没有什么事物是不包含矛盾的。没有矛盾就没有世界。事物的矛盾规律——对立统一规律是自然、社会以及思维的最一般的规律；而矛盾律作为逻辑规律只是在思维领域里起作用的，它要求排除的只是思维中的逻辑矛盾，并不要求排除现实事物客观存在着的矛盾。因此，矛盾律的作用和辩证法的对立统一规律的作用是根本不同的。矛盾律只要求思维保持前后一贯，它不解决也不可能解决辩证思维的矛盾运动的问题。当然，矛盾律要求思维不自相矛盾和辩证法对事物的矛盾分析并不是对立的，而是互补的。辩证的矛盾分析方法是符合矛盾律要求的，我们不能设想辩证法对思维和事物的分析是可以自相矛盾的。

把握矛盾律，有助于从逻辑上揭露谬误和诡辩。在机会主义者或反动派的言论中常常出现自相矛盾。由于他们总想玩弄阴谋诡计而又怕暴露自己，既想极力回避事实而又无法不顾事实，因而他们常常对同一件事时而承认，时而否认，或者表面上表示肯定，实际上又加以否定，从而不可避免地陷入自相矛盾。恩格斯在《反杜林论》中多次揭露杜林议论中的自相矛盾。恩格斯说："如果去阅读关于有机界的那一章，那么在读到空洞的、自相矛盾的、在决定性问题上象神谕一样毫无意义的信口胡说，读到绝对无用的最后结论的时候，就不禁会产生一种看法：杜林先生在这里谈论的是他显然不知道的东西。"[①]；"他提出了四个完全互相矛盾的生命标志"[②]；"杜林先生把价值理解为五种完全不同的、彼此直接矛盾的东西，所以最多也只是他自己不知道想要的是什么。"[③]

揭露逻辑矛盾，是一种重要的反驳方法。所以在论战中，人们常常用"以子之矛，攻子之盾"的方法，指出对方议论中的逻辑矛盾，以反驳错误观点。同时，矛盾律还是间接反驳的逻辑根据。

①《马克思恩格斯选集》第三卷，第115～116页。

②《马克思恩格斯选集》第三卷，第117页。

③《马克思恩格斯选集》第三卷，第295页。

第三节 排中律

一 排中律的基本内容

排中律的基本内容是：在同一个思维过程中，两个互相矛盾的思想必有一个是真的。

排中律的公式是："A 或者非 A"。这个公式用符号表示为："$A \vee \overline{A}$"。

公式中的"A"和"非 A"是互相矛盾的思想，"A 或者非 A"说的是在 A 和非 A 这两个思想中，必有一个是真的。因此，这个公式也可读为，或者是 A 真，或者是非 A 真，二者必居其一，除此之外没有第三者。

排中律的要求主要表现在两个方面。

一是在概念方面的要求：在同一思维过程中，即在同一时间、同一关系下，就同一对象而言，它或者是"A"，或者是"非 A"，二者必居其一。例如，反法西斯战争，或者是"正义战争"，或者是"非正义战争"，二者必居其一。

二是在判断方面的要求：在同一思维过程中，对于同一对象所做的两个互相矛盾的判断，必须肯定其中有一个是真的。

排中律也具有客观性和必然性，就是说，在同一个思维过程中，只要是两个互相矛盾的判断，其中必有一个是真的，绝无例外。例如下列 4 对判断：

Ⅰ"这个人是大学生"与"这个人不是大学生"；

Ⅱ"所有金属都是液体"与"有的金属不是液体"；

Ⅲ"如果某数能被 10 整除，则它也能被 5 整除"与"某数能被 10 整除，但不能被 5 整除"；

Ⅳ"所有人是长生不老的"与"有人不是长生不老的"。

这 4 对判断都是互相矛盾的。每一对判断的类型和具体内容尽管不同，但两者之间都不能同假，必有一真。也就是说，如果前者是假的，后者必然是真的；如果后者是假的，前者必然是真的。在分析判断间的关系时讲到具有矛盾关系和下反对关系的两个判断不能同假，就是由排中律决定的。

排中律的客观基础，归根到底也是事物的质的规定性。一切客观事物在一定发展阶段上都具有一定的质的规定性。因此，一个事物如果不是

A,就一定是非 A;如果不是非 A,就一定是 A;人们在反映某一事物时绝不能说它不是 A,也不是非 A。这就决定了人们对两个相互矛盾的思想必须承认其中有一个是真的。

二 排中律的逻辑要求以及违反它的逻辑错误

根据排中律的内容,排中律提出如下逻辑要求:在同一时间、同一关系下,对反映同一对象的两个互相矛盾的思想,必须承认其中一个是真的,不应该含糊其辞,骑墙居中。违反这一逻辑要求,就会犯"模棱两不可"的逻辑错误。

模棱两不可的逻辑错误,就是对两个互相矛盾的判断全部加以否定,在相互矛盾的论断中不承认其中必有一真,玩弄含混不清的字眼,采取骑墙居中的态度。列宁在谈到机会主义的特征时指出:"谈到和机会主义作斗争的时候,决不应当忘记整个现代机会主义在各个方面所表现出来的特征:模棱两可,含糊不清,不可捉摸。"[①]例如:

Ⅰ 杜林为了论证世界在时间上是有开端的,在空间上是有限的观点,杜撰了一个所谓宇宙的原始状态是一种绝对不发生任何变化的"自身等同的状态"的谬论。既然这种"自身等同"的宇宙的原始状态是绝对不发生任何变化的,那么,它不经过外力的推动就不能过渡到后来的变化发展的状态。但是,杜林又不敢明白讲出宇宙的"自身等同状态"是经外力推动以后转入运动和变化的,因为如果这么说,他就无异于公开承认上帝的存在,这样,他的唯心主义观点就彻底暴露了。杜林左右为难,进退维谷,所以,他就用模棱两可的手法,说什么自身等同的状态既不是静态的,也不是动态的,既不处在平衡中,也不处在运动中。恩格斯对他的胡言乱语一针见血地斥之为"神秘的词句"[②]。

Ⅱ 世界是什么?世界的本原是物质的,还是非物质的(即精神、思维、感觉等)?这个问题是解决一切哲学问题的基础。任何哲学家都必须对此做出明确的回答。马赫主义的创始人马赫,很早就公开宣称"世界仅仅是由我们的感觉构成的"。后来,当这种露骨的主观唯心主义观点受到揭露时,他就杜撰了一个"世界要素"的"新术语",企图以此来掩饰其唯心主义实

① 《列宁全集》第七卷,第 399 页,人民出版社,1959 年。

② 《马克思恩格斯选集》第三卷,第 98 页,人民出版社,1972 年。

质。马赫吹嘘自己“发现世界要素”，说什么世界不是物质的，也不是意识的，“世界是由要素构成的”。他以为玩弄这种诡辩就可逃避对世界是物质的还是意识的这一问题的回答。列宁指出，马赫这样做，“结果反而弄巧成拙”，“事实上，玩弄‘要素’这个字眼，显然是一种最可怜的诡辩，因为唯物主义者在读马赫和阿芬那留斯的著作时，马上就会提出一个问题：‘要素’是什么呢？以为造出一个新字眼就可以躲开哲学上的基本派别，那真是小孩子的想法”[①]。

“世界是物质的”与“世界不是物质的”，这是两个互相矛盾的论断，根据排中律的要求，任何人在两者之间必须承认其中一个是真的。马赫主义者竟然妄图用杜撰一个术语的办法来回避对此做出明确的抉择，这恰恰暴露出他们已堕落到连起码的逻辑常识都不顾的地步。

三　排中律的作用

排中律的作用在于保持思维的明确性。遵守排中律是人们认识现实、发现真理的一个必要条件，因为任何正确的认识都同思想上的摇摆不定、含糊其辞是相互排斥的。当问题被归结为两个互相矛盾的思想时，排中律就要求人们在二者之中承认必有一真。如果含含混混，吞吞吐吐，既不承认这个，又不承认那个，那就会造成思想上含混不清，从而也就不能得到确定的认识，更谈不上获得真理性的认识了。

排中律以及同一律、矛盾律都是在二值逻辑中进行推演的。这个特点在排中律中表现得特别明显。所谓二值逻辑，是指判断只具有真和假两个值。在二值逻辑中，同一律是根据两个思想具有等值关系，从一个真推演另一个必真，从一个假推演另一个必假；矛盾律是根据两个互相矛盾和互相反对的思想不能同真，从其中一个真，推演另一个必假；排中律则根据两个互相矛盾的思想不能同假，从其中一个假，推演另一个必真。在讲到判断间的矛盾关系时说矛盾判断不能同真也不能同假，即其中如有一个真则另一个必假，如有一假则另一个必真，这是从真假二值来揭示矛盾关系的真假性质，并不单是排中律作用的结果。有人认为，由于排中律是排除第三种可能性存在，根据排中律就能确定具有矛盾关系的判断之中一个真则另一个假和一个假则另一个真。这种说法是不确切的。排中律只是揭示两个矛盾判断不能同假，必有一真，矛盾律才揭示两个矛盾判断不

① 《列宁选集》第二卷，第 48、50 页，人民出版社，1972 年。

能同真，必有一假。矛盾关系的判断之所以能从已知一个为真推出另一个为假，从已知一个为假推出另一个为真，这是同时运用矛盾律和排中律进行逻辑推演的结果。

排中律与同一律、矛盾律一样，也是在一定条件下起作用的。排中律只是要求在两个相互矛盾的思想中排除中间的可能性，而绝不是要求排除客观事物确实存在着的第三种可能性；同时，两个思想如果不是互相矛盾的，也就不能要求在两者之中必须承认一真，否则就会造成思想上的片面性，甚至会被形而上学所利用。例如，人群中客观地存在着进步的、中间的和落后的 3 种人，当我们对一个人的行为作估计时，就不能认为在进步的或落后的两者之中必居其一，说他不是进步的，就是落后的，因为我们并不能排除他当时可能处于中间状态。

在运用排中律的时候，还要注意认识的复杂性。在人们的思维过程中，由于对某一个问题尚未深入了解，对某件事的是与非还看不清楚，需要进一步调查研究后才能做出决定，在这种情况下当然不便明确表态。这与在两个相互矛盾的思想中不承认其中必有一真是不同的，不能说它违反了排中律的要求。也就是说，排中律在对矛盾判断进行选择时必须态度明确，但它本身并不要求选择。

在运用排中律时，还需要注意"复杂问语"问题。所谓"复杂问语"是指隐含着某种为对方所不具有或不能接受的预设的问语。对这种问语不能简单地做出肯定或者否定的答复，一旦做出这样的答复，其结果都将意味着承认其中所隐含的预设事实，因而都将是不正确的。例如，有人问："你的论文完成了吗？"这一个问话就隐含着这样一个预设：你在写论文。而事实上，你可能根本没有写过论文，或者你虽然写过论文，但最近并没有写过。对于这样的问题，无论回答"完成了"或者"没有完成"，都是承认了那个隐含预设的存在，这显然是错误的。特别需要指出，有些人常常利用复杂问语故设圈套，在这样的问语中故意隐含某种预设。如果不注意识破他们的阴谋，对这种问语无论采取肯定或否定的答复都会上当受骗。因此，当我们遇到"复杂问语"时，要认真加以分析，而不应当不加分析地简单地做出肯定或否定的回答。对"复杂问语"不做简单的"是"或"不是"的回答，并不违反排中律的要求。

最后，还必须指出，排中律要求在两个互相矛盾的思想中做出非此即彼的选择，并不意味着否认事物经过中间环节相互过渡，相互转化。恩格斯 指出："辩证法不知道什么绝对分明的和固定不变的界限，不知道什么无条件的普遍有效的‘非此即彼！’，它使固定的形而上学的差异互相过渡，除了‘非此即彼！’，又在适当的地方承认‘亦此亦彼！’，并且使对立互为中介”①。排中律只是要求在两个互相矛盾的思想中，承认其中必有一真，它既不涉及事物在一定条件下互为中介和相互转化的问题，也不涉及到两类事物间的中间形态的问题。比如，唯物辩证法认为“在一定条件下坏事可以转化为好事”，这并不违背排中律的要求，只是当思维出现“坏事可以变为好事”与“坏事不可以变为好事”的矛盾论断时，排中律才指出这两个论断不能同假，必有一真。至于坏事能否变为好事，排中律并不涉及，因为这是辩证法的研究范围。排中律也不否定事物间有过渡性的中间形态，如文昌鱼是无脊椎动物，鸭嘴兽是卵生的哺乳类等。但是，在出现“文昌鱼是无脊椎的”与“文昌鱼是有脊椎的”，“文昌鱼是鱼类”与“文昌鱼不是鱼类”等论断时，根据排中律的要求，则需指出这些相互矛盾的论断没有中间的可能性，必须在二者之中承认其一是真的。

同一律、矛盾律和排中律都是逻辑基本规律，它们是有密切联系的，同时，它们又互相区别。

同一律、矛盾律和排中律都是保证思维确定性的规律，它们是从不同的角度去表述思维的确定性的。思维的确定性表现在思想的自身同一，对一个思想，如果肯定就是肯定，如果否定就是否定，每一思想在同一思维过程中都是同真同假的，这就是同一律的内容。思维的确定性表现在思想的前后一贯，不自相矛盾，即在同一思维过程中对任一思想不能既肯定又否定，既肯定又否定的思想不能同真，必有一假，这就是矛盾律的内容。思维的确定性表现在排除两个互相矛盾的思想没有中间可能性，即任何两个互相矛盾的思想不能同假，必有一真，这就是排中律的内容。可见，这 3 条规律在保证思维的确定性上是一致的。

同一律、矛盾律和排中律在演绎逻辑中更有密切的联系。演绎逻辑将这 3 条规律的内容表达为 3 个复合判断：

“如果 A，那么 A”($A \rightarrow A$)；

“并非‘A 并且非 A’”〔$\neg(A \wedge \overline{A})$〕；

“A 或者非 A”($A \vee \overline{A}$)。

这 3 个复合判断之间是等值关系，它们是可以互相推出的。关于这一点，可以用真值表方法来证明。

---

①《马克思恩格斯选集》第三卷，第 535 页，人民出版社，1972 年。

同一律、矛盾律和排中律虽有密切联系，但又是有区别的。这主要表现在它们在表述思维的确定性时的侧重面有所不同：同一律是从正面表述一个思想的自身同一；矛盾律则从反面指出既肯定又否定的思想不能同真；排中律又进一步指出两个互相矛盾的思想不能同假。由于这 3 条规律表述思维确定性的角度不同，所以它们各自的内容、要求、作用都有区别。

在这 3 条规律中，矛盾律与排中律不容易分清，下面着重分析矛盾律与排中律的区别：

第一，适用范围不同。矛盾律适用于具有矛盾关系的判断，排中律则适用于具有矛盾关系或下反对关系的判断。

第二，内容不同。矛盾律揭示互相矛盾或互相反对的思想，不能同真，必有一假；排中律揭示互相矛盾的思想不能同假，必有一真。

第三，逻辑错误的表现形式不同。违反矛盾律要求的逻辑错误常以“两可”的形式出现，即同时肯定互相否定的思想都是真的；违反排中律要求的逻辑错误常以“两不可”的形式出现，即对两个互相矛盾的思想都加以否定，不承认其中必有一真。

第四，作用不同。矛盾律排除思维的逻辑矛盾，可以由真推假，因而是间接反驳的逻辑根据。排中律排除思想的含糊不清，可以由假推真，因而是间接论证的逻辑根据。

复习思考题

1. 什么是逻辑基本规律？为什么逻辑基本规律具有客观性质？

2. 什么是同一律？它对人们的思维过程提出了怎样的逻辑要求？

3. 什么是矛盾律？逻辑矛盾与客观事物的矛盾有什么不同？

4. 什么是排中律？它有何作用？

5. 同一律、矛盾律、排中律有何联系与区别？

练习题

一　分析下列议论是否违反逻辑基本规律？如有，它违反了哪条逻辑基本规律？为什么？

1. 在过去的年代，四方台从来没有人上去过，上去的人也从来没有回得来的。

2. 有人说：“经验主义不能一概都反对，例如工作经验、生产经验等，就不应该反对。”

3．一个团支部书记在回答“星期天能否搞点棋类活动”的问题时说：“星期天下棋么，我们既不禁止，也不提倡。”

4．小李和小王下了两局棋。小张问小李：“你下棋赢了吗？”小李说：“没有赢。”小张再问：“那么，你输了？”小李答：“也没有输。”

5．经过修建工人的抢修，南山路下水道的淤塞现象终于彻底解决了。现在，这条路除了一小段还在加紧施工外，其余地段的排水系统已经畅通无阻。

6．刚才8位同志就电影剧本《葡萄熟了》谈了一些不同的意见，尽管这些意见是有分歧的，但对我都是有启发的。这8位同志从事戏剧、电影创作都有十几年、几十年的经验了，都是电影界的老前辈了，所以，他们的意见，都是很中肯的，很正确的。

7．甲说这个寓言是讽刺蜗牛的，我看这是不对的；乙说这个寓言是讽刺蚂蚁的，我看这也是不对的。

8．工人的女儿林丽芳，很漂亮，很善良，有艺术才能，有理想，但由于受到林彪死党的蹂躏，被迫走向堕落的深渊。像林丽芳这样的人物，应该说是林彪、“四人帮”造成的许多受害者中的一个，谁能否认这类事情的真实性？所以，这些作品都是具有艺术的真实性的。

二 请用同一律的有关知识，回答下列问题：

1．有一次，风雷皮鞋厂分管后勤的金副厂长在动员全厂职工实行计划生育的大会上提出：为了鼓励一对夫妻只生一个小孩，今后在分房时，对有一个小孩和有两个小孩的家庭一样分配。金副厂长提出的方案，得到了全厂职工的支持。

过了一年，新的职工宿舍落成了。在讨论落实分配新房时，金副厂长提议给有两个小孩的职工分三间一套的，给只有一个小孩的职工分两间一套的。厂里职工对此议论纷纷。当负责计划生育的老张去询问为什么有一个小孩的同有两个小孩的不一样分配时，金副厂长振振有词他说：

“怎么没有一样分配？有一个小孩的，全家3口人，分两间一套的房，共24 m^2，平均每人8 m^2；有两个小孩的，全家4口人，分三间一套的房，共32 m^2，平均每人也是8 m^2，这不是一样分配吗？”

请问：金副厂长的回答，有什么逻辑错误？

2．有一次，有个数学老师在讲“概率论”时，举了这样一个例子：

“在人口统计中，不论是哪一个国家，不论是哪一个民族，也不论是哪一个时期的统计资料，都发现一个同样的规律：在新生婴儿中，男婴的出生率总是摆动于22/43这个数值左右，而不是1/2。曾经发生过这样有趣的事情：某年，在法国某地发现男婴出生率同22/43有较大的偏差，后经验查是计算时出了差错，在正确地纠正了原始资料的计算错误后，发现男婴出生率仍是稳定在22/43。这说明：随机事件是存在着统计规律性的。

……

有个学生听了讲课以后，发表了不同的意见。他说："男婴出生率是22/43，那就是说，男婴出生率要比女婴出生率高。可是，我看过许多材料，这些材料说明，许多国家和地区，例如前苏联、日本、美国、原联邦德国以及我国的台湾省都是女人比男人多。可见，认为男婴出生率总是在22/43上下摆动，是不能成立的。"

请问：这个学生的说法有什么逻辑错误？

3．苏格拉底领了一个青年到智者欧底姆斯那里去请教。这个智者为了显示自己的本领，给了这个青年一个下马威。他劈头提出了这样一个问题：你学习的是已经知道的东西还是不知道的东西？这个青年当然回答说，学习的是不知道的东西。于是这个智者就向这个青年发出了一连串的问题：

"你认识字母么？"

"我认识。"

"所有的字母都认识吗？"

"是的。"

"而教师教你的时候，不正是教你认识字母吗？"

"是的。"

"如果你认识字母，那么他教你的不就是你已经知道的东西吗？"

"是的。"

"那么，或者你并不在学，只是那些不识字母的人在学吧！"

"不，我也在学。"

"那么，如果你认识字母，就是学你已经知道的东西了。"

"是的。"

"那么，你最初的回答就不对了。"

这个青年就这样被洋洋得意的智者弄得昏头昏脑，于是承认自己的失败，而甘心拜智者为师。

请问：智者欧底姆斯使用什么手法把这个青年弄得昏头昏脑？

4.“很多同志主张写作的时候应当讲究语言形式。我的看法则与之不同，我认为我们应提倡内容与形式的统一，而必须纠正和反对这种形式主义的倾向。”

三　请指出下列判断中，哪些是互相矛盾的判断？

1. 如果李明评上先进工作者，那么姚平也会评上先进工作者。

2. 或者李明评上先进工作者，或者姚平评上先进工作者。

3. 或者李明没有评上先进工作者，或者姚平没有评上先进工作者。

4. 只有李明评上先进工作者，姚平才会评上先进工作者。

5. 李明评上先进工作者，而姚平没有评上先进工作者。

6. 李明没有评上先进工作者，而且姚平也没有评上先进工作者。

7. 李明没有评上先进工作者，而姚平评上先进工作者。

8. 李明评上先进工作者，而且姚平也评上先进工作者。

9. 当且仅当李明评上先进工作者，姚平才评上先进工作者。

10. 或者李明评上先进工作者，而姚平没有评上先进工作者；或者李明没有评上先进工作者，姚平却评上先进工作者。

四　指出下列判断中，哪些是互相反对的判断？

1. 这个车厢里的汤姆是英国人。

2. 这个车厢里的汤姆是美国人。

3. 这个车厢里有一个旅客不是英国人。

4. 这个车厢里的汤姆不是英国人。

5. 这个车厢里的所有旅客都是英国人。

6. 这个车厢里的所有旅客都不是英国人。

7. 这个车厢里的有些旅客是英国人。

8. 这个车厢里的有些旅客不是英国人。

五　请运用矛盾律和排中律的有关知识，回答下列问题：

1. 有一块空着的地可以种庄稼，甲、乙、丙、丁 4 人讨论这块地里种什么庄稼好。

(A)甲一会儿说应该种小麦，一会儿又说不应该种小麦，试分析甲这样讲有没有逻辑错误，为什么？

(B)针对甲的说法，乙说：“你的两种意见，我都不同意。”试分析乙这样讲有没有逻辑错误，为什么？

(C)丙说：“我看还是种小麦好。”丁说：“我看还是种油菜好。”针对丙和丁的发言，乙又说：“你们两人的意见，我都不同意。”试分析乙这样讲有

没有逻辑错误，为什么？

2. 一个年轻人想到大发明家爱迪生的实验室里去工作，爱迪生亲自接见了他。这个年轻人满怀信心地对爱迪生说：

“我有一个伟大的理想，那就是我想发明一种万能溶液，它可以溶解一切物品。”

爱迪生听罢之后，惊奇地说：

“什么！那么你想用什么器皿来放置这种万能溶液？它不是可以溶解一切物品吗？”

年轻人被爱迪生问得哑口无言。

请问：这个年轻人为什么会被爱迪生问得哑口无言？

3. 有个物理老师出了一道题目要学生在课堂里回答，题目是：“一炉铁水凝结成铁块，它的体积缩小了1/34。后来，铁块又熔化成铁水，体积要增加多少？”

学生甲回答：“熔化后的铁水的体积比铁块增加1/33。”

学生乙不同意甲的意见，他说：“不对。同是一块铁，缩小的是1/34，增加的是1/33，不是自相矛盾吗？”

甲又说：“不是我自相矛盾，而是你混淆了概念。”

请你评论一下，甲乙两人谁是谁非？

第十章　论　证

第一节　论证的概述

一　论证及其构成

论证就是用已知为真的判断去确定另一个判断的真实性或虚假性的思维过程。论证也称逻辑论证。

在实际工作和科学研究中，人们经常需要确定某一思想的真实性，以便使他人不但知其然而且知其所以然。为了确定某一思想的真实性，并使之有说服力，让人理解和接受，就需要用有关事实的判断或有关科学理论作为依据，借助一定的推理形式，由此推断出某个判断为真的结论，这个过程就是论证。例如：

Ⅰ 创新是一个民族进步的灵魂。因为创新历来都是人类文明进步的重要动力。在人类历史发展的长河中，创新不但对人类的科学世界观的形成和发展产生重大而深远的影响，而且使之成为推动历史发展和社会改革的重要杠杆。创新是技术与经济发展的源泉，同时又是不断培养和造就科技人才的根本途径之一，这在人类进入文明智慧时代的今天，表现得更为突出。创新还是一个国家国民经济可持续发展的基础，对于一个国家或民族而言，如果有了雄厚的可持续创新的高素质的人力资源，就具备了发展知识经济的根本前提；反之，缺乏科学储备与创新人才的国家，就会失去发展知识经济的机遇。

Ⅱ 生物都是发展变化的。因为，如果生物不是发展变化的，那么，古生物和今天的生物必然一样；但实际情况并非如此，古生物和今天的生物在形态、结构等方面都有很大的差异；所以，生物是发展变化的。

上述例Ⅰ用已知的真实的一系列判断说明了“创新是一个民族进步的灵魂”的正确性；例Ⅱ用已知真实的判断推论出“生物都是发展变化的”这一判断的正确。它们都是论证。

任何论证都是由论题、论据和论证方式3个要素构成。

论题是论证中真实性或虚假性需要确立的判断。

论题也叫论点。它是通过论证要确定其真实性的判断，是文章或讲话中要阐述的基本观点。它回答的是“论证什么”的问题。例Ⅰ中的“创新是一个民族进步的灵魂”，例Ⅱ中的“生物都是发展变化的”就是论题。论题可以是科学上已经证实或证伪的判断，论证的目的主要在于阐述那个判断所以为真或为假的理由或根据，以便使人们理解、接受或反对。宣传真理、传授知识或反驳敌人时，所作的论证，常常就是如此。论题也可以是科学上尚待证实的判断，论证的目的就在于从一些已知为真的判断去探索和确定这类判断的真实性。在各门科学中，对于某些假说、猜想的论证往往就是这样。

论据是论证中用来确定论题真实性或虚假性所根据的判断。

论据也叫理由，是使论题成立并使人信服的理由或根据。它所回答的是“用什么来论证”的问题。

例Ⅰ中的“因为创新历来都是人类文明进步的重要动力……反之，缺乏科学储备与创新人才的国家，就会失去发展知识经济的机遇。”就是论据。例Ⅱ中“如果生物不是发展变化的，……但实际情况并非如此……都有很大的差异”等几个判断就是论据。在一个论证中，论题只有一个，论据可以是多个。在有许多论据组成的论证中，可区分出基本论据和非基本论据。基本论据是独立和直接引用的论据，非基本论据是由基本论据推导出来的，也叫推出论据。论据也可以分为已被确认的关于事实的论据和已被证实为真的科学原理。在实际论证中，人们常把这两类论据结合起来运用，即“既摆事实，又讲道理”，以增强论证的效果。

论证方式是论据与论题的联系方式，即由论据推出论题所运用的推理形式。

论证方式回答的是“怎样用论据论证论题”的问题，即如何从论据推论出论题，它以隐含的形式包含在论题和论据之中。如例Ⅰ中论证“创新是一个民族进步的灵魂”运用的是归纳论证方法。例Ⅱ中论证“生物是发展变化的”用的是充分条件假言推理。在思维活动中，对于不同内容的论题可以采用相同的论证方式去论证；对于同一论题，又可以有几种不同的论证方式。这种情形在数学定理的证明中经常可见。

二　论证与推理的关系

论证与推理是密不可分的，二者既有联系又有区别。

论证与推理的联系主要表现在：推理是论证的基础，没有推理便谈不上论证；论证是一个推理或几个推理的综合运用；论证的论题相当于推理的结论，论据相当于推理的前提，论证方式相当于推理形式。

论证与推理的对应关系，可用图表示：

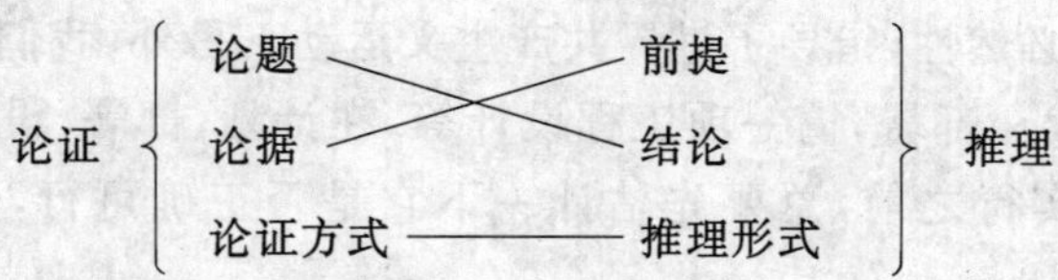

论证虽然离不开推理，但毕竟和推理是不同的。论证与推理的区别主要表现在 3 个方面。

第一，论证与推理的思维方向不同。论证是以论题为出发点去找论据，而论题又是论证这一思维过程的结果；推理是由前提去推出结论，根据逻辑规律由前提的真实性得出结论的真实性，前提是推理这一过程的开始。

第二，论证与推理的目的不同。论证的目的是表明自己的观点并获取他人的认同，而推理的目的则在于得出新知。

第三，二者的要求不同。推理是由一个或几个判断得出另一个判断，而论证是由一个或几个真实的判断，来确定另一个判断的真实性。论证的重点放在论题和论据的真实性上，特别强调论据必须真。而推理重点强调前提与结论之间的逻辑关系，它的前提、结论都可以是假的。任何判断都可以推出它本身，但任何判断不能是自己的论据，论证总由推理组成，但推理不一定是论证。

三　论证的作用

由于论证能够根据已知的真实判断去确定另一判断的真实性，它在日常思维和科学研究中有着重要的作用。

第一，论证有探索真理和证明真理的重要作用。

在科学发展史上，由于得到了正确的理论指导，通过一定的论证，从而做出重大发现的事例是屡见不鲜的。例如，1869 年前后，俄国化学家门捷列夫等发现了元素周期律。根据当时的科学成果,这一定律认为元素的性质随着元素原子量的增加而发生周期性的变化。门捷列夫根据周期律,从理论上论证了一些当时尚未发现的元素,如锗、镓等的存在,甚至对这些元素的某些性质作了描述,这些都被以后的科学发现所证实。论证不仅对自然科学发现有重要作用,它在社会科学及其应用方面也是如此。不管是哲学、政治学、教育学还是社会学、心理学等社会科学都要具备严密的逻辑思维,否则就不可能说服人们,就不能转化为物质力量。例如马克思的《资本论》,就是一部论证极其严谨的科学著作,它有力地论证了科学社会主义到来的必然性,指导了世界共产主义运动。另外,我们定一个工作计划,做一个战斗部署,搞一项工程设计等,在计划、部署、设计制定出来以后,在付诸实行之前,总要先估计一下它是否正确可行,这就要运用论证。

第二,论证有总结实践经验,使其上升为理论体系的作用。

在实践检验真理的过程中,也经常伴随着论证,即对实践所达到的结果进行理论分析,这种分析也就是论证的过程。许多经过实践检验为正确的认识,往往还要加以论证,从而使经验上升为严谨的理论体系,使我们的认识更深刻、更系统。

实践是检验真理的惟一标准,论证是在实践证明的基础上进行的,它归根结底依赖于实践证明。这是因为论据的真实性要靠实践来检验,论证中所运用的推理形式也是在千百万次实践中总结出来的,论证的结果最终还要经过实践检验。然而论证在思维活动中的独特作用却又是实践检验代替不了的。科学的发现,科学理论的证明,往往都要通过复杂的论证才能确定其真实性。

第三,逻辑论证在宣传真理、驳斥谬误方面具有重要作用。

即使是已被实践证明了的思想、理论、观点,在向别人进行宣传、讲授时,也需要对它们进行论证;只有具有论证性,才能具有真正的说服力,才能在历史长河中经得起时间的考验;只有具有论证性,才能冲破重重阻力,最终为广大群众所接受、掌握,成为改造现实的物质力量。

同时,对于一个错误的认识,又需要进行反驳。反驳谬误的过程实际就是用逻辑论证去确认某一判断虚假性的过程。因此,无论是宣传真理,还是批驳谬误,都离不开逻辑论证。

第四,论证在辩论、谈判、司法等活动中具有重要作用。

在日常辩论中,在各类谈判以及司法等活动中,都要求论证的严密性，除了内容上的严密外，我们还要注意逻辑形式上的严密，这是保证在这些活动中取得胜利的基本前提。在这些活动中，很多人在内容理解上不错，但就是在逻辑形式上不熟练而输给对方。例如，在司法活动中，从检察人员、审判人员到辩护律师和法学工作者都应该长于说理，善于论证，都要熟练地掌握论证和反驳的逻辑知识，才能提高表达能力、推理和论证能力，保证办案质量，达到维护社会主义社会秩序的目的。

第二节 论证的种类及方法

依据不同的标准，可以对论证做不同的分类。

依据论证推理形式的不同，将它分为演绎论证、归纳论证和类比论证；依据论证方法的不同，可将它分为直接论证和间接论证；依据论证中论据和论题之间关系的不同，将论证分为必然性论证和或然性论证。下面我们将论证分为必然性论证和或然性论证，直接论证和间接论证进行介绍。

一 必然性论证和或然性论证

1. 必然性论证

必然性论证就是运用必然性推理确定论题真实性的论证。

必然性论证的论据和论题之间具有必然联系，即从论据的真实性可以推论出论题必然为真。必然性论证包括演绎论证和完全归纳论证。

(1)演绎论证

演绎论证是运用演绎推理形式所进行的确定论题的真实性的论证。

演绎论证是根据一般原理来论证个别事例的真实性的论证。在演绎论证中，一般是以科学原理、定理、定律或其他一般性的真实判断为根据，运用演绎推理推导出某一论题。例如：

如果要使凤仙花很好生长，就需要一定的水分。在枫树下种凤仙花，由于枫树的根离地表较近，会吸收掉凤仙花所需要的水分，所以不能在枫树下种凤仙花。

这个例子相反相成运用了演绎推理中的充分条件假言推理中的肯定前件式、否定后件式和连锁推理。连锁推理及肯定前件式：在枫树下种凤仙花→吸收凤仙花所需水分→凤仙花不能很好生长；否定后件式和连锁推理：要凤仙花很好生长→需要水分→不能在枫树下种凤仙花。

演绎论证在数学中普遍运用。例如：

已知：在$\triangle ABC$和$\triangle A'B'C'$中，$\angle B=\angle B'$，$\angle C=\angle C'$。求证：$\triangle ABC \backsim \triangle A'B'C'$。

证法Ⅰ：有两对应角相等的任何一对三角形都是相似三角形，而$\triangle ABC$和$\triangle A'B'C'$中，$\angle B=\angle B'$，$\angle C=\angle C'$(有两对对应角相等)；所以$\triangle ABC \backsim \triangle A'B'C'$。这则论证运用了直言三段论推理方法。

证法Ⅱ：如果两个三角形有两对对应角相等，那么这两个三角形相似；$\triangle ABC$和$\triangle A'B'C'$中，有$\angle B=\angle B'$，$\angle C=\angle C'$；所以，$\triangle ABC \backsim \triangle A'B'C'$。这则论证运用了假言三段论或者说运用了充分条件假言推理的肯定前件式。

(2)完全归纳论证

完全归纳论证是运用完全归纳推理形式进行的论证。

归纳论证是引用有关个别或特殊事物的判断作为论据来证明一般性原理的论证。它分为完全归纳论证和不完全归纳论证。完全归纳论证是运用完全归纳推理进行的论证，它的论据对一类事物的对象做了完全的考察，所以，只要它的前提是真实的，它的结论就必然是真实的。因此，完全归纳论证是一种必然性论证。例如：

刀耕火种的农业需要烧掉数亩林木，把植物的灰烬留在地里为以后三四年的粮食丰收准备丰富的肥料。然而，此后土地将逐渐失去养分，以至于无法继续耕种，因此，又需要通过刀耕火种的方法来开垦新的土地，一切又从头开始。由于热带大部分农业使用这种方法，若热带森林用这种方法修整过后不能很好地再生以恢复原貌，那么，在这一地带的森林将最终被永久地根除。

这则论证使用了完全归纳法。由于热带森林的面积是有限的，随着这种刀耕火种的耕作方式的不断重复(直至把热带森林毁灭的所有次数及每次所毁灭的森林面积归纳进去)，而热带森林不能很好再生以恢复，热带森林将不断遭到破坏乃至完全毁灭。

我们在讲三段论规则时，对论题“从两个特称前提不能得出结论”的真实性的论证，就用了一个完全归纳的论证。它是把两个特称前提的所有组合情况，即II、OO、IO、OI都做了考察，了解它们都具有“不能得出结论”的性质，从而得出从两个特称前提不能得出结论，使论题的真实性得到确定。

2. 或然性论证

或然性论证是运用或然性推理形式进行的论证。

或然性论证只能确定论据和论题间的或然联系，即由真实论据确定论题可能真实。这种论证所运用的推理的结论是或然的，因此，从严格意义上说，它们不能独立地论证某一论题的真实性。但是，若把它们和必然性论证结合起来使用，则往往会收到很好的论证效果。

或然性论证包括不完全归纳论证、类比证法、喻证法、援引式类推等。

(1)例证法

例证法是应用简单枚举归纳推理进行的论证方法。

例证法是通过列举一些实例，用以论证论题的真实性。例证法是论辩、演讲及科学论证中最常运用的论证方法。

例如，转基因植物育种不但有利于改善人类食物供给和其他需求，其潜在的商品价值也是巨大的。仅小麦一项，估计世界年产值就达600亿美元，而且具有难以估量的社会效益和生态效益。目前，全世界进入田间试验的转基因植物已超过1 467项，预计21世纪初将达2 500～3 000项以上。

这个论证以人们生活中最熟悉的一个例子——小麦的相关数据，就使证明的效果非常明显出来，再加上后面的“1 467”这个数字，就使论证效果进一步扩大了。

(2)类比证法

类比证法是运用类比推理进行的论证方法。

这种方法把两个或两类对象在许多属性上的相似或相同点进行类比，并用一对象具有另一属性来论证另一对象也具有该属性。

例如，为了拯救濒临绝境的国宝——大熊猫，中国科学院武汉植物研究所的科研人员向国家提出建议：将川陕甘地区的大熊猫东移至湖北神农架地区。他们的根据是：神农架地区与川陕甘的几个有大熊猫的自然保护区在生态环境方面有大量相似之处，例如在海拔、纬度、植被类型、地势、地形、降雨量等方面都相类似，且神农架地区在100多年前本身就有大熊猫，现有的20 000 hm^2竹类植物，可供大熊猫自然觅食的有32种。鉴于这些条件，他们断定了，神农架地区是大熊猫栖息、生长、繁衍的理想之地，应将川陕甘地区面临饥荒的大熊猫迁至神农架地区放养。这一建议得到了国家科委的肯定。

在这个事例中，科研人员在论证“神农架地区适合大熊猫生长”这一论题时，使用的就是类比证法。

类比证法在日常生活中也经常运用。例如：

《古今概谭》中有一则故事说，翟永令的母亲笃信佛教，一天到晚没停没歇地念“南无阿弥陀佛”，翟永令听得厌烦了，就同样不停地喊“老娘”。老太太当然听烦了，就责备儿子不该不停地喊她。翟永令就以此为证，认为佛爷听见人成天在喊他也会生气的。从此，老太太就减少了念佛的次数。

在此例中，翟永令巧妙的以儿不停喊娘令娘生气类比娘整天念佛佛也会生气，从而说服他娘少念佛。

(3)喻证法

喻证法就是用比喻来作论证的方法。

喻证法也叫比喻证法，或叫譬喻式类推，它是用比喻作论证，以比喻者之理去论证被比喻者之理的论证方法。喻证法一般根据比喻者和被比喻者具有某些相似的属性，比喻者具有另一其他属性从而推出被比喻者也具有这一属性。

譬喻在《墨经》中叫做“辟”，即是借彼众所周知的、公认的事理，来推知此事之理的喻证法，是《墨经》中的一种常用方法，。

喻证法具有形象、生动，以浅喻深，以显喻奥的优点。

毛泽东就非常善于使用这种论证方法。毛泽东在《一个极其重要的政策》一文中讲到：“若说：何以对付敌人的庞大机构呢？那就有孙行者对付铁扇公主为例。铁扇公主虽然是一个厉害的妖精，孙行者却化为一个小虫钻进铁扇公主的心脏里去把她战败了。柳宗元曾经描写过的‘黔驴之技’，也是一个很好的教训。一个庞然大物的驴子跑进贵州去了，贵州的小老虎见了很有些害怕。但到后来，大驴子还是被小老虎吃掉了。我们八路军新四军是孙行者和小老虎，是很有办法对付这个日本妖精或日本驴子的。目前我们须得变一变，把我们的身体变得小些，但是变得更加扎实些，我们就会变成无敌的了。”①

毛泽东以孙行者变作小虫战败厉害妖精和小老虎吃掉庞然大物黔驴的道理，来推论实行精兵简政的重要性，得出“小而扎实的八路军对于大而笨的日本驴子”亦有“战而胜之的关系”的结论，运用的就是譬喻式类推。

喻证法在我国古代论述中是用得比较多的。如孟子以鱼和熊掌不可兼得，则舍鱼而取熊掌来说明“舍生取义”的道理；我国古代无神论者范缜

① 《毛泽东选集》第三卷，第 838～839 页，人民出版社，1966 年。

以刀之锋利与刀刃的关系喻证“形存则神存，形谢则神灭”的道理。

喻证法与修辞手法的比喻及类比论证既有相同的地方，也有不同的地方。

类相异，这点与比喻相同。比喻者同被比喻者是两类完全不同的事物，也只有这样才能进行比喻。但是比喻不具有推理过程，没有论证的作用。理相同，这点与类比论证相同，因为理相同才能进行推理，才能起论证作用。然而喻证法只求道理真，却不必求事件的真实。在喻证法中，比喻者与被比喻者之间的某个相似点带有主观性、临时性、想像性和不确定性，而类比论证的类比者和被类比者之间必须在一系列属性上相同，且这些相同的属性带有客观性、长期性、科学性和真实性，才能由已知类比者具有某种属性来推出被类比者也具有某种属性。所以，运用喻证法比使用类比论证更为方便，更具有说服性。

(4)援引式类推

援引式类推在《墨经》中叫做“援”，是指援引对方的推论根据或推论方式为前提所形成的类比推论，它是一种容证明与反驳于一体的论证方法。例如：

庄子与惠子游于濠梁之上。庄子曰：“鱼儿出游从容，是鱼之乐也。”惠子曰：“子非鱼，安知鱼之乐？”庄子曰：“子非我，安知我不知鱼之乐？”[①]在此例子中，庄子运用的就是援引式类推法，以惠子的思维方法来反驳惠子，证明自己观点正确。

授引式类推具有“以其人之道还治其人之身”或“以毒攻毒”的作用，是一种很有效的论证方法。

二　直接论证和间接论证

1. 直接论证

直接论证是从论据的真实性中直接推出论题的真实性的论证。

直接论证的特点是从论题出发，为论题的真实性提供正面的理由，直接推出论题，而不是首先通过确定其他判断的真假来间接推出论题的真实性。直接论证可用演绎推理、归纳推理或类比推理等不同方法进行。例如：

毛泽东同志在 1946 年 8 月和美国记者安娜·路易斯·斯特朗的谈话中，论证了“一切反动派都是纸老虎”。他说：“一切反动派都是纸老虎。

① 雷仲译注《庄子》，第 170 页，辽宁民族出版社，1996 年。

看起来,反动派的样子是可怕的,但是实际上并没有什么了不起的力量。从长远的观点看问题,真正强大的力量不是属于反动派,而是属于人民。在一九一七年俄国二月革命以前,俄国国内究竟那一方面拥有真正的力量呢?从表面上看,当时的沙皇是有力量的;但是二月革命的一阵风,就把沙皇吹走了。归根结蒂,俄国的力量是在工农兵苏维埃这方面。沙皇不过是一只纸老虎。希特勒不是曾经被人们看做很有力量的吗?但是历史证明了他是一只纸老虎。墨索里尼也是如此,日本帝国主义也是如此。”①

毛泽东同志通过列举历史事实,从“沙皇是纸老虎”、“希特勒是纸老虎”、“墨索里尼是纸老虎”、“日本帝国主义是纸老虎”,通过归纳推理,令人信服的论证了“一切反动派都是纸老虎”这一论题。在这里所使用的就是直接论证。

直接论证的逻辑过程为:

论题:p。

论据:q、r、s。

论证方式:q、r、s,所以 p。

又如,我们必须重视教育。因为只有重视教育,才能提高民族文化素质;只有重视教育,才能更快更普遍地将科学技术转化为生产力;也只有重视教育,才能促进教育事业本身的发展。

这个论证就是直接从论题出发,为论题的真实性提供正面理由,直接推出论题的真实性,也是直接论证。

2. 间接论证

间接论证是通过确定其他判断的虚假来确定论题的真实性的论证。

间接论证通常有反证法和选言证法两种。

(1)反证法

反证法是通过确定与论题相矛盾的判断的虚假来确定论题真实性的间接论证。

反证法的一般步骤是:第一,设与原论题相矛盾的反论题;第二,论证反论题假。通常是以反论题为前件构成一个充分条件假言判断(其后件为虚假判断),并以此为前提构成一个充分条件假言判断的否定后件式,由后件假推出前件假,即反论题假;第三,根据排中律,由反论题的假,确定原论题为真。反证法的逻辑论证过程如下:

求证:p。

---

①《毛泽东选集》第四卷,第 1 139 页,人民出版社,1966 年。

反证：设非 p。

如果非 p，则 q。

非 q，所以非非 p。

所以，p。

例如，江泽民同志在《发展要有新思路》一文中写道：推进科技进步，关键要创新。科技创新是提高科技实力的中心环节。没有创新，就没有我们在世界科技领域中的位置。科技创新问题，说到底还是人才的问题。发达国家正在全球范围内争夺人才。培养不好人才，使用不好人才，留不住人才，吸引不了人才，我们的事业就很难向前发展。

在以上论证中，就包含了两个反证法。如第一个反证法是：

论题：我们必须有创新。

反证：设我们没有创新。

如果没有创新，就没有我们在世界科技领域中的位置。

所以，我们不能没有创新。

得证：我们必须有创新。

运用反证法时要注意的是如果结论的否定事项有两种或多于两种，那么必须将它们一一驳倒，才能证出原来结论正确。

例如，在空间中，要证明直线 $a /\!/$ 直线 b，常用反证法：假设 a 不平行于 b。这时 a 和 b 的位置关系有两种情况：a 和 b 是异面直线或 a 和 b 是相交直线，而不能忽略其中一种。

(2)选言证法

选言证法是运用选言推理来进行论证的一种方法。

选言证法是通过确定除论题所指的那种可能外，选言判断所包含的其他可能都是虚假的，从而推出论题的真实性。选言证法的一般步骤是：第一，构成一个包括论题这一选言支在内的选言判断；第二，论证除论题这一选言支之外的其他选言支都不成立；第三，根据选言推理的否定肯定式，推论出论题为真。选言证法的逻辑论证过程如下：

求证：p。

证明：或 p，或 q，或 r。

非 q，非 r。

所以，p。

例如，某法学院的大学 4 年级学生本学期至少要学习一门选修课。这学期为大学 4 年级学生开设的选修课只有罗马法、中国法制史、知识产权法和行政诉讼法。王军没选罗马法，也没选中国法制史，而行政诉讼法他已经以优异的成绩修过了，所以王军选修的一定是知识产权法。这里，就是通过对王军对 4 门课的其中 3 门都没有可能选修，而证明了他必定选修知识产权法的真实性。

选言证法的依据是选言推理的否定肯定式和完全归纳推理，因此选言证法的逻辑要求是必须穷尽所有的选言支。

三　论证的综合运用

一个复杂证明的内部必然包含多个子证明，子证明中的关系或是并行不悖的或是层层叠套。后一种情况一定有一个把子证明组合起来的“主证明结构”。

例如下列短文就是一例：

专家学者反复强调科学合理的膳食结构对儿童的健康成长的重要性。他们认为滥补有害于儿童的健康，这种做法对儿童来说无异于拔苗助长。

人体对微量元素的需求包含两方面的内容：首先，微量元素的供给应当充足；其次，微量元素的供给应当平衡。二者缺一不可。

专家学者认为，人体对微量元素的需求量甚微，健康的人从日常饮食中就可获取足够量的微量元素，不再需要从其他的途径予以补充。例如，钙的摄入就是如此。我们都知道，在常见的食品中，虾皮是含钙量最高的食品，只要食用少许就可满足人体对钙的需求。另外，牛奶也是补钙的良方，100 ml 的牛奶，其含钙量已经超出了国家有关方面所推荐的强化标准的 50%。过量地补充某些微量元素可能会对人体造成直接的伤害，过量地补铁、补锌、补碘、补钙都是如此，其危害多次见诸媒体。尽管如此，目前家庭中出现的给孩子滥补钙及其他营养品的势头却并没有被根本扭转。

另外，人体对营养的需求是均衡的，对微量元素的需求也是这样。专家学者曾多次警告我们，若过量地补充某一元素就可能妨碍人体对另一种微量元素的吸收，从而导致营养不良。例如，孩子如果体内缺锌就会影响其身体和智力的发育；而过量的补充锌元素，则会抑制人体对铁元素的吸收，久而久之会造成儿童缺铁性贫血。摄取过量的钙元素危害更大，不仅会明显地抑制人体对铁的吸收，而且高钙还会减少人体对磷的吸收——磷也是骨骼的重要成分；此外，过量摄取钙，还会增加肾结石形成的危险。

过量摄取微量元素造成危害，过量摄取营养滋补品的危害也不可忽视。某些滋补品含有人参、蜂王浆等成分,儿童经常食用,能引起儿童异常发育,骨骺提早闭合,造成身体矮小。

上述短文的论题是"滥补有害于儿童的健康",它分 3 步进行:

第一步,首先论证了"正常的饮食即可保证微量元素的摄取,而微量元素的过量摄取是有害的"。

第二步,论证了"微量元素的不均衡摄取是有害的"。

第三步,论证了"某些滋补品对儿童也是十分有害的"。

这 3 个支论题都是总论题的论据。

这个证明所采用的证明方式为直接证明。其主体结构是一个归纳证明,其与子证明的关系是层层迭套的。

第三节 论证的规则

任何一个正确的、有说服力的论证,除了恰当地运用各种论证方法外,还必须遵守各种论证规则。

一 论题必须清楚明确

论题思想应当是明确的、不会引起歧义的。

要想使论题明确,就必须清楚地交代论题中所包含的概念的内涵,明确这些概念的外延;必须弄清楚整个论题的意义。违反了论题必须明确的规则,就要犯"论题不清"的逻辑错误。

在论证时,要求论证者首先搞清楚自己的论题是什么,并且用明确的语言表达出来,对论题中关键性的概念,必要时还应加以定义或扼要说明,以避免产生歧义。例如:

一国两制是根据实际情况提出的构想。所谓"一国两制"是"一个国家,两种制度"的简称。其含义是:在中华人民共和国内,在祖国统一的前提下,大陆实行社会主义制度,台湾、香港、澳门地区实行资本主义制度,并长期不变。这是中国共产党在十一届三中全会以后为实现祖国统一大业而制定的一项重要战略方针。

这段议论在论证"一国两制是根据实际情况提出的构想"这一论题时,首先对论题中的关键性概念"一国两制"做了解说,这样就使论题清楚、确切,便于人们理解。

如果论题本身含糊不清,即使是旁征博引,洋洋万言,也只能是东拉西扯，漫无中心，使人不了解究竟要论证什么，因而也达不到论证的目的。例如：

托洛茨基在对自己的政治立场做申辩时，回答说他加入布尔什维克这件事本身……已经证明，他已经把过去所有的那些使他和布尔什维克分开的东西放在党的门口了。

在托洛茨基的回答中，人们看不出他是否放弃或改变了自己原有的孟什维克的立场，也看不出他是否接受了布尔什维克的立场和观点。因为"放在党的门口"这一说法，既可以被理解为接受了布尔什维克的立场和观点，又可以被理解为把自己原有的孟什维克立场寄放在某处；还可以被理解为，他本人就是一个机会主义者，进了人世说人话，进了鬼界说鬼话。他的论证所犯的错误就是"论题不清"。

二　论题必须保持同一

该规则规定在一个论证中，论题只能有一个，并且在同一论证中始终保持不变。

该规则体现了同一律的要求。违反这条规则，就会犯"转移论题"或"偷换论题"的逻辑错误。在写作上叫"跑题"。在一般情况下，不自觉地违反了这条规则可以说是犯了"转移论题"的逻辑错误；如果是为了达到某种不可告人的目的而故意违反这条规则，改变原有的论题，则可以说是犯了"偷换论题"的逻辑错误。例如在壮族歌剧《刘三姐》中有这样一段唱白：刘三姐唱："高高山上低低坡，三姐爱唱不平歌。再向秀才问一句，为何富少穷人多？"陶秀才唱："穷人多者不少也。"李秀才唱："富人少者是不多。"；罗秀才唱："不少非多，多非少。"在此歌剧中，3 位秀才采用了论证"多与少之间的关系"来躲避论题"为何富少穷人多。"犯了"偷换论题"的逻辑错误。

在犯"转移论题"或"偷换论题"的错误中，论证者把原来提出的论题换成另一个完全不相干的论题的情况比较少，更多的情况是把原来的论题换成另一个近似的论题，常常表现为"论证过多"或"论证过少"。

"论证过多"也叫"扩大论题"，就是在论证中论证比原论题断定较多的判断，即把原来断定较少的论题换成断定较多的论题。例如：

违法不都是犯罪。因为违反的既可以是刑法，也可以是民法或其他法律、法规，骑车带人违法了，并不犯罪，所以违法都不是犯罪。此例子本来要论证违法不都是犯罪即 O 判断，结果变成论证违法都不是犯罪即 E 判

断，犯了“论证过多”的逻辑错误。

“论证过少”也叫“缩小论题”，就是在论证中论证了一个比原论题断定少的判断。“论证过少”表明论题的真实性并未得到充分的论证。例如：

地球的温室效应是能够消除的。由于人类活动，尤其是大量化学燃料的燃烧，使大气层的组成发生了惊人的变化，红外吸热的温室气体在大气中的浓度正以空前的速度增加，从而导致全球气候变暖。因此，人类只要能够大量获取其他可再生的清洁能源来代替化学燃烧，地球的温室效应就会减弱。此例子中由于论证的论题“地球的温室效应就会减弱”所断定的内容比需要论证的论题“地球的温室效应是能够消除的”要少，从而犯了“论证过少”的错误。

三 论据必须已经确知真实

论据是确立论题的根据，论证的过程就是从论据的真实性推出论题真实性的过程。如果论据虚假，就无法从论据推出论题的真实性。因此，论证中要求引用的论据必须是已经证明了的真实判断，这些判断是大家都可以承认的，是能够随时进行证明的，包括实践检验和逻辑证明。

如果违反这一规则，用虚假的判断或真实性尚未证明的判断作论据，就会犯下述两种错误：

一是用虚假的判断做论据来进行论证，就会犯“虚假论据”的逻辑错误。例如，“鲸是鱼，因为在水中游动的动物都是鱼，鲸是在水中游动的动物”。这个例子中，“在水中游动的动物都是鱼”是虚假判断，用它作论据就犯了“虚假论据”的逻辑错误。

二是用真实性尚未被确定的判断做论据来进行论证，就会犯“预期理由”的逻辑错误。真实性还未被证明的判断不能用来论证论题的真实性，因为它既可能是真的，也可能是虚假的，而虚假论据是不能断定论题的真实性的。

例如，有一家人，老两口基本没有文化，儿子不太成器，参加高考多年，一直未被录取。最近看见儿子老把自己关在屋子里，老爷子非常高兴，对老伴说：“儿子这些日子和以前大不一样，他一定在努力用功，看来，今年考上大学没有问题。”

在这里，老爷子的说法犯了“预期理由”的逻辑错误。他把自己一直预期的东西——“儿子一定在努力用功”当做已经实现的东西，其前提“儿子老把自己关在屋子里”是推不出后者的，然后以真假未定的东西作为论据

去论证"今年考上大学没有问题",就犯了"预期理由"的逻辑错误。

四 论据的真实性不能依赖于论题

论据是用来证明论题的,所以论据的真实性必须独立于论题的真实性,即不能由论题直接或间接推出论据,再由论据去推出论题。若论据本身尚需由论题来证明,那么等于说,论题是用论题本身来证明的,而论题本身是不能证明自己的。因此,论据的真实性不能依赖于论题。

违反这一规则,就会犯"循环论证"的逻辑错误。

例如,中世纪时,欧洲一些人认为宇宙是有限的,因为宇宙围绕地球这个中心运行,是由于宇宙是有限的,如果宇宙是无限的,那么为什么宇宙竟能在一昼夜围绕自己的中心运行一周呢?

在此例中,他们用论据"宇宙围绕地球这个中心运行"来论证论题"宇宙是有限的",同时用论题"宇宙是有限的"来论证论据"宇宙围绕地球这个中心运行",这就存在"循环论证"的逻辑错误。

又如,许多人并不了解自己,也不试图了解自己。这些人可能会去试图了解别人,但很少会成功,因为连自己都不了解的人是不可能了解别人的。所以,缺乏自我了解的人是不会了解别人的。

这个例子是属于循环论证的简单形式,此例用某些人不了解别人来证明他们不了解自己,又用他们不了解自己来证明他们不了解别人,即论题与论据互相证明。

五 从论据应当能推出论题

从论据能够推出论题,主要是指论据与论题之间必须具有逻辑联系,论据应是论题的充足理由,从论据的真实性能合乎逻辑地推出论题的真实性。

违反这条规则,就会犯"推不出"的逻辑错误。"推不出"的逻辑错误具体有以下几种:

1. 推理形式不正确

论证是借助推理实现的,在论证中违反推理规则,使用了非有效的推理形式,论题和论据间缺乏逻辑联系,即使论据真实,也不能由论据推出论题的真实性。

例如,所有玫瑰色的灌木都有刺,这棵灌木有刺,所以,这棵灌木是玫瑰色的。

这个论证运用了充分条件假言推理，但它违反了这种推理只能由肯定前件来肯定后件，不能由肯定后件来肯定前件的规则，犯了“推不出”的逻辑错误。

2. 论据与论题不相干

论据是真实的，但是，论据的真实性与论题的真实性毫无关系。因此，从论据的真实性不能推出论题的真实性。

“强加论题”、“诉诸怜悯”、“诉诸情感”、“诉诸武力”、“诉诸个人”、“诉诸私利”、“诉诸信任”、“诉诸无知”、“诉诸众人”等都是论据与论题不相干的表现形式。

例如，“十年动乱”时期，某教师带学生到农村插队。开始时，学生生活自理能力差，连衣服都不会洗。这位教师在一次教学生洗衣服时说“衣服的领子和袖子最脏，要注意多擦一些肥皂。”不久，这位教师便被当地公安机关抓了起来，理由是他污蔑伟大领袖，犯了现行反革命罪。

尽管这位教师说的话“衣服的领子和袖子最脏”是真的，但它与“污蔑伟大领袖”这一论题丝毫也没有关系，由教师的这句话推出他“污蔑伟大领袖”这一论题，就犯了“推不出”的逻辑错误。在这里属于“强加论题”的逻辑错误。

又如，“某事是不存在的，因为我从来不知道这件事”；“美人鱼是存在的，因为没有人能拿出美人鱼不存在的证据来”。这属于诉诸无知的谬误。

再如，“这位是市长，难道连市长的话你都不相信吗？”这个例子是诉诸信任的谬误。因为市长的身份并不是市长的话正确的必然根据。

3. 论据不足

在论证中提出的论据对于论证论题的真实性是必要的，但还不是充分的，仅从这些论据还推不出论题的真实性。

例如，有人从某人已年满18周岁，就断言他一定有选举权和被选举权，就犯了“论据不足”的逻辑错误。因为“年满18周岁”对于“有选举权和被选举权”来说，只是必要条件，还不是充分条件，所以，仅有它作论据是不够的。

又如，在判定某人是否犯罪时，不能说他的某种行为具有社会危害性、刑事违法性就是犯罪，因为这样论据还不足，还必须具备刑罚处罚性才构成犯罪的充分条件。

“轻率概括”、“假二择一”、“绝对判断”、“统计谬误”、“假类比”、“虚假理由”、“循环论证”、“转移论题”等都可以归入到论据不足的谬误中，它们的关系是互相交叉的。

例如,有则广告这样写道:任何认为润肤霜对皮肤并不重要的人都应当想一想地球的皮肤——土地在遭受旱灾时的情形。由于缺乏水分的经常湿润,地表变得沟壑纵横,支离破碎,葱绿的美景也消失了。因此,你的皮肤也应受到精心呵护,以免因缺乏水分而遭到破坏。这份呵护将来自于能有效防止皮肤干燥的思丽牌清新滋润霜的经常湿润。

这则广告中使用了假类比,其假表现在对"润肤霜对皮肤"与"水分对土地"所做的类比过于夸张,易于产生反例。此推理错在对两个事物并不完全类似的一些特征进行类比,而只有这些特征确实类似,才能得出该结论。

4. 以人为据

以人为据是指论题的真实性不是靠论据的真实性确定,而是根据与之有关的人的身份或表现加以确定。"人身攻击"、"诉诸权威"、"因人纳言"、"因人废言"等都是它的具体表现。

例如,我们不能因为某个权威说过"现在农业的变革在于进行转基因研究与培植",就认为这个论断是正确的,而必须建立在充分的根据上来判断这个论断的正确与否,否则就犯了"以人为据"的错误,因为某权威与该论断之间没有必然的推理关系。

又如,在农贸市场上,一位女顾客对女商贩说:"喂,老太婆,你卖的鸡蛋怎么是臭的呀?"这个女商贩恼火了,说:"什么?你说我卖的是臭蛋?我看你才臭呢!"此例中女商贩通过诋毁对方的人格来否定对方的论题,属于直接人身攻击,是人身攻击的污辱形式,这就犯了人身攻击的谬误。

5. 以相对为绝对

就是把一定时间、地点、条件下的真实判断绝对化,当做是无条件的真实判断。

例如,有个领导说:这个节日期间,我们应努力恢复真正的奉献精神,每个人应该赠送礼物而不期望得到礼物。如果有人送给我们礼物,我们应该拒绝它并建议把它送给别人。这样,我们会充分体验到完全奉献的感受。

这个例子把对立面的一方绝对化了,因为该例子把一部分人普遍化为所有人,而如果没有人接受礼物,那么任何人的给予都是不可能的,从而导致了逻辑矛盾。

绝对化的另一种表现形式叫做"特例的谬误",指的是把一般原则误用于特殊的、例外的场合。

例如，柏拉图在《理想国》中谈到：假如一个朋友在精神正常的时候，把武器交给我保管，而在精神不正常的时候，来向我索要，我该不该给他？没有人说该给或给他是正确的。如果在对方精神不正常的情况下，仍坚持“保管人家的东西应还”的原则（本质上是把这一原则绝对化了），而把武器还给他，这就犯了“特例的错误”。

该错误就是我们平时所说的教条化思维，即不考虑具体情况而坚持一般原则的错误，或者说是没有认识到一般原则只是对一般情况才是正确的，而不应把它应用到一切情况中去。

此外，“断章取义”的逻辑错误在某种角度看也是“以相对为绝对”的逻辑错误。

论证的上述五条规则中，第一条和第二条是关于论题的规则，第三条和第四条是关于论据的规则，第五条是关于论证方式的规则。一个论证违反了这五条规则中的任何一条，都意味着犯了逻辑错误，该论证就是无效的。

第四节 反 驳

一 什么是反驳

反驳是根据真实判断确定某一论证的论题虚假或论证不能成立的思维过程，即用自己的论证来推翻别人的论证。

例如，中世纪的神学家们宣称：上帝是无所不在，无所不知，无所不能的。我们这个世界就是由这个“全知、全能、全善”的上帝创造出来的。对此，当时就有人巧妙地做了反驳：上帝能否创造一块连他自己也举不起来的石头？如果上帝能创造一块连他自己也举不起来的石头，那么上帝就不是全能的（因为有一块石头他举不起来）；如果上帝不能创造一块连他自己也举不起来的石头，那么上帝也不是全能的（因为有一块石头他不能创造）。或者上帝能创造一块连他自己也举不起来的石头，或者上帝不能创造一块连他自己也举不起来的石头；总之，上帝不会是全能的。这一反驳在逻辑上是十分严密的，切中要害的。

反驳与论证既互相区别，又互相联系。

反驳与论证的区别在于：论证是要确定某一判断的真实性；反驳是确定对方论题的虚假性或不能成立；论证的作用在探求真理、阐明真理、宣传真理;反驳的作用在于揭露谬误,捍卫真理。前者即所谓的"立",后者即所谓的"破"。

反驳与论证的联系在于:反驳是一种特殊的论证,它既要指出被反驳论题的虚假,同时也要论证它为何虚假;反驳与论证是相辅相成的,如果确定了一个判断的真实性,同时也意味着确定了与之相矛盾的判断的虚假性,相反,如果确定了一个判断的虚假性,也就意味着确定了与之矛盾的判断的真实性;反驳和论证的作用是一致的,其目的都是为了坚持真理,修正错误;在实际中,往往破中有立,立中有破,二者总是密切联系的;反驳作为论证的一种特殊形式,其规则也是和论证相同的,因此,论证的各项规则也都可以看做是反驳的规则。

反驳由被反驳的论题、反驳的论据和反驳方式构成。

所谓被反驳的论题,就是在反驳中需要确定为虚假的判断。如上例中"上帝是全能的"即为被反驳的论题。

在反驳中,用来作为确定对方论题的虚假或不成立的根据就是反驳的论据,如上例中的"如果上帝能创造……举不起来的石头。"就是论据。

反驳中所运用的推理形式,就是反驳方式。如上例中即为演绎推理中的二难推理。通过假设包含内在矛盾的情况即上帝能否创造一块他自己也举不起来的石头,列举出它的所有可能性即能与不能,推出上帝不会是全能的结论。

二　反驳的方法

由于对方的论证无非 3 个要素:论题、论据、论证方式,因此,进行反驳时,也可以从这 3 个方面入手,即反驳论题、反驳论据、反驳论证方式。其中具体方法可以是演绎推理、归纳推理、类比推理、直接反驳、间接反驳等。

反驳论题就是依靠事实、原理,确定对方的论题的虚假性。

例如,针对"人都是自私的"这一论点,我们可以反驳如下:雷锋不是自私的,雷锋是人,所以有些人不是自私的。这个反驳运用了三段论演绎推理直接反驳方法,前提真实,形式有效,结论是真实可靠的。"有些人不是自私的"为真,与它相矛盾的论题"人都是自私的"就为假,从而驳倒了对方的论题。

反驳论据就是依据事实、原理确定某一论证的论据的虚假性。

驳倒论据在通常情况下并不能确定某一论题的虚假,而只能确定原论证不能成立。如果对方的论题是从论据中必然推出来的，驳倒了论据也就驳倒了论题。

例如，有的园艺专家建议，西红柿不应与萝卜在一起种，因为这样种植出来的西红柿味道往往变得很差；这些西红柿虽然种得与萝卜很近，但它们的味道并不差。所以我们没必要理会这些专家的建议。

这个例子举出相反事实作为论据直接反驳了对方的论据，因为对方的论题是从论据中必然推出来的，所以驳倒了对方的论据也就驳倒了对方的论题。

反驳论证方式就是指出对方不能从论据正确地推出所要论证的论题，即对方的论据和论题之间没有必然的逻辑联系，犯了“推不出”的逻辑错误。

例如，鲁迅在《论辩的魂灵》一文中概括了形形色色的谬论，其中有这么一段：“你说甲生疮。甲是中国人。你就是说中国人生疮了。”它要论证的论题：“中国人生疮”这一谬论是运用第三格的三段论推出的。但是从它的两个前提“甲生疮”和“甲是中国人”推不出“中国人生疮”这一论题，因为这样推导犯了“小项扩大”的逻辑错误。

以上的分析就是反驳论敌的论证方式。但需要说明的是，驳倒了论证方式并不等于就驳倒了对方的论题，而只能说明对方论题的真实性没有得到论证，而不能确定其论题一定假。所以在具体的反驳过程中，要把反驳论据、反驳论证方式和反驳论题结合起来进行。在反驳论题、反驳论据和反驳论证方式三者中，反驳论题是主要的。

三 反驳的种类

既然反驳是论证的特殊形式，因此，同论证一样，反驳也可以分为必然性推理反驳与非必然性推理反驳、直接反驳和间接反驳等不同种类。这些种类的反驳下又具有不同的方法，这些不同的反驳在实际运用中是互相补充、互相结合使用的。

1. 必然性推理反驳与非必然性推理反驳

(1)必然性推理反驳

必然性推理反驳就是运用必然性推理进行的反驳。其中常见的是运用演绎推理形式的反驳，称为演绎反驳。演绎反驳的方式很多。这里，我们主要谈谈归谬反驳法。

归谬法就是由被反驳的判断(论题或论据)推出荒谬的结论，然后运

用充分条件假言推理的否定后件式，由否定后件得出否定前件，从而确定被反驳判断的虚假性的方法。

运用归谬法的关键是从假设对方的论题真推出荒谬的结论。归谬法也是间接反驳的主要方法。

归谬法的论证过程如下：

被反驳判断：p。

反驳：设 p 真。

如果 p，则 q。

非 q，

所以，非 p。

依据所推出的荒谬结论的形式，归谬法主要有 3 种形式。

第一，从被反驳的判断中推出假命题。

例如，人们常说，人的智能高低与脑的重量成正比。果真如此的话，根据人脑的平均重量为 1 300～1 400 g 这个标准，屠格涅夫的脑重量是 2 000 g，而弗朗西斯的脑重量只有 1 000 g，但有谁能说屠格涅夫的智能比弗朗西斯更高呢？

这个例子通过假设反驳论题“人的智能高低与脑的重量成正比”为真，引申出“屠格涅夫比弗朗西斯智能更高”这个与事实不符的荒谬结论，从而反驳了论题。

第二，从被反驳判断中引申出两个互相矛盾的判断。

例如，意大利科学家伽利略对“物体越重下落速度越快”这一观点的反驳，就是运用了这种归谬法的形式。伽利略指出：如果一块轻石头 A 加在一块重石头 B 上下落，那么根据“物体越重下落速度越快”(p)的断定，就会导致两个矛盾的结论：一是(A＋B)比 B 重，因此，(A＋B)的下落速度比 B 快(q)；一是速度慢的 A 加在速度快的 B 上，会减低 B 的下落速度，因此，(A＋B)的下落速度不比 B 快(非 q)。这样，从 p 中既引申出 q，又引申出非 q，而“q 并且非 q”是永假的，这样，就可推知“物体越重下落速度越快”是假的。从亚里士多德以来一直被当做真理的这个传统观念，终于被伽利略驳倒了。

第三，从被反驳的判断中推出与其相矛盾的判断，这一点在悖论中表现最明显。

例如，对某些人所说的“一切都是不可相信的”这个论断就可用这种归谬法反驳。反驳如下：如果一切都是不可相信的，那么“一切都是不可相

信的"也是不可相信的。

此反驳即悖论式反驳，它通过将对方的论题反作用于对方论题本身，由对方论题真推出对方论题假，从而驳倒对方的论题。

归谬法与反证法的区别：

第一，反证法用于证明，归谬法用于反驳。

第二，反证法是反其道而行之，反论题之道而行之，论证反题之不可行；归谬法则是顺其自然，顺要反驳的论题之自然，论证要反驳的论题之不自然。

第三，反证法运用了充分条件假言推理的否定后件式和排中律；归谬法则仅运用了充分条件假言推理的否定后件式。

(2)非必然性推理反驳

非必然性推理反驳就是运用非必然推理形式进行的反驳。有不完全归纳反驳、类比推论反驳等，这里仅介绍归谬式类推反驳。

归谬式类推是运用类比推理所形成的归谬法或者说是一种归谬式的类比推论。

归谬式类推为了反驳对方的主张，选择一个与对方的观点是同类的，却又是荒谬的、连对方也不可能接受的判断，从而反驳对方的论题。

归谬式类推的推论形式如下：

被反驳的论题：p。

反驳：设 p 真。

若 p 真，则 q。

并非 q。

所以，非 p。

例如，有些人认为观看电影中的暴力镜头会导致观众好斗的实际行为，难道说只看别人吃饭能填饱自己的肚子吗？这个例子中就应用了归谬式类推方法。此例子中两种断定是同类的，但后一种是荒谬的，从而推出前一种论题也是荒谬的。

又如，《墨子·公孟》记载道：公孟子曰："无鬼神。"又曰："君子必学祭祀。"子墨子曰："执无鬼而学祭礼，是犹无客而学客礼也，是犹无鱼而为鱼罟也。"这个例子中，墨子通过举出与认为没有鬼神而去学祭礼同类的断定即没有客人而去学待客之礼、没有鱼而去做渔网的荒谬的结果，从而运用归谬式类推巧妙地反驳了孟子的观点。当然，如前所述，援引式类推也是一种非必然推理反驳方法。

2. 直接反驳和间接反驳

反驳方法根据反驳手段，分为直接反驳和间接反驳。

直接反驳是引用真实判断直接确定要反驳的论题的虚假性的反驳方法。其中可运用演绎反驳或归纳反驳等方法。例如：

甲：目前，杂种动物不受国际珍稀动物保护条例的保护。新的基因研究技术表明，一直被认为是独立物种的红狼实际上是山狗和灰狼的杂交种。由于红狼明显需要保护，所以条例应当修改，使其也保护杂种动物。

乙：杂种动物不需要保护，如果一种动物是由其他独立物种之间杂交而成的，而所有的杂种动物都是现存纯种动物杂交的后代，这种动物灭绝后，还可以通过独立物种的再交配来获得它。

这个直接反驳使用了演绎反驳方法。乙通过一个三段论推理得出“杂种动物不是珍稀动物”作为论据来反驳甲的论证中省略的论据“杂种动物是珍稀动物”，甲的论题是从论据必然推出的，从而反驳了甲的论题“国际珍稀动物保护条例要保护杂种动物”。又如：

有人说：现在的青年人越来越不思进取。这种看法是错误的，因为现在的青年人中有许多是积极进取的，所以，并不是现在所有的青年人不思进取。

这个直接反驳中使用了演绎反驳方法，即由I判断真推出E判断假。间接反驳方法中的一种主要方法是“独立证明”，指的是通过论证与被反驳的论题具有矛盾或反对关系的判断的真实性，然后根据矛盾律，从而确定被反驳论题虚假的间接反驳方法。例如：

有人说，天才是天生的。我们说天才不是天生的，而是从社会实践中产生和发展的。因为天才是属于人的认识范畴的问题。人的认识来源于社会实践。没有社会实践，任何认识也不能发展。天才无非是比一般人聪明一点。人的认识能力的高低，自然的生理条件有一定的作用，但认识的产生和发展，根本的动力是社会实践。马克思是天才，马克思的伟大思想也不是天生的，主要是从无产阶级革命斗争的实践中得来的。所以我们说，天才不是天生的，而是从社会实践中产生和发展的。

以上这个反驳，不是直接去阐述“天才是天生的”这一论题的虚假，而是通过论证和这个论题相反对的论题“天才是在社会实践中产生和发展的”的真实性，再根据矛盾律，间接论证了“天才是天生的”这一论题的虚假。

独立证明的过程如下：

被反驳的论题:p。

反驳:设非 p。

论证非 p 真。

所以,p 假。

反驳方法按所运用的推理方式,还可以分为演绎反驳、归纳反驳和类比反驳。这几种反驳方式,特别是演绎反驳和归纳反驳是经常合起来运用的,既可用于直接反驳,也可用于间接反驳。

复习思考题

1. 什么是论证？论证由哪些要素构成？

2. 什么是演绎论证？什么是归纳论证？

3. 什么是直接论证？什么是间接论证？二者有何区别？

4. 什么是反证法和选言证法？二者的论证步骤和逻辑形式是怎样的？

5. 论证的规则有哪些？违反这些规则所犯的逻辑错误是什么？

6. 什么是反驳？反驳与论证的关系如何？

7. 举例说明归纳法反驳和独立证明法反驳的联系和区别。

练习题

一　分析下列证明的结构,指出其论题、论据和论证方式。

1. 自然保护主义者建立了保护稀有动物仅有的栖息地的自然保护区。一片墨西哥丛林就是为冬季栖息在这里的北美金斑蝶而建的自然保护区。如果地球果真像专家预测的那样不断变暖的话,生长着不同植物的温带就会向北移到目前较冷的地方,现在的自然保护区将会失去其作用。

2. 由于人类活动,森林大量砍伐,草原开垦,湿地干涸,使生物多样性遭到极大破坏。据近 2 000 年以来的统计,大约有 110 种兽类和 130 种鸟类已经灭绝;全世界约有 25 000 种植物和 1 000 多种脊椎动物处于灭绝的边缘。近年来,生物物种消失加速,生态系统趋于简化,生物多样性明显降低,每天有 50～100 种物种灭绝。

3. 日本科学家对成百上千名玩计算机游戏的少年的脑部活动水平进行了检测,并把结果与其他做简单、重复性算术题的学生的脑部扫描图进行了比较,让他们惊讶的是,计算机游戏只刺激了与视觉和运动有关的

那部分脑的活动,对人的认识能力的提高毫无帮助。

相反,算术则刺激了大脑额叶左半球和右半球的活动,这部分大脑主要负责学习、记忆和情感。直到大约20岁还在发育的额叶对于控制个人行为也有重要的作用。儿童往往做出一些不该做的事情,原因是他们的额叶发育不良。这个区域受到的刺激越多,连接神经元的纤维就会越粗,儿童的行为自控能力就越强。研究中还证实,练习算术比听音乐或听别人朗读更能激发大脑的活动。

4. 翻开科学史,我们可以发现,中年时期正是科学家出成果的黄金时期。有人对1500—1960年全世界1 249名杰出科学家和1 228项重大科研成果做了统计,发现科学家发明的最佳年龄是25～45岁。还有人统计了古今中外的1 243位著名科学家、发明家,他们当中65%以上的人是在20～40岁之间做出第一项重大发明创造的。也有人统计了301位诺贝尔奖的获得者,其中大约40%的人是在35～45岁之间获奖的。美国学者莱曼统计了数千名科学家、文学家、艺术家的年龄和成就,结果表明,创造与成就的最佳年龄约在25～40岁之间。中国科学院的一份调查资料表明,该院北京地区部分研究单位1978—1979年获得重大科技成果奖的科技骨干中,36～50岁的科技人员占88%。这些统计数字有力地说明,中年正是创造才能得以发挥的最佳年龄段。

5. 对待历史文化遗产应采取批判继承的态度。对待历史文化遗产的态度,要么是全盘继承,要么是虚无主义,要么是批判继承。全盘继承,不分精华和糟粕,不能推陈出新,不利于文化的发展,这种态度是不可取的。虚无主义,割断了历史,违背了文化发展的规律,同样不利于文化的发展。只有批判继承,去其糟粕,取其精华,才能促进文化的繁荣。

6. 中国革命只能由中国工人阶级及其政党共产党领导。如果不是这样,那就要由农民和小资产阶级领导,或者由民族资产阶级领导,但是历史已经证明,农民和小资产阶级不能担任革命的领导,民族资产阶级也不能担任革命的领导,因此中国革命只能由中国工人阶级及其政党共产党来领导。

7. 权力不宜过分集中。权力过分集中,妨碍社会主义民主制度和党的民主集中制的实行,妨碍社会主义建设的发展,妨碍集体智慧的发挥,容易造成个人专断,破坏集体领导,也是在新的条件下产生官僚主义的一个重要原因。

二 指出下列论证有什么逻辑错误

1.17 世纪法国哲学家笛卡儿曾经这样证明神的存在。他说，我的神的观念是非常清晰的。神是尽善尽美的，无所不包的，因此也包含了“存在”的性质；如果尽善尽美的神缺乏这一重要性质，即说它“不存在”是自相矛盾的。因此，神是存在的。

2. 甲乙两人有这样一段对话，甲说：“历史剧作为文艺作品，应该有艺术虚构”。乙说：“我不同意你的看法，我们怎能像你那样把历史剧当成主要是艺术虚构呢？”

3. 胶木不能导电。因为所有的金属都不能导电，胶木是金属。

4.“外星人是存在的，因为建造埃及金字塔时地球人的科学技术水平还很低，没有比地球人更高级的外星人飞到地球上加以指导帮助是不可能的；地球上出现的一系列不明飞行物也肯定是外星球的人发射的。”

5. 在一次结婚庆典上，证婚人说：“这对年轻人婚前相爱多年，因此，婚后一定会白头偕老。”

6. 你的观点是错误的，我批评你的观点，所以，我的观点是正确的；既然我的观点正确，你的观点就错误无疑了。

7. 在篮球俱乐部里，一位足球爱好者说：“公牛队今年恐怕没有足够的优秀球员来赢得 NBA 的总冠军。”一位篮球爱好者不满地说：“瞧你那倒霉的面相，也来谈公牛队的输赢？”

三 分析下列反驳的结构，指出其中被反驳的论题、用来反驳的论据和反驳的方法。

1. 有一次，一位外国记者向周恩来总理提出：“一个国家向外扩张是由于人口过多。”周总理回答说：“我不太同意这种看法。美国的人口在一次大战前是 4 500 万，不算太多，但是，美国在一个很长的时期内曾是‘日不落帝国’；美国的面积略小于中国，而美国的人口还不及中国的 1/3，但是美国的军事基地遍布全球，美国的海外驻军 150 万。中国的人口虽多，但没有一兵一卒驻在外国的领土上，更没有在外国建立军事基地。可见一个国家是否向外扩张，并不决定于它的人口多少，而决定于它的社会制度。”

2. 人们以前认为，一个人的观点、态度完全是从家长、老师和他所处的文化环境中学习而来的。一项新的研究指出，基因不仅从生理上塑造我们，而且影响我们的观点和态度。

加拿大科学家对336对成年双胞胎进行调查后发现，在研究涉及的

30个测试题目中，受调查者对其中26个测试题目的回答受到基因影响。受基因影响最大的三大主题为：在“维护生命”的标题下，包括对堕胎、自愿安乐死、死刑和有组织的宗教等问题；在“平等”的标题下，包括对种族歧视、开放的移民政策和与他人“友好相处”等问题；对“体育活动”的态度，如有组织的体育比赛和锻炼。人们对脑力劳动(如阅读、填字游戏和国际象棋)的态度受基因的影响最小。

3. 某被告的辩护人说：“被告在犯罪前工作积极，曾荣立三等功，希望法庭在量刑时考虑这一点，对被告从轻处罚或免于处罚。”公诉人答辩说：“赏罚分明，是我们党的一贯政策。功归功，过归过，一个人立功只能说明他的过去，不能说明他的现在，更不能拿过去立功抵消现在之过……如果过去立过功，今天就可以胡作非为，且可以从轻或免于处罚，怎么能够体现社会主义国家法律的严肃性呢?”

4. 从前有个财主非常吝啬刻薄，他雇了3个放牛娃，到了冬天也不给衣服穿。放牛娃冻得发抖，便向财主要衣服。财主说：“人们常说‘小孩屁户三盆火’，哪里能冻着呢?”

有一天，财主家里来了客人，财主叫放牛娃去烧水沏茶。过了半天，也不见送茶来，财主便到后院去找。他到后院一看，只见水壶吊在支架上，3个光身子放牛娃的屁户对着水壶，正一动不动地趴在地上。财主一见大怒，骂道：“你们这是干什么？为什么不给我烧水沏茶?”3个放牛娃不慌不忙地说：“老爷，你不是说‘小孩子屁户三盆火’吗？我们3人9盆火，水一会儿就会开，不要着急。”财主一听，顿时哑口无言。

5. 有一种观点认为，智力早熟会造成早亡。然而事实并非如此。五六岁就能作诗、9岁通声律的唐代大诗人白居易活了74岁；控制论创始人诺伯特·维纳10岁入大学，14岁毕业于哈佛大学，活了70岁；德国诗人歌德8岁能用德、法、意、拉丁、希腊等语言进行读写，他活了83岁……可见，并非智力早熟会造成早亡。

四 下面的反驳是否正确？为什么？

1. 你说这个三段论不正确，这不对。因为，如果一个三段论是正确的，那么它的中项在前提中至少周延一次，而这个三段论的两个中项都周延，这个三段论怎么不正确？

2.《红楼梦》第一百一十七回有这样一段：

众上夜的齐声道：“这不是贼，是强盗。”营官道：“并非明火执仗，怎么算是强盗?”上夜的道：“我们赶贼，他们(贼)在房上撇瓦，我们不能到他跟

前，幸亏我们家姓包的上房打退，赶到园里，还有好几个贼和姓包的打起来，打不过姓包的才跑了。”营官则道：“可又来了，若是强盗，难道打不过你们的人么?”

3．晚餐时，丈夫吃了一口菜，不高兴地说：“这菜是怎么做的？难吃极了！”“那你自己去做做看！”妻子不满地反驳道，“你必须知道，你并不是跟一个厨师结婚的呀！”那天晚上就寝时，妻子听到楼下有奇怪的声音，就对丈夫小声说：“你下去看看吧！大概是小偷光顾了。”丈夫坚决地回答：“那你自己下去看看，你必须知道，你并不是跟一个警官结婚的呀！”

4．A：你真不够朋友，你在戏院工作多年也不弄点免费戏票给我看看。B：这样说来，你也不够朋友嘛！你在银行工作多年，从来也没有弄点免费钞票给我们用用呀！

五　求证题：

1．请证明判断“太阳系的所有行星都是围绕太阳运行的”。

2．请用反证法证明“我们的工作要与时俱进”这一论断。

3．请用归谬法反驳“凡是流行的都是好的”和“一切判断都是假的”两个断定。

4．请反驳如下判断“在工业时代，农业生产已经不再重要”。

主要参考书目

1. 金岳霖．形式逻辑．北京:人民出版社,1979
2. 吴家国．普通逻辑原理．北京:高等教育出版社,2000
3. 苏天辅．形式逻辑学．成都:四川人民出版社,1981
4. 何向东．逻辑学教程．北京:高等教育出版社,1999
5. 何向东．逻辑学概论．重庆:重庆出版社
6. 姜全吉．逻辑学(修订版)．北京:高等教育出版社,1994
7. 何向东,何名申．逻辑学基础教程．重庆:西南师范大学出版社,1990
8. 黄顺基,苏越,黄展骥．逻辑与知识创新．北京:中国人民大学出版社,2002
9. 中国人民大学哲学系逻辑教研室．逻辑学．北京:中国人民大学出版社,1996
10. 连丽霞．形式逻辑简明教程．北京:中国农业大学出版社,2001
11. 陈波．逻辑学是什么．北京:北京大学出版社,2002
12. 蔡贤浩．形式逻辑．武汉:华中师范大学出版社,2000
13. 朱志凯．逻辑与方法．北京:人民出版社,1995
14. 徐锦中．逻辑学．天津:天津大学出版社,2001
15. 徐德清．趣味逻辑．上海:上海古籍出版社,2002
16. 姜成林．普通逻辑学．北京:中央广播电视大学出版社,1993
17. 陈波．逻辑学导论．北京:中国人民大学出版社,2002
18. 张绵厘．实用逻辑教程．北京:中国人民大学出版社,1993
19. 中央财经大学逻辑教研室．逻辑学新教程．北京:经济科学出版社
20. 何名申．思维的力量．北京:民主与建设出版社
21. 文冲．点子思维．北京:作家出版社
22. 贝弗里奇．科学研究的艺术．北京:科学出版社
23. 朱长超．开发自我．江苏:江苏教育出版社
24. 李小克．普通逻辑学教程．北京:首都经济贸易大学出版社,2002
25. 张志成．逻辑学教程．北京:中国人民大学出版社
26. 谷振诣．论证与分析——逻辑的应用．北京:人民出版社,2000

图书在版编目(CIP)数据

逻辑学/饶发玖,张广荣主编.—北京:中国农业大学出版社,2004.2
ISBN 978-7-81066-716-6
(高等农林院校精品课程建设教材)

Ⅰ.逻… Ⅱ.①饶… ②张… Ⅲ.逻辑-高等学校-教材 Ⅳ.B81

中国版本图书馆CIP数据核字(2004)第127265号

书　名 逻辑学
作　者 饶发玖 张广荣 主编

策划编辑 潘晓丽　　**责任编辑** 杨建民
版式设计 刘 伟
出版发行 中国农业大学出版社
社　址 北京市海淀区圆明园西路2号　　**邮政编码** 100193
电　话 发行部 010-62731190,2620　　读者服务部 010-62732336
编辑部 010-62732617,2618　　出 版 部 010-62733440
网　址 http://www.cau.edu.cn/caup　　**E-mail** cbsszs@cau.edu.cn
经　销 新华书店
印　刷 北京时代华都印刷有限公司
版　次 2004年2月第1版　2011年9月第4次印刷
规　格 787×980　16开本　18.25印张　295千字
印　数 8 051～10 050
定　价 25.00元

图书如有质量问题本社发行部负责调换